STUDY ON THE INFLUENCE OF
FAMILY BEHAVIOR ON CHILDREN'S EDUCATION

家庭行为对子女教育的影响研究

郑 磊 · 著

中国经济出版社
CHINA ECONOMIC PUBLISHING HOUSE
· 北 京 ·

图书在版编目（CIP）数据

家庭行为对子女教育的影响研究／郑磊著．-- 北京：中国经济出版社，2021.3

ISBN 978-7-5136-6437-0

Ⅰ．①家… Ⅱ．①郑… Ⅲ．①家庭教育 Ⅳ．①G78

中国版本图书馆 CIP 数据核字（2021）第 047835 号

组稿编辑 崔姜薇
责任编辑 焦晓云
责任印制 马小宾
封面设计 任燕飞装帧设计工作室

出版发行 中国经济出版社
印 刷 者 北京九州迅驰传媒文化有限公司
经 销 者 各地新华书店
开　　本 710mm×1000mm 1/16
印　　张 14.25
字　　数 212 千字
版　　次 2021 年 3 月第 1 版
印　　次 2021 年 3 月第 1 次
定　　价 69.00 元
广告经营许可证 京西工商广字第 8179 号

中国经济出版社 **网址** www.economyph.com **社址** 北京市东城区安定门外大街 58 号 **邮编** 100011
本版图书如存在印装质量问题，请与本社销售中心联系调换（联系电话：010-57512564）

序言

子女的教育问题可以说是当今中国社会最能引起共鸣的话题。子女的教育不仅关系着父母的“面子”，也关系到下一代能否实现阶层跃升。社会科学的研究表明，父母的地位优势通过影响子代的教育传递给子代。但是，教育既有可能促进社会流动，也有可能成为维持代际传承的再生产机制。研究子女教育获得和教育成就的影响机制，一方面可以让我们更好地理解社会分层和社会流动过程，另一方面有助于我们全面评价各类教育发展政策的效果，从而更加有效地制定促进社会公平的政策。

社会学家詹姆斯·科尔曼（James Coleman）在其具有里程碑意义的研究——《教育机会公平》（*Equality of Educational Opportunity*）中指出，与学校相比，家庭对个人教育发展的影响更大。那么，家庭是如何影响子女教育的呢？已有研究主要关注家庭出身、家庭所拥有的各类资本等“标签性特征”对子女教育的影响。本书试图进一步打开家庭这个“黑箱子”，研究与家庭背景相关的家庭行为、决策等微观过程是如何影响子女教育获得和学业表现的。这也是近年来有关教育分层研究的一个新的视角——关注各类家庭资本通过哪些微观的中介机制或行为影响教育获得。

本书所用数据为全国性调查数据或作者所在机构的抽样调查数据。这些数据从不同层面反映了中国的教育发展状况，是研究中国教育问题的具有代表性的权威数据。

本书第 1 章综述了家庭对子女教育的代际影响效应的相关文献，回顾了社会学、经济学、教育学等学科在这一话题上的理论进展、实证研究方法创新及经验证据，介绍了不同学科解释教育代际流动机制的理论，评述了测算教育代际相关系数和识别代际流动因果机制时需要注意的问题，并结合具体的社会制度背景讨论了各类家庭资本和家庭行为的影响。

同胞数量和同胞性别结构是重要的家庭人口结构特征，会通过影响家庭内部的资源分配行为及社会化过程来影响子女的教育。第2章基于中国西部农村抽样调查数据，用学业成绩和心理适应性两方面指标度量儿童教育发展成果，特别关注独生子女和非独生子女在这两类教育发展指标上的差异，以及两类家庭儿童的教育性别差异状况，尝试性地研究家庭规模与子女教育发展结果的关系。研究发现，家庭生育规模减小有助于提高儿童的学业成绩，尤其是出生在独生子女家庭的女童。但是，出生在较小规模家庭或独生子女家庭的儿童，其心理适应性水平显著偏低。此外，相对于独生子女而言，拥有一个同胞的孩子的学业成绩并不会显著低于前者，而其心理适应性却显著高于前者。

第3章基于“中国综合社会调查”数据，在中国的父权制家庭文化背景下研究同胞性别结构对家庭内部资源分配及个人教育获得的影响。研究发现，拥有兄弟不利于个人的教育获得，同胞中女孩比例越高，越有利于个人的教育获得，这种影响存在着复杂的性别间的非对称性。尽管同胞性别结构效应在不同社会经济地位及户籍拥有者之间并不具有一致的变化规律，但其影响在不同出生队列之间存在显著差异。这意味着受中国传统文化及经济动机的影响，父母的儿子偏好会导致家庭内部资源在分配时偏向男孩，而抚养男孩和女孩的成本差异会加剧这种家庭内部资源分配的不平等。

父母的育儿实践（parenting practice）和父母参与（parental involvement）是最重要，也是与子女教育最直接相关的行为。那么，哪些因素会影响父母参与行为？父母参与行为对子女的教育结果又起到什么样的作用？搞清楚这些问题，对理解阶层之间的教育不平等，以及制定更好的促进家校合作的教育政策都具有重要意义。

第 4 章基于“中国教育追踪调查数据”进行研究，发现父母的受教育程度和职业类型显著影响其育儿参与行为，并且父母的受教育程度较之其职业类型，对家庭内外部的父母参与行为的影响更为稳健。基于中介效应模型进一步研究发现，家庭社会经济地位对父母参与行为产生影响不是因为不同阶层父母对儿童的教育期望和教育重视程度有差异，而是家庭之间拥有的文化资本（如惯习、客观文化资源）不同所致。

第 5 章基于甘肃基础教育调查数据，研究了农村家庭的代际闭合——一种科尔曼意义的社会资本形态——是否影响儿童的学业表现。结果发现，父母在家庭内部与子女的交流以及在家庭外部与教师和其他家长的联系并不显著影响子女的成绩。对于这一违背经典理论的结果，本章结合中国农村的社会场景和家庭文化提出三种可能的解释。

在当前义务教育阶段“就近入学”的政策背景下，买一个好房子，选一所好学校，为子女物色好的同伴，是崇尚“密集型育儿”的中国父母的共同选择。在科尔曼的研究中，子女成长的社区环境、交往的同伴也和家庭因素一样，对个人教育起着重要作用，并且这两类因素在很大程度上是家庭选择行为的结果。

第 6 章从不同学科的研究视角，对教育中的社区效应和同伴效应研究进行了综述，重点介绍了模型设定、识别策略上的方法进展，以期为国内同类研究的开展提供借鉴。在已有经验证据基础上，结合中国的转型社会背景，进一步介绍了此类研究对缓解青少年贫困、促进社会融合及优化教育资源配置等公共政策的启示。

第 7 章利用北京市两个城区的小学资源分布和楼盘价格数据，基于特征价格模型，研究学校质量和房价的关系。研究发现，楼盘周边拥有较好或极好口碑的小学与对口楼盘的价格具有显著的正相关关系。这意味着“就近入学”政策激励家庭通过买房而择校，基于居住地分配的入学机会其实是在按照家庭社会经济地位分配，这有可能对教育均衡发展产生不利影响，进而影响城市居住社区的阶层分割。

然而，择校是否会如父母期望的那样影响子女与同伴的交往进而影响其成长和发展呢？第 8 章采取问卷调查和访谈的研究方法，从微观层面考察“就近入学”政策背景下成长的个体，择校是否影响其成长的“圈子”以及产生哪些同伴效应。研究发现，随着学校教育阶段的提高，通过各种方式择校的情况越来越普遍，这对个人的择友标准、同伴圈子构成、同伴交往关系等都产生了一定的影响。但是，处于不同的“圈子”当中并不必然对个人的成长发展产生差异性影响。研究从同伴视角证实了择校并没有人们想象中的那么重要。

对农村家庭的父母而言，择校可能并非一件容易的事情，但是，他们仍然希望通过外出打工行为改变家庭的生活状况，为子女提供相对更好的成长条件——尽管这可能意味着背井离乡、抛妻别子。第 9 章基于西部五省区农村地区的调查数据进行分析，发现父亲外出打工对留守儿童学习成绩并无显著影响，而母亲外出打工则会对留守儿童的学习成绩产生显著的负效应。此外，父母外出打工之后再返乡并不会显著提高留守子女的成绩。父母外出打工的“收入效应”和“教养角色缺失效应”，以及父母在子女教育发展上的性别差异影响可以对此加以解释。

语言使用行为和语言能力既是人力资本，也具有文化上的身份认同作用。父母和子女在家庭日常交流中所使用的语言会通过符号编码机制及神经发育机制两个途径影响子女的认知发展。第 10 章基于“中国教育追踪调查数据”，研究学生在家使用方言的行为对其认知能力的影响。在控制了一系列影响因素之后，OLS 回归和倾向值匹配估计发现，在家使用方言交流与学生的认知能力之间具有显著的负相关关系。

本书是我和合作者有关家庭与教育分层研究的阶段性总结，书中每一章内容都基于已经正式发表的研究成果整理而成。在此，我需要特别感谢这些合作者、期刊的审稿人以及编辑老师，是他们让我知道，我对这一话题的理解仍然十分有限，也感谢发表这些研究成果的学术期刊允许我在这里使用这些论文。每一章的原始发表信息如下：

第 1 章：郑磊、祁翔、候玉娜，《家庭对子女教育的代际影响效应：理论、方法与证据》，《社会发展研究》2018 年第 3 期，第 177-202 页。

第 2 章：郑磊、侯玉娜、刘叶，《家庭规模与儿童教育发展的关系研究》，《教育研究》2014 年第 4 期，第 59-69 页。

第 3 章：郑磊，《同胞性别结构、家庭内部资源分配与教育获得》，《社会学研究》2013 年第 5 期，第 76-103 页。

第 4 章：李晓晗、郑磊，《家庭社会经济地位对父母参与的影响及作用机制——基于 CEPS 数据的研究》，《教育经济评论》2017 年第 1 期，第 86-104 页。

第 5 章：李晓晗、郑磊，《社会资本起作用吗？——农村家庭的代际闭合与儿童学业表现》，《教育学报》2016 年第 3 期，第 45-53 页。

第 6 章：郑磊，《教育中的社区效应和同伴效应：方法、证据及政策启示》，《教育学报》2015 年第 5 期，第 99-110 页。

第 7 章：郑磊、王思檬，《学校选择、教育服务资本化与居住区分割——对‘就近入学’政策的一种反思》，《教育与经济》2014 年第 6 期，第 25-32 页。

第 8 章：郑磊、朱志勇、王思檬，《择校是否会影响学生的个人成长——基于同伴视角的个案研究》，《教育学术月刊》2015 年第 6 期，第 34-43页。

第 9 章：郑磊、吴映雄，《劳动力迁移对农村留守儿童教育发展的影响——来自西部农村地区调查的证据》，《北京师范大学学报（社会科学版）》2014 年第 2 期，第 139-146 页。

第 10 章：郑磊、刘婕、孙志军，《在家说方言影响学生的认知发展吗？——基于 CEPS 数据的研究》《教育经济评论》2019 年第 6 期，第 79-92 页。

最后，感谢“中国教育追踪调查”“中国综合社会调查”“甘肃基础教育调查”“中国西部地区基础教育发展项目监测与评价”等数据调查组织者提供相关数据，以及国家社会科学基金（15CSH011）、教育部人文社会科学研究基金（11YJC880168）、北京市哲学社会科学规划研究项目（13JDJYC004）、中央高校基本科研业务费专项资金（SKZZB2015012）的研究资助。

郑　磊

2020 年 9 月 16 日

目录

第 1 章
家庭对子女教育的代际效应：理论、方法与证据

长期以来，教育分层、教育代际流动等有关教育不平等的研究是社会科学领域的热门话题。20 世纪 60 年代之前，政策制定者普遍认为，和学校有关的因素是影响个人教育机会获得、学业成就、教育分层的最主要原因。因此，旨在缩小教育不平等的政策都围绕学校这一教育活动发生的主要场所做文章。但是，1966 年的《科尔曼报告》改变了人们对这一问题的看法。该报告发现，“社会经济因素与学业成就之间具有很强的相关性。当控制了这些因素的影响之后，学校之间的差异只能解释很小一部分学生学业成就之间的差异”（转引自：Albright 和 Conley，2004）。

《科尔曼报告》发表之后，教育政策的制定者开始关注学校以外影响个人教育获得和学业成就的因素，如学校与社区的互动关系、家庭对个人教育获得的影响等（Albright 和 Conley，2004）。事实上，在所有能获得数据的国家或地区，都可以发现子女的学业成就、教育获得与父母的受教育程度及其他与父母教育有关的家庭社会经济地位指标高度正相关，这在文献中叫作家庭对子女教育的代际效应（Björklund 和 Salvanes，2011）。

本章综述近年来有关家庭对子女教育的代际效应研究，涉及教育的代际流动、家庭与子女教育获得和学业成就差异的关系等问题，重点关注以下两个问题：第一，家庭对个人教育的代际效应有多大？第二，这种代际

效应的影响机制是怎样的?①

1.1 家庭对个人教育的代际效应有多大

美国一个多世纪以来的教育政策其实就是围绕学校和学校以外的因素（主要是家庭）究竟谁对学生发展起更大作用而展开的一场争论（Albright 和 Conley，2004）。因此，在家庭与教育不平等的关系的研究中，第一个要解决的问题是：是什么因素造成了个人之间在教育获得和教育成就上的差异？特别是相对于学校环境、同伴等其他因素，家庭对个人的教育有多大影响？在讨论这个问题之前，有必要先界定一下：当我们在谈论“家庭”的影响时，到底指的是什么？换言之，即“家庭的哪些方面对个人成就起作用、如何起作用以及为何起作用”（Albright 和 Dalton，2004）。然后，本章介绍用于测算家庭影响的代际相关系数和同胞相关系数，最后讨论家庭的作用是否随制度变迁而变化。

1.1.1 概念框架

在广义层面上，家庭方面的原因“包括各种不能为个人所选择的因素”（Björklund 和 Salvanes，2011），主要体现在两个方面：一是个人通过遗传继承的禀赋、基因等，即文献中所说的“先天遗传因素”（nature），如父代通过生物遗传将肤色、身高、长相、智力等特征传递给子代，这其中有些因素可以观测，有些因素则不可观测或难以观测。二是个人成长于其中的家庭教养环境，即文献中所说的“后天环境因素”（nurture），如以父母的受教育程度、收入、职业、社会身份、阶层等度量的家庭社会经济地位及家庭结构，除此之外，还包括一些不可度量的家庭氛围、生活方

① 本章之所以强调“家庭”而非“家庭背景”，是因为“家庭”的内涵更广。过去的研究在讨论家庭在教育不平等中的作用时，往往只关注父母受教育程度、职业地位、收入、户籍等家庭背景变量。这些“标签性”的特征只能反映个人成长的家庭环境，并不能进一步分析这些特征对人力资本代际传递的影响机制。当一个社会不再基于家庭背景而是基于个人的能力来分配教育机会时，越来越多的研究发现，造成不同家庭出身的个人在教育获得和学业表现上的差异的原因来自不同家庭背景下的家庭行为差异。所以，本章用“家庭”这个涵盖家庭背景、家庭行为等含义的概念。

式、文化品位等特征。这种后天环境因素以直接的“文化影响”（cultural influences）和间接的地位优势①对子女的人力资本产生影响。例如：子女对父母的模仿（parent imitation）——子女会因为经常看到父母读书而意识到读书学习是一件有回报的事情；父母有意识的“引导性的教育选择行为”——受过良好教育的父母的社会经济地位更高，他们既有提高子女受教育程度的意识，也有为子女选择良好教育的能力。这种选择行为还会因为匹配性婚姻（assortative mating）的影响得到强化（Checchi，2005）。

之所以存在普遍的人力资本代际传递性，除了先天遗传因素外，还有来自后天教养环境的原因，包括以下几点：从教育生产函数的角度来看，个人的教育获得或者教育成就与家长在育儿行为（parenting）上的投入有关。这种育儿投入既包括物质方面的投入数量和质量，也包括时间上的投入数量和质量（Leibowitz，1977；Björklund 和 Salvanes，2011）。

第一，受教育程度较高的父母的社会经济地位较高，因此更有能力或者更偏好增加对子女物质方面的教育投资，为子女创造更好的后天教养环境，如为子女选择更好的学校，提供有助于人力资本积累的课外活动，提供更好的营养健康环境等。

第二，父母受教育程度较高且家庭社会经济地位较高的情况下，母亲更有可能减少外部劳动力市场的劳动供给，从而增加家庭育儿时间投入（Leibowitz，1977）。

第三，父母受教育程度较高，会降低其生育意愿。如果给定父母总的育儿资源投入，当家庭生育子女数量减少时，平均每个子女的育儿物质投入和时间投入会增加。在经济学研究中，这一理论也叫作“子女数量-质量权衡”模型（Becker 和 Lewis，1973；Beck 和 Tomes，1976）。

第四，受教育程度较高的父母，一般有更好的教育理念和育儿技巧，如增加在家中为孩子阅读的频率、强化家校联系等，这些育儿行为有助于子女的教育获得和教育成就。

---

① 在 Checchi（2005：216）的论述中，他将这里所说的“地位优势”分为与人力资本投资相关的流动性约束及与择校相关的基于家庭财富的居住区分割。由于这两种影响机制都与父代的受教育程度及相应的社会经济地位有关，因此本章将其统一归纳为“地位优势”因素。

第五，由于教育同质性婚姻的趋势，夫妻双方的受教育程度比较接近。当父亲受教育程度高的时候，母亲受教育程度相应也高，这就会产生家庭内部资源分配的外部收益，因为母亲受教育程度较高的话，将提高其在家庭内部决策中的讨价还价地位。一般来说，母亲更偏好有利于子女人力资本投资的家庭开支，因此家庭内部和子女人力资本投资相关的教育支出将随着母亲受教育程度的提高而增加（Black 和 Devereux，2011）。

综上所述，在影响个人教育成就的家庭背景因素当中，包括大量可测的（observable）和不可测（unobservable）的因素。本章仅重点考察家庭背景中的一个重要特征——父代的受教育程度——是如何影响子代的受教育程度的。

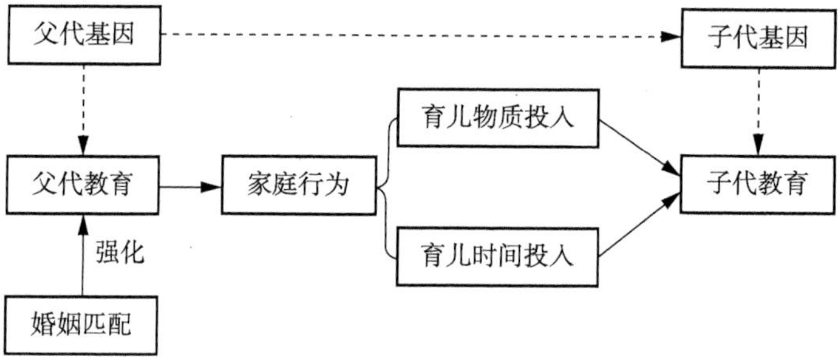

图 1.1　家庭对子女教育的代际影响机制

如图 1.1 所示，家庭对子女教育的代际影响机制包括先天遗传（虚线）和后天环境（实线）两条路径。父代基因通过遗传机制影响子女教育获得；后天教养环境则是各种家庭行为发生的场所。与父母受教育程度及其他家庭背景特征相关的育儿行为（包括物质投入和时间投入）会影响子代教育。

需要注意的是，对定量研究而言，在每条影响路径中都有一些可观测因素和不可观测因素。例如，在考察先天遗传影响时，基因本身就难以准确测量。随着分子遗传学的进展，很多大型社会调查开始搜集分子遗传的信息，这将推动此类社会科学问题的研究进展（胡雯 等，2012）。在考察后天环境影响时，以父母受教育程度、职业地位、收入水平为代表的家庭社会经济地位是可以测量的，但是家庭的文化品位、父母对子女教育的偏好等无法测量，或者说无法准确测量。这就会存在遗漏变量偏误：一方面，会低估家庭对子女教育的代际效应；另一方面，会导致某些特定家庭因素的影响存在估计偏误。

1.1.2　教育代际相关系数与同胞相关系数的估算

（1）代际相关系数

几乎所有国家的数据都表明，父代的受教育程度越高，子代的受教育程度也越高，这意味着人力资本或教育的代际传递性。例如，李云森和齐豪（2011）发现，母亲的受教育程度对子女是否接受10年以上教育具有正的因果关系，但父亲的受教育程度的影响并不显著。杨娟和何婷婷（2015）发现，父亲受教育年限每增加1年，子女上大学的概率增加7.75%。林莞娟和张戈（2015）发现，父亲或母亲的受教育年限每增加1年，子女的受教育年限分别增加0.36年和0.59年。

为了准确测量父代教育和子代教育之间的依存关系，很多研究都估算了教育代际相关系数（intergenerational correlations in education）或教育代际弹性（intergenerational elasticity of education）。代际相关系数度量子代的教育获得在多大程度上取决于父代的教育获得。在经验研究中，通常用子代受教育年限（对数）对父代受教育年限（对数）进行回归，估计的父代受教育年限（对数）变量的系数就是所谓的教育代际弹性。如果受教育年限（对数）变量的方差在父代和子代之间完全一样，那么该弹性就近似等于教育代际相关系数（Solon，1999）。教育代际弹性表示父代受教育程度对子代受教育程度的变异的解释程度。

Hertz等（2007）做了一项包含42个国家、跨度长达50年的国际比较。他们发现，拉美国家的教育代际相关系数较高，北欧国家的教育代际相关系数相对较低。平均而言，这种相关系数稳定在0.4左右。Björklund和Salvanes（2011）对北欧国家及英国、美国的研究综述表明，教育代际相关系数为0.3~0.46。教育代际相关系数的平方意味着对因变量变异性的解释比例，换言之，父代受教育程度这一单一因素足以解释子代受教育程度变异的9%~21%。陈玉宇等（2015）对1930—1985年出生的中国城市人口的教育代际相关系数进行了估算，发现相关系数在不同年代接受教育的出生队列间呈现先降后升的“U”形关系。对改革开放以后接受教育的人群而言，教育代际相关系数为0.381。徐俊武和黄珊（2016）构造的教育代际流动指数也表明，中国两代人的教育获得之间具有类似的随出生队列先降后升的趋势。

在使用代际相关系数时，需要注意以下几点：①孤立地去解释某一国家某一时期的系数并没有太大意义，这些指标应该放在横向或纵向的对比中去解释。只有对比，才能进一步考察宏观的制度变迁对代际流动性的影响。对于这一点，本章将在接下来的部分进行解释。②代际相关系数反映社会流动性或固化程度，但是并不意味着该系数越小越好。虽然从理论上说，一个等于0的代际相关系数意味着子代的教育获得完全不取决于父代的背景，这是一个充分流动的社会，但是这也恰恰说明劳动力市场等宏观制度存在缺陷——父代的人力资本积累对子代的教育获得没有任何影响。这意味着经济学家所声称的人力资本的代际收益不存在，这将影响个人进行人力资本投资的激励（Björklund 和 Salvanes，2011）。③随着研究的深入，我们有必要研究父亲或母亲的受教育程度与子代的受教育程度之间的关联程度有无差异。国内已有研究在估计代际相关系数时，大多使用的是父亲的受教育程度。这在子女教育获得主要取决于父亲的社会经济地位的时期当然没有问题，但是，随着婚姻匹配现象的日益凸显，研究者也应当考虑母亲受教育程度的作用。从简单的OLS模型也可得知，当存在婚姻匹配时，单独用父母一方的受教育程度去估算代际相关系数，那么该回归系数其实也包含了婚姻匹配这种制度化变迁的效应（Black 和 Devereux，2011）。此外，由于母亲会花更多的时间育儿，因此母亲受教育程度提高将增加育儿时间投入的效率（Haveman 和 Wolfe，1995）。但国外同类研究却发现一个奇怪的现象——如果采用双胞胎数据进行差分估计，父亲受教育程度的作用更大；如果采用工具变量进行估计，母亲受教育程度的作用更大（Amin 等，2015）。目前，国内研究对这一问题还缺乏直接的关注。

（2）同胞相关系数

尽管很多研究者都发现教育代际传递普遍存在，但这并不能有效地回答，相对其他影响个人教育获得或教育成就的因素而言，家庭的影响程度有多大。换言之，代际相关系数仅仅告诉我们，父代的教育对子代的教育的确会产生影响，但是并不能回答以下问题：除了父代受教育程度以外，其他家庭因素对子代教育的影响有多大？包含父代受教育程度在内的家庭因素的影响是否在程度上超过了学校环境、社区等其他影响因素的作用？家庭之间的差异是否能够解释大部分个人受教育程度之间的差异？

我们来看看通过若干可观测的家庭背景变量来解释教育不平等时，解释力度有多大。李春玲（2003）以父亲的职业、学历、家庭年收入、家庭成分等变量度量家庭背景对子女受教育年限的影响，在各个模型中，最大的 R^2 为 0.179。吴晓刚和唐启明（Wu 和 Treiman，2004）以家庭户口状态、父母的受教育程度、父母社会经济地位等指标度量家庭背景对子女受教育年限的影响，估计的 R^2 为 0.356。佐藤宏和李实（2008）以家庭成分、父亲的受教育程度度量家庭背景对男性户主受教育年限的影响，在各个模型中，最大的 R^2 为 0.191。李春玲（2009）用父亲和母亲的受教育程度、父亲的职业类别、家庭户口状态和家庭年收入等变量衡量家庭背景对男性和女性教育获得的影响，在各个模型当中，最大的 R^2 为 0.324。也就是说，在上述这些代表性研究中，利用有限的几个可观测的家庭背景变量去解释个人之间在受教育程度上的变异，最多只能解释 35.6%。这似乎意味着：家庭对个人的教育的确有影响，但并非最重要的影响——毕竟还有一大半的变异无法通过家庭背景变量得到解释。但是，Solon（1999）指出，在大量有关家庭与收入不平等的研究中，利用有限的、可观测的家庭背景变量去度量其对收入分配的影响，往往会得到一个很小的 R^2，这就会低估家庭的真实影响。同样的道理也适用于家庭对教育不平等的解释。举一个简单的例子：我们都知道，学校、社区和同伴对个人的教育有影响，但这些因素其实都是家庭选择的结果。因此，仅仅使用家庭背景变量去考察家庭的真实作用，就会遗漏家庭的很多直接或间接效应。

为了更全面地评价家庭的作用，国外的相关研究使用同胞教育相关系数（sibling correlations in education）这一指标。它度量了同胞之间共同的家庭因素对个人之间在教育变异上的贡献份额（Solon，1999；Björklund 和

Salvanes，2011）。该系数反映了各种可度量和不可度量的家庭特征的影响，所以它是一个综合性的度量家庭影响的粗略指标。之所以是“综合性”，是因为它包含了不可度量的家庭特征的影响；之所以是“粗略”，是因为它没有完全涵盖家庭的所有影响（Solon，1999），一些同胞之间并非共有的家庭因素并未包含在该指标中，如父母对家中不同子女的育儿行为可能并不一样。①

相对于仅仅用父母的受教育程度、职业地位、家庭收入等有限的、可观测的家庭背景变量做回归，利用同胞相关系数去估计家庭对教育不平等的贡献份额会更大，因为后者还包括了一些不可观测的家庭背景因素（Solon，1999）。根据 Björklund 和 Salvanes（2011）的综述，美国和欧洲等发达国家（地区）的同胞教育相关系数一般为 0.4~0.6。这意味着个人之间受教育程度的差异有 40%~60%要归因于家庭因素，如果再考虑同胞之间非共有的一些家庭因素的影响，家庭对个人教育的影响程度在各种影响因素当中是相对较大的。也就是说，个人之间在教育获得上的变异，有一半左右的原因来自家庭的差异。有意思的是，Conley 和 Glauber（2008）通过计算同胞之间在教育、收入等多个社会经济结果指标上的相关系数后发现，家庭对来自弱势群体的个人的影响相对较小。

1.1.3 制度变迁是否会改变家庭的影响

在代际流动的研究领域，社会学家特别关注宏观的制度变迁是否会影响流动和分层模式。有关中国的研究主要关注在一些特定的历史背景下（如“文革”、社会的市场化转型、教育扩展等），家庭怎样影响个人的教育分层和流动。

（1）政治制度变迁过程中家庭背景的影响

很多学者都研究了“文革”对中国的教育不平等的影响。Deng 和 Treiman（1997）的研究是其中的代表性文献。他们对 1982 年的全国人口

① 同胞教育相关系数可以分解为两个部分：一是代际相关系数的平方；二是和父代教育无关的一个影响因素（Solon，1999）。因此，同胞教育相关系数度量的家庭的影响在涵盖范围上要大于教育代际相关系数，教育代际相关系数会低估个人教育对家庭的依赖程度。

普查数据进行分析后发现，“文革”期间去分层化的意识形态有效地缩小了教育获得上的阶层差异，家庭背景的影响不再重要，甚至出现逆转。出身于受教育程度较高家庭、知识分子家庭或干部家庭（对子女入学）的优势在“文革”期间不重要，但“文革”之后马上显现出来。周雪光等（1998）基于1993—1994年20个城市的居民数据进行研究后发现，在“文革”期间，家庭背景对来自“剥削阶级”或中产阶级家庭的子女进入高中或大学并无影响，但在“文革”之后具有明显的作用。刘精明（1999）发现，只是“文革”前期对高中阶段教育的获得模式产生了严重影响，在“文革”后期，各阶段教育的获得模式都恢复到“文革”之前的代际传递路径。面对“文革”的冲击，以家庭为单位的个体或者努力抗拒这种冲击，或者利用这种冲击所造成的混乱，借助权力因素延续教育获得模式中的代际影响。

这些研究表明，在政治制度变迁过程中，以去分层化的意识形态为主导的教育政策可以在一定时期、一定程度上促进教育公平，但是教育的代际流动模式具有自己的路径依赖特征，优势阶层出身的群体会采取各种方式抵制外部政策的冲击，维护自己的利益。因此，激进的教育公平政策可能未必具有长期的有效影响。

（2）市场化转型过程中家庭背景的影响

市场化转型所带来的机会均等有可能促进教育的代际流动，但与此同时，自由竞争的市场机制同样可能导致之前的优势阶层在市场转型过程中享有更多的教育机会、获得更好的教育回报。李春玲（2003）发现，新中国成立以后的中国教育分层可以分为两个阶段：改革开放之前，教育机会分配趋向公平，家庭背景并不重要；改革开放之后，家庭背景以及制度因素对教育机会获得的影响越来越大。类似的还有李煜（2006）、刘志明和高耀（2011）等的研究。

为了更好地解释家庭的作用如何随市场化转型而变化，刘精明（2008）区分了不同家庭背景对子女基础教育机会获得的影响。他将家庭背景分为内生性家庭资源和外依性家庭资源。内生性家庭资源是指“一个家庭一经组成便自然固有的人口结构方式，以及内化于家庭成员之中的知性与情感体系……典型的包括家庭结构以及家庭文化资本”。内生性家庭资源较少受到外部社会环境的影响，因而对教育不平等的影响是持久、稳定且增长的。外依性家庭资源是指儿童成长过程中与家庭物质资源相关的养育环境，而这主要取决于劳动力市场制度、劳动力供给等外部因素，因此对教育不平等的影响会因为教育扩展或其他平等化的社会政策的作用而趋于下降。

（3）教育扩展中家庭的影响

教育扩展虽然有可能缩小教育获得数量上的不平等，但是无助于缩小教育获得质量上的差异。郝大海（2007）基于2003年的全国抽样调查数据进行分析后发现，改革开放前的“去分层化”的以公平为导向的政策抑制了较高阶层，特别是专业技术阶层的教育需求，从而缩小了教育不平等。但是，转型之后，家庭背景对子女教育获得的影响逐渐体现，较高阶层子女在升高中和升大学的过程中具有优势。刘精明（2006）发现，扩招并未改变教育分层的状况。虽然扩招在总体上扩大了各个阶层的入学机会，但是优势阶层更多地集中在了地位取向明确的本科层次教育，而下层群众则更多地从生存取向明确的成人高等教育普及中获益。李春玲（2010）也有类似的发现。对于高校扩招之后城乡教育机会差距没有缩小这一现象，很多研究者指出，这是因为在中考阶段就存在着城乡教育机会的差距（Li等，2015；李春玲，2014；吴愈晓，2013）。

吴晓刚（Wu，2010）的研究同样证实，基础教育领域的扩展并未改变教育分层结构。他基于中国1990年和2000年的人口普查数据进行研究后发现，以父母受教育程度、家庭社会经济地位指数、户籍状况衡量的家庭背景对个人的入学和教育转换具有持续且重要的影响。尽管义务教育普及缩小了初中升学率的城乡差距，但是新的入学机会不平等出现在了高中入学机会上，并且受父亲社会经济地位的影响在加强。

这些研究表明，教育分层和代际流动模式具有稳定的特征，当激进的基于家庭出身分配教育机会的制度结束以后，如果具有不同家庭背景的个人仍然在教育获得上存在差异，很可能是因为不同类型家庭内部的行为差异所致。或者说，与家庭背景相关的家庭行为持续性地影响了子代的教育获得。因此，另一种理解代际流动的视角就集中于考察家庭行为、决策等微观过程（Esping-Andersen，2004：293，307）。这也是近年来有关教育获得研究的重点——关注各类家庭资本通过哪些微观的中介机制或行为影响教育获得。

1.2　家庭对子女教育的代际影响机制

在家庭与教育不平等关系的研究中，更为重要的问题是：从家庭的视角来看，教育代际流动的机制是怎样的？相应的政策干预措施有哪些？这也是代际流动研究近十年来重点关注的问题（Björklund 和 Salvanes，2011）。这部分首先介绍学术界长久存在的“先天-后天之争”；其次讨论后天教养环境下各类家庭资本的作用；最后谈与家庭人口结构有关的家庭内部资源分配对子女教育获得的影响。

1.2.1　先天遗传还是后天教养更重要

基于前述教育代际流动的理论框架，学者们想进一步了解：对个人教育获得和教育成就而言，先天遗传因素和后天家庭教养环境究竟谁的影响更大（Björklund 和 Salvanes，2011）。区分遗传（genetic）和环境（environment）对教育代际流动的贡献至关重要。首先，这是学术研究的一个前沿问题。对“先天-后天”的争论是经济学、社会学、生物学共同关注的一个持久性的热门话题。其次，这一争论与公共政策和实践问题直接相关。如果我们发现影响个人教育的家庭因素主要来自后天的家庭教养环境，那么旨在缓解家庭预算约束、提高父母育儿技巧的公共政策就有助于促进教育的代际流动。但是，如果教育代际传递的主要原因是先天遗传所致，或者说仅仅是一种纯粹的自然选择，那么公共政策的干预空间就很有限（Black 和 Devereux，2011；Sacerdote，2002）。

那么，如何识别教育代际流动的机制呢？用专业术语来说，学者们希望识别代际之间的教育相关关系是否是一种因果关系。很多国家的研究都发现，父代的受教育程度越高，子代的受教育程度也越高，即教育代际相关系数是正的，并且绝对值较大。这可能是因为受过良好的教育会让父母更有能力为子女创造良好的教育成长环境，从而在后天有助于子女的教育获得，这就是计量经济学意义上的因果关系（causation）。但是，教育代际弹性或教育代际相关系数是通过子代受教育程度对父代受教育程度的回归估计得到的。正如图 1.1 所示，由于我们遗漏了不可观测的父代的禀赋或能力因素，这些遗漏变量既影响父代的受教育程度，也影响子代的受教育程度，从而导致 OLS 估计的结果是有偏的。因此，即使我们发现父代的受教育程度变量系数显著为正，我们也难以将其识别为因果关系。更通俗地说，我们观察到受教育程度较高的父母往往会养育受教育程度同样较高的孩子，这可能是因为受教育程度较高的父母在遗传基因、禀赋等因素上具有优势，这些先天因素遗传给了子女，因此这是一种纯粹的自然选择（pure selection）（Black 等，2005a）。

为了尽可能准确地识别父代受教育程度与子代受教育程度之间的相关关系是否是一种因果关系，经济学家主要采取了三种方法：①以来自父亲（或母亲）是双胞胎的子女的样本进行研究（twins as parents）；②以父母的亲生子女和领养子女的样本进行研究（adopted children）；③寻找一个外生于父母能力但又与父代受教育程度相关的工具变量进行研究（Black 等，2005a；Björklund 和 Salvanes，2011）。由于领养子女样本在国内很难找到，因此我们仅介绍其他两种方法。

基于双胞胎样本的研究思路是：子代的受教育程度取决于父亲（或母亲）的受教育程度、父亲（或母亲）拥有的与子女教育相关的禀赋特征（既包括可测的，也包括不可测的）——这些禀赋特征对于来自同一对双胞胎的个体是一样的。如果我们可以找到父亲（或母亲）是双胞胎的子女样本，那么进行一个差分估计，就能消除那些不可观测特征造成的估计偏误（Black 和 Devereux，2011）。这方面最早的代表性研究来自 Behrman 和 Rosenzweig（2002），但是他们发现母亲受教育程度的提高无助于提高子女的教育获得。然而，该方法不仅对样本要求比较高，同时也强加了非常强的假设前提——双胞胎之间不仅在基因上完全一样，在后天习得的育儿理念、行为等与子女教育有关的禀赋特征上也一样（Black 和 Devereux，

2011）。正如本章最后一部分综述的内容所证明的：事实上，在一个多子女家庭当中，父母对待不同子女的偏好和行为可能是不一样的。

另一个使用更为广泛的方法是工具变量估计。其基本思路是：以一个外生于模型的“冲击”（如教育法规的制定、社会事件的影响等），作为内生的父代受教育程度的工具变量。这个外生冲击完全独立于模型，因此它与被忽略的父代的能力因素不相关，从而可以得出更加准确的父代受教育程度和子代受教育程度之间的关系。

Black 等（2005a）以受教育年限作为度量受教育程度的指标，以挪威1960—1972 年实施的延长义务教育年限的义务教育法改革作为一个外生的工具变量。他们的估计显示，尽管 OLS 回归估计得到的父亲（或母亲）与儿子（或女儿）的教育代际弹性很大，但是工具变量估计并没有发现父亲与儿子（或女儿）及母亲与女儿的受教育程度存在因果关系，唯一的例外是母亲和儿子的受教育程度的确是一种因果关系。换言之，先天遗传是教育代际传递的主导因素。但是，更多的研究得出了相反的结论。Oreopoulos 等（2006）以美国历次义务教育法改革作为工具变量，发现父母任何一方的受教育年限每增加 1 年，子女复读的概率会下降 2%～4%。Maurin 和 McNally（2008）以一个有趣的外生事件作为父母受教育程度的工具变量。1968 年 5 月，法国爆发的学生骚乱很快蔓延全国，因此正常的入学考试被终止，各类教育的通过率都显著提高，结果导致那一代学生当中有不少人的受教育程度都较其他出生队列的同龄人要高。他们发现，那些因为骚乱放宽入学标准而获得更高受教育年限的人不仅自身在将来获得了更高的收入和职业地位，还将这种教育外部性传递给了下一代——他们的子女的复读率也显著下降。Carneiro 等（2013）以母亲求学时的教育成本变化作为母亲受教育程度的工具变量，发现母亲受教育程度提高有助于提高子女的数学和阅读成绩、降低复读率和问题行为发生率。李云森和齐豪（2011）以 20 世纪 70 年代中国农村地区基础教育普及政策作为父母受教育程度的工具变量，结果发现母亲受教育程度与子女是否接受 10 年以上教育具有正的因果关系，而父亲受教育程度的影响并不显著。杨娟和何婷婷（2015）以“文化大革命”事件对一代人受教育程度的冲击作为工具变量，发现父亲受教育年限每增加1年，子女上大学的可能性增加7.75%。林莞娟和张戈（2015）以1978—1982年我国延长中小学年限的学制改革作为工具变量，发现父母受教育程度与子女受教育程度具有显著的因果关系。

在识别教育代际流动的因果关系时，虽然工具变量方法用得较多，但也存在一定的局限性。首先，一个符合要求的工具变量很难寻找。尽管随着国内数据搜集工作的不断推进，1986年实行的《义务教育法》以及1999年开始的高校扩招都可以作为中国研究的工具变量，但是工具变量的“外生性”条件很容易受到质疑。有研究者指出，已有研究选取的工具变量看似不直接影响子代的教育，但其实不然（Black和Devereux，2011）。以高校扩招这一工具变量为例，为了解决扩招之后的人才培养质量下降问题，我国采取了很多措施，如强化本科教学质量评估、提高教师队伍质量等，而这些因素也直接影响到子代的教育获得，因此工具变量的外生性条件无法得到满足。其次，工具变量估计的效应是一种局部平均处理效应（LATE），它反映的只是总体当中一部分会受到该工具变量影响的样本的代际效应，难以反映总体的代际流动关系（Black和Devereux，2011）。

1.2.2 后天环境中各类家庭资本与家庭行为的作用

既然后天的教养环境很重要，那么是哪些家庭资本及家庭行为影响了教育的代际流动？对此，社会学和经济学有不同的研究视角。

（1）社会资本、文化资本及父母参与的作用

社会学强调物质财富以外的文化资本和社会资本在教育代际传递中的作用（Bourdieu，1988；Coleman，1988；De Graaf，1988）。受教育程度高的父母往往有更好的文化资本，这意味着有更好的教育理念、更适于学习的家庭氛围。家庭藏书量是物化的（objectified）文化资本。国际学生评估项目（Program for International Student Assessment，PISA）等的研究结果表明，不论在哪个国家，家庭藏书量都和学生学业成就具有显著的正相关关系（Rothstein，2010）。在美国，以英语为母语的儿童和双语家庭儿童的语言能力差距有一部分可以归因于前者的家庭图书资源更加丰富（Feng等，2014）。即使不用家庭藏书量这一指标，仅仅使用“家庭是否拥有一部百

科全书”这一变量，都可以在一定程度上预测儿童的语言识字测试得分。因为虽然儿童不太可能去阅读家中的百科全书，但拥有这类藏书意味着父母的受教育程度较高，良好的家庭文化氛围对儿童教育发展具有潜移默化的模仿效应（Leibowitz，1977）。

随着研究的深入，文化资本的概念不仅包括家庭开展的高阶文化活动，还包括父母的育儿理念和行为（Roksa 和 Potter，2011）。很多研究发现，育儿理念因父母受教育程度的不同而存在着显著的阶层差异。一项针对美国白人家庭和黑人家庭 10 岁儿童的家庭生活的研究表明，在父母的育儿方式上，种族之间的差别并不明显，但是社会阶级之间的差异却很显著。具体而言，中产阶级家庭的父母关注的是如何“教”（cultivation），父母投入大量精力，通过有组织的闲暇时间活动培养子女。而工人家庭和贫困家庭的父母关注的则是如何“养”（natural growth），父母只提供子女成长的必备条件，至于闲暇时间的安排，则全部交由子女自己处理（Lareau，2002）。新近的研究表明，父母育儿理念和行为的差异不仅与父母当前的地位有关，也与父母自身的家庭出身有关。换言之，文化资本在教育代际流动中的作用不仅发生在家庭内部儿童成长的童年时期，也发生在为人父母的整个生命周期，这在某种程度上验证了文化流动（cultural mobility）的假说（Roksa 和 Potter，2011）。这对出身于低阶层家庭的父母来说是一个好消息，因为他们可以通过自致的地位改变自己的教育理念和行为，从而促进下一代的教育流动。

受教育程度高的父母也更有时间且更愿意花时间陪伴子女。这种育儿时间投入在 Coleman（1988）的研究中叫作“社会闭合”意义上的社会资本。与之相近的是“父母参与”这一概念，具体包括父母在家中辅导或监督检查子女的作业、了解子女在学校的情况、带子女参加各类文体活动等，以及在家庭以外与子女学校和教师的交流等。因此，有学者关注父母育儿时间投入（Guryan 等，2008）、家庭阅读频率（Kloosterman 等，2011）、家长参与和家校合作交流（McNeal，1999）等需要花费父母时间投入的行为的影响。很多研究者都发现，父母的育儿方式，如是否愿意花时间陪伴儿童、如何陪伴儿童（如是陪儿童阅读还是看电视）、如何与和儿童教育发展相关的其他人（包括儿童的教师、同学的父母、社区其他居民等）交往等，都和父母的受教育程度相关。

Leibowitz（1977）对美国3~5岁儿童的研究发现，家庭是否拥有洗碗机、烘干机和儿童的看图识字测试得分正相关。这意味着洗碗机、烘干机虽然也是家庭经济收入的一种体现，但其对儿童教育的影响更多地体现在它们是一种可以节约劳动时间的设备（同样体现家庭经济收入但是无法节约劳动时间的电视机、家庭音响设备对儿童识字得分并无影响），可以让父母将更多的时间投入育儿。研究者进一步发现，育儿时间的投入数量和投入质量都与父母的受教育程度有关。一般来说，母亲陪伴子女的时间远远多于父亲，如果父母受教育程度的影响仅仅体现家庭的遗传基因或社会经济地位，而与育儿时间投入无关的话，那么父亲和母亲的受教育程度对儿童识字得分的影响应该是类似的。然而有关研究发现，母亲受教育程度对识字得分具有显著的正效应，而父亲受教育程度对识字得分并无显著影响。这就意味着母亲受教育程度不仅体现了家庭的社会经济地位，更体现了育儿时间的投入数量。进一步区分母亲的育儿时间发现，母亲与子女阅读、母亲自己阅读都对儿童识字得分具有正效应，并且前者的影响是显著的，而母亲陪儿童看电视或者母亲自己看电视则具有负效应。

针对中国的研究也得出了类似结论。在发展中国家，受家庭经济、儿童自身健康等因素的影响，上学年龄推迟并不鲜见，这会对儿童的终身发展产生不利的影响。李宏彬等以儿童上学年龄作为衡量教育获得的因变量，考察了父母育儿时间投入的影响。有关研究发现，母亲育儿时间投入越多，儿童上学的年龄就越早。一旦控制了母亲的育儿时间，儿童健康状况对入学年龄并不具有显著的影响。这意味着母亲受教育程度对子女教育的影响机制主要是通过母亲增加育儿时间从而有助于提高儿童健康实现的（Li等，2005）。

父母一个重要的有益于子女教育发展的行为就是家庭阅读。几乎所有研究都表明，父母在家庭中和孩子的阅读频率越多，对儿童的教育发展就越有益。父母如果在家庭中给4~5岁的孩子读书的话，将显著提高孩子的阅读技能和包括运算能力在内的认知技能，并且这种技能培养优势会至少保持到 10~11 岁（Kalb 和 Van Ours，2014）。Feng 等（2014）对美国以英语为母语的儿童和双语家庭儿童的研究发现，父母在儿童早期成长阶段是否经常给孩子读书是一个重要的预测其未来语言能力的指标，其作用超过了给孩子讲故事和唱歌。

有关父母参与和家校联系对子女教育发展的影响的研究是国内这几年的一个热点话题。很多研究发现，父母在家庭内部监督子女做作业、与子女讨论学校情况，在家庭外部进行家校联系等的时间投入，对子女的学业表现具有积极的影响（Carbonaro，1998；Pong，1998；赵延东、洪岩壁，2012；黄亮，2016；朱钰淇 等，2017；梁文艳 等，2018；杨中超，2018）。但本书第 5 章的研究发现，这些父母参与行为对西部农村家庭子女的学业表现并无影响，这可能是因为基于国外研究概念化的"父母参与"度量指标并没有准确度量中国农村地区父母真实的教育参与情况，这也是未来国内研究应该关注的一个方向（李晓晗、郑磊，2016）。

随着两性社会分工的变化，女性越来越多地参与劳动力市场，男性也不只是负责为家庭挣钱，同时也承担了一些直接的育儿责任。因此，在有关父母育儿和子女教育参与的研究方面，国外开始讨论父亲参与（fatherhood）的影响（Carlson 和 Van Orman，2017；Kalil 等，2016；Lindberg 等，2017）。国内的研究尚未关注这一问题，这也是今后一个可能的研究方向。

（2）经济资本与预算约束的影响

受教育程度高的父母在对子女进行人力资本投资时面临的预算约束较小，能够提供更好的教育投资和选择。因此，经济学家认为经济资本是教育代际传递的关键因素，"父母教育—家庭收入—子女人力资本投资—子女教育"是教育代际传递的机制（Becker 和 Tomes，1979）。Carneiro 和 Heckman（2002）等经济学家修正了传统的人力资本理论，认为家庭经济资本起着重要作用，并且"钱"的真正作用在于长期效应。贫困家庭并非因为在高中或大学教育转换阶段无力支付学费（也即短期的借贷约束）限制了子女的教育获得，而是因为无法为子女提供高质量的家庭环境，特别是早期成长阶段的各种干预措施，从而极大地影响子女的能力发展。

Heckman 等近年来的研究集中讨论了早期/学前发展干预措施对青少

年时期教育获得和学业表现的影响。在他们看来，社会经济地位弱势家庭在婴幼儿成长的早期阶段，因为经济资本的匮乏，没有为子女提供充足的高质量的营养、健康和教育方面的人力资本投资。而这一阶段，是个人认知能力发展的关键期和敏感期。因此，家庭经济资本对子女教育获得和成就的影响是一种长期的、累积的作用。他们利用经济学的人力资本投资等概念，构建了一个“能力形成的动态模型”。该理论强调人的能力是一个不断累积的多阶段过程，具有两大特点：自我生产——之前形成的能力能够促进之后阶段能力的发展；动态互补性——在某一阶段对能力进行干预或投资，其生产效率取决于之前已经获得的能力（Heckman，2006，2007；Cunha 和 Heckman，2007）。

近年来，经济学家开始关注收入不平等与代际流动的关系，这对经济资本在教育代际传递过程中的作用机制提出了另一种解释。这方面的代表性研究是 Corak（2013）提出的“盖茨比曲线”（the Great Gatsby Curve）——收入分配越不平等的国家，代际收入弹性也越大。换言之，不平等伴随着代际固化。父辈的收入分配不平等程度越明显，意味着对子女进行人力资本投资的差距越大。在美国，从 20 世纪 70 年代到 21 世纪初，最低收入分位组家庭用于子女教育有关的支出从每个孩子 835 美元增长到 1315 美元，而最高收入分位组家庭的支出从每个孩子 3536 美元增长到 8872 美元。因此，富裕家庭子女的教育机会比贫困家庭子女多出很多。与此同时，在劳动力市场上，高等教育的回报率也在不断上升，从而使得贫富家庭子女的收入差距越来越大。因此，盖茨比曲线背后的机制是“收入分配不平等—人力资本投资差距—高等教育回报率上升—代际收入固化”。

越来越多的经验研究检验了父代收入分配差距与子代教育获得、学业表现的关系。Campbell 等（2005）发现，从 20 世纪 70 年代开始，美国的收入分配差距逐渐扩大。与之相伴的，是白人学生的教育获得在增加，黑人学生的教育获得几乎不变。Reardon（2011）对美国的研究发现，过去 25 年里，随着收入不平等的扩大，高收入家庭和低收入家庭孩子在学业表现上的差距也有所扩大。“钱”对子女的教育获得、学业表现和未来社会经济结果的影响越来越大。Fan 等（2015）对中国的研究也发现了类似的

“盖茨比曲线”：父代教育年限的离散程度越大，代际教育流动性越低。然而，也有研究指出，这两者之间的关系并不稳健（Bloome，2015）。因此，对于收入不平等与代际流动的关系，需要结合具体的社会制度来分析。Mayer（2002）指出，在美国，收入不平等加剧了居住空间上的地理分隔。美国基础教育入学和教育经费投入采取的是“学区制”，至少有三种不同的理论猜想去解释收入不平等、分隔与贫困家庭子女教育获得之间的关系，但预测的结果可能完全不同。而 Fan 等（2015）指出，中国的“盖茨比曲线”是人力资本的回报率和教育成本不断上升，以及分权化的政府教育经费投入等制度化因素所致。

如果家庭经济资本或者说父母进行人力资本投资时面临的预算约束的作用更大，那么旨在缓解家庭预算约束的公共教育支出政策或者税收政策就有可能促进教育代际流动。这一具有政策启示的推测被不少实证研究所证实。Mayer 和 Lopoo（2008）发现，在美国那些公共教育支出更高的州，代际流动性也更高。Aizer（2014）基于 25 个 OECD 国家的面板数据进行研究后发现，增加公共卫生支出可以显著降低家庭在子女人力资本投资上的影响，缩小子女 PISA 测试成绩的差异。此外，增加公共住房支出、教育支出等公共政策也具有类似的但是程度稍小的作用。孙志军（2011）发现，增加公共教育支出可以减少家庭背景对个人受教育机会和学业表现的影响。Li 等（2014）基于中国的数据研究发现，增加公共教育支出从长期来看可以提高贫困家庭的受教育程度，阻止贫困的代际传递。类似的还有杨娟和周青（2013）、李力行和周广肃（2014）、刘楠楠和段义德（2017）的发现。

既然时间投入和物质投入是父母影响子女教育的两种投入方式，那么父母是否会用其中一种投入替代另一种投入呢？一项针对中国西部农村地区的研究发现，随着农村外出打工人口的增加，父母没有时间在家陪伴子女的情况越来越普遍，因此存在着以打工挣得的物质投入替代时间投入的现象（Kong，2008）。但也有研究发现，无论在中国西部农村还是中东部农村，受教育程度较高的父母在儿童教育投资决策时，并没有用物质资源投入去替代时间资源投入，而是在两方面都投入得比较多（Brown，2006；

祁翔，2013）。

（3）各类资本的作用比较

到底是与家庭经济资本相关的物质投入的作用大，还是与家庭社会资本或文化资本相关的非物质投入的作用大？Jæger 和 Holm（2007）对丹麦进行的研究发现，家庭社会资本和文化资本对子女教育获得的预测作用要大于经济资本。郭丛斌和闵维方（2006）发现，对于子女能否接受高等教育，家庭文化资本的影响要大于家庭经济资本的影响。柳皑然和谢宇（Liu 和 Xie，2015）发现，尽管家庭收入与子女的认知能力（以词汇能力来度量）显著相关，但是家庭的非货币性资源，特别是父母的育儿方式影响更大。

近年来经济史学家提出的一种新的方法——姓氏分析方法表明，传统的基于两代人调查数据估算的代际传递性可能偏低。郝煜（2013）利用该方法，对中国社会 1645—2010 年的长期社会流动性进行了研究，结果发现，1949 年之前中国社会的代际传递性（β 值，用家族出现的中举者或大学生数量衡量）在 0.78 以上，1950—2010 年的代际传递性也保持在0.63~0.74。英国（用遗产衡量代际传递性）、瑞典（用受教育程度衡量代际传递性）、美国（用家族的律师数量衡量代际传递性）、日本（用受教育程度衡量代际传递性）、印度（用家族的医生数量衡量代际传递性）等采用类似方法的国家，同样发现了较高的代际传递性（β 值为 0.61~0.91）。这些 β 值高于采用传统方法所估计的结果。这意味着，这些国家历史上出现的一些激进的再分配政策并没有有效降低代际传递性。

和该研究对应的是，对“文革”事件对中国社会代际流动的影响的研究发现，尽管在激进的年代去分层化的意识形态有效地缩小了教育获得上的阶层差异，家庭背景的影响不再重要甚至出现逆转，但是一旦激进的政治制度变迁结束，优势家庭在教育代际传递上的优势立即显现出来（Deng 和 Treiman，1997；Zhou 等，1998；佐藤宏、李实，2008）。这说明以去分层化的意识形态为主导的教育政策可以在一定时期、一定程度上促进教育公平，但是教育的代际流动模式具有自己的路径依赖特征。由于家庭拥有的文化资本和社会资本受到政策的影响较小，更容易“世袭”，因此对教育的代际传递发挥着持续的、隐蔽的作用，其作用也大于物质资本（郝煜，2013）。

1.2.3 家庭人口结构、家内资源分配与子女的教育获得

家庭之间因为父母的教育及与之相关的其他社会经济地位指标的不同，会拥有不同的禀赋、资本及教养行为，不管是先天的遗传路径还是后天的教养环境，都会影响子代之间在教育获得和教育成就上的差异。但是，即使在同一个家庭内部，如果父母生育了多个子女，同胞之间的教育可能也存在差异，这是一种来自家庭内部的差异。

尽管同胞相关系数是一个涵盖范围很广、反映家庭和社区环境影响的指标，但是因为同胞相关系数忽视了很多家庭环境当中非同胞共有的因素，因此仍然难以全面度量家庭的影响（Solon，1999）。这其中一个重要的因素就是，父母可能会在同胞之间采取不同的教养方式，如父母对不同子女的期望不一样、在家庭内部资源分配过程中有所偏向等。这其中尤其重要的一点就是，因为子女的性别不同而产生的家庭内部的不平等（inequality within family）。例如，李春玲（2003，2009）发现，家庭背景对女性的教育获得影响更大。

社会学家 Conley（2005）的一项研究发现，来自同一家庭的同胞在社会地位、财富、教育成就上表现出巨大的差异。在各种造成经济、社会不平等的原因当中，有 3/4 的因素来自家庭内部（within family），而非家庭之间（between families）。基于此，Conley（2005）提出了“啄序”（pecking order）的概念。他认为，这种家庭内部的因素主要是家庭内部父母与子女、同胞之间的人际互动关系。

越来越多的学者开始基于家庭内部的人际互动来研究家庭对教育不平等的影响，这也是此类研究的一个新的发展方向。在这一研究主题上，经济学、社会学、生物学、心理学等学科从各自的学科视角提出了不同的理论。经济学将这种家庭内部的人际互动看作一种资源约束下的家庭内部资源分配模式，社会学和心理学则将这种人际互动看作家庭社会化过程。这种家庭内部的互动关系取决于家庭的人口结构（family configuration）——特别是同胞规模（sibship size）、同胞性别结构（sex composition of sibling)、出生顺序(birth order)、出生间隔(birth spacing)等。

相关研究中,考察同胞规模的影响的研究最多。有关研究指出,同胞规模既影响家庭中每个子女所接受的先天遗传效果,也关系到后天的家庭教养环境。对此,资源稀释理论(resources dilution model)和群集理论(confluence theory,也叫融合模型)给出了不同的解释(Chu 等,2007)。按照资源稀释理论的解释,家庭可供子女进行人力资本投资的资源是有限的,家庭规模越大,每个子女的平均投资数量就会减少,从而使人力资本投资质量下降。Becker 和 Lewis(1973)、Becker 和 Tomes(1976)提出的子女数量-质量权衡理论(quantity-quality tradeoff)与此基本类似,也是后来经济学家对此问题进行分析的重要理论基础。而群集理论则认为,家庭中某个孩子所面对的智力遗传环境与同胞数量及自己的排行直接相关,父母生育数量越多,会导致其所处的平均智力质量越低,从而不利于教育发展。和理论预测一致的是,大量经验研究表明,同胞规模和个人成就之间存在显著的负相关关系(Rosenzweig 和 Wolpin,1980;Hanushek,1992;Black 等,2005b;Åslund 等,2010;Li 等,2008;De Hann,2010;Silles,2010;罗凯、周黎安,2010)。本书第 2 章基于西部农村地区的数据对此也进行了研究(郑磊 等,2014)。

尽管同胞规模和教育等社会经济成果之间的负相关关系广泛存在,但是近年来越来越多的学者开始从其他家庭结构特征角度对这一现象进行了解释。这其中需要重点关注的两个因素是出生间隔和同胞性别结构。结合经济学中有关父母在家庭内部资源分配时的目标及不同社会的性别偏好文化,可以得出不同的预测。例如,在给定的家庭生育规模下,同胞之间出生间隔越小,对人力资本投资资源的竞争就越大,越有可能对相对年长的女孩的教育获得产生不利影响。同样,在给定的家庭生育规模下,同胞之间男孩越多,在有着强烈男孩偏好的社会里,并且父母在分配资源时的目标是最大化未来家庭的总财富,就会越倾向于给男孩多投资,这就不利于女孩的教育获得。但是,如果父母在分配资源时的目标是平衡子女之间未来的福利,就会对相对“弱势”的孩子多投入资源,从而可能使女孩的教育投资更多。对此,可以参考 Powell 和 Steelman(1990)、Steelman 等

(2002)、李宏彬和张俊森（2008）的研究。本书第3章利用“中国社会综合调查”数据对此进行了研究（郑磊，2013）。

1.3 总结

家庭对子女教育的代际效应是社会科学各个学科都关注的一个热点问题。通过对不同学科研究的回顾，可以得出以下结论：

第一，在众多影响个人教育获得或教育成就的因素中，家庭是一个相对更重要的因素。已有研究大多采用父母的受教育程度、职业地位、家庭收入、政治身份、户籍状态等变量度量家庭背景的影响，均发现这些因素对个人教育获得具有显著的影响。但是，考虑到家庭的影响还包括很多量化研究无法准确度量或直接度量的因素，因此已有研究在评价家庭的作用时存在低估的情况。

第二，尽管家庭对子女教育的代际效应同时具有先天遗传和后天教养环境两方面的作用，但是更多的研究认为，后天环境的作用更大一些。这意味着我们可以通过一些公共政策改变或影响家庭在对子女进行人力资本投资时的环境来促进代际流动。

第三，在家庭的教养环境当中，父母对子女的物质投入和时间投入都很重要。前者和家庭拥有的物质资本有关，后者则体现为一种文化资本和社会资本。经济学研究更强调物质投入的重要性，因此增加教育等方面的公共支出可以缓解家庭在人力资本投资时的预算约束，从而促进代际流动。社会学研究更强调隐蔽的文化资本和社会资本的作用。从一些时间跨度较大的研究来看，一个社会的代际流动保持着稳定的模式。这意味着即使采取激进的制度变迁，可能也无法有效地改变代际传递的路径依赖。但是，父母亲的带薪产假或育儿休假等公共政策仍然可以影响父母的育儿行为，从而促进代际流动。

第四，即使在同一个家庭内部，父母对不同子女的偏好和行为也不同。因此，教育的不平等不仅来自家庭之间的差异，也来自家庭内部。

参考文献

［1］郭丛斌，闵维方．家庭经济和文化资本对子女教育机会获得的影响［J］．高等教育研究，2006（11）：24-31．

［2］郝大海．中国城市教育分层研究（1949—2003）［J］．中国社会科学，2007（6）：94-107，206．

［3］郝煜．中国的长期社会流动性，1645—2010：姓氏方法［J］．经济资料译丛，2013（2）：57-65．

［4］胡雯，张浩，李毅，等．分子遗传学的发展对社会学的影响［J］．社会学研究，2012（5）：224-241，245-246．

［5］黄亮．家长参与学校教育对初中学生认知能力表现影响的实证研究：基于中国教育追踪调查基线数据的分析［J］．教育科学研究，2016（12）：53-59．

［6］李春玲．社会政治变迁与教育机会不平等：家庭背景及制度因素对教育获得的影响（1940—2001）［J］．中国社会科学，2016（12）：53-59．

［7］李春玲．教育地位获得的性别差异：家庭背景对男性和女性教育地位获得的影响［J］．妇女研究论丛，2009（1）：14-18．

［8］李春玲．高等教育扩张与教育机会不平等——高校扩招的平等化效应考察［J］．社会学研究，2010（3）：82-113，244．

［9］李春玲．教育不平等的年代变化趋势（1940—2010）：对城乡教育机会不平等的再考察［J］．社会学研究，2014（2）：65-89，243．

［10］李宏彬，张俊森．中国人力资本投资与回报［M］．北京：北京大学出版社，2008．

［11］李力行，周广肃．家庭借贷约束、公共教育支出与社会流动性［J］．经济学（季刊），2015（1）：65-82．

［12］李晓晗，郑磊．社会资本起作用吗？——农村家庭的代际闭合与儿童学业表现［J］．教育学报，2016（3）：45-53．

［13］李煜．制度变迁与教育不平等的产生机制：中国城市子女的教育获得（1966—2003）［J］．中国社会科学，2006（4）：97-109，207．

［14］李云森，齐豪．中国农村教育的代际因果关系：基于1970年代农村基础教育普及政策的研究［J］．世界经济文汇，2011（4）：72-88．

［15］梁文艳，孙冉，叶晓梅．核心素养视角下父母参与如何影响儿童的学业

发展？——基于城乡户籍和区域流动状况的差异分析［J］. 教育经济评论，2018（3）：40-60.

［16］林莞娟，张戈．教育的代际流动：来自中国学制改革的证据［J］. 北京师范大学学报（社会科学版），2015（2）：118-129.

［17］刘精明．“文革”事件对入学、升学模式的影响［J］. 社会学研究，1999（6）：3-5.

［18］刘精明．高等教育扩展与入学机会差异：1978—2003［J］. 社会，2006（3）：158-179，209.

［19］刘精明．中国基础教育领域中的机会不平等及其变化［J］. 中国社会科学，2008（5）：101-116，206-207.

［20］刘楠楠，段义德．财政支出对教育代际流动性的影响［J］. 财经科学，2017（9）：35-45.

［21］刘志明，高耀．家庭资本、社会分层与高等教育获得——基于江苏省的经验研究［J］. 高等教育研究，2011（12）：18-27.

［22］罗凯，周黎安．子女出生顺序和性别差异对教育人力资本的影响——一个基于家庭经济学视角的分析［J］. 经济科学，2010（3）：107-119.

［23］祁翔．父母受教育程度与子女人力资本投资——来自中国农村家庭的调查研究［J］. 教育学术月刊，2013（9）：73-79.

［24］孙志军．家庭背景、公共教育支出高中阶段教育入学机会［J］. 中国人民大学教育学刊，2011（1）：147-159.

［25］吴愈晓．中国城乡居民的教育机会不平等及其演变（1978—2008）［J］. 中国社会科学，2013（3）：4-21，203.

［26］徐俊武，黄珊．中国代际教育流动性的地区、城乡与阶层差异研究［J］. 统计与决策，2016（8）：87-91.

［27］杨娟，何婷婷．教育的代际流动性［J］. 世界经济文汇，2015（3）：32-42.

［28］杨娟，周青．增加公共教育经费有助于改善教育的代际流动性吗？［J］. 北京师范大学学报（社会科学版），2013（2）：116-125.

［29］杨中超．家庭背景与学生发展：父母参与和自我教育期望的中介作用［J］. 教育经济评论，2018（3）：61-82.

[30] 赵延东，洪岩壁. 社会资本与教育获得——网络资源与社会闭合的视角 [J]. 社会学研究，2012 (5)：47-69，243-244.

[31] 郑磊，侯玉娜，刘叶. 家庭规模与儿童教育发展的关系研究 [J]. 教育研究，2014 (4)：59-69.

[32] 郑磊. 同胞性别结构、家庭内部资源分配与教育获得 [J]. 社会学研究，2013 (5)：76-103，243-244.

[33] 佐藤宏，李实. 中国农村地区的家庭成分、家庭文化和教育 [J]. 经济学（季刊），2008 (4)：1105-1130.

[34] 朱钰淇，常芳，史耀疆. 我国西部地区家长参与和学生成绩的相关关系研究 [J]. 教育经济评论，2017 (3)：38-54.

[35] AIZER A. Rising inequality and intergenerational mobility：the role of public investments in human capital [J]. CESifo Economic Studies，2014，60 (2)：280-311.

[36] ALBRIGHT K，CONLEY D. American educational policy in historical perspective [C] //CONLEY D，ALBRIGHT K. After the Bell：Family Background，Public Policy，and Educational Success. London：Routledge，2004.

[37] AMIN V，LUNDBORG P，ROOTH D. The intergenerational transmission of schooling：are mothers really less important than fathers? [J]. Economics of Education Review，2015，47：100-117.

[38] ÅSLUND O，GRÖNQVIST H. Family size and child outcomes：is there really no trade-off? [J]. Labour Economics，2009，17 (1)：130-139.

[39] BECKER G S，LEWIS H G. On the interaction between the quantity and quality of children [J]. Journal of Political Economy，1973，81 (2)：279-288.

[40] BECKER G S，TOMES N. Child endowments and the quantity and quality of children [J]. Journal of Political Economy，1976，84 (4)：143-162.

[41] BECKER G S，TOMES N. An equilibrium theory of the distribution of income and intergenerational mobility [J]. Journal of Political Economy，1979，87 (6)：1153-1189.

[42] BJÖRKLUND A，SALVANES K G. Education and family background：mechanisms and policies [C] //HANUSHEK E，MACHIN S，WOESSMANN L. Handbook of the Economics of Education Vol. 3. Amsterdam：The Elsevier，2011.

[43] BEHRMAN J R，ROSENZWEIG M R. Does increasing women's schooling raise

the schooling of the next generation? [J]. American Economic Review, 2002, 92 (1): 323-334.

[44] BLACK S E, DEVEREUX P J. Recent Development in Intergenerational Mobility [C] //CARD D, ASHENFELTER O. Handbook of Labor Economics Vol. 4B. Amsterdam: The Elsevier, 2011.

[45] BLACK S E, DEVEREUX P J, SALVANES K G. Why the apple doesn't fall far: understanding intergenerational transmission of human capital [J]. American Economic Review, 2005, 95 (1): 437-449.

[46] BLACK S E, DEVEREUX P J, SALVANES K G. The more the merrier? the effect of family size and birth order on children's education [J]. Quarterly Journal of Economics, 2005, 120 (2): 669-700.

[47] BLOOME D. Income inequality and intergenerational mobility in the United States [J]. Social Forces, 2015, 93 (3): 1047-1080.

[48] BROWN P. Parental education and investment in children's human capital in rural China [J]. Economic Development and Cultural Change, 2006, 54 (4): 759-789.

[49] BOURDIEU P. The forms of capital [C] //RICHARDSON J G. Handbook of Theory and Research for the Sociology of Education. New York: Greenwood Press, 1986.

[50] CAMPBELL M, HAVEMAN R, SANDEFUR G, et al. Economic inequality and educational attainment across a generation [J]. Focus, 2005, 23 (2): 11-15.

[51] CARBONARO W J. A little help from my friend's parents: intergenerational closure and educational outcomes [J]. Sociology of Education, 1998, 71 (4): 295-313.

[52] CARLSON M J, VANORMAN A G. Fathers' investments of money and time across residential contexts [J]. Journal of Marriage and Family, 2017, 79 (1): 10-23.

[53] CARNEIRO P, HECKMAN J J. The evidence on credit constraints in post-secondary schooling [J]. Economic Journal, 2002, 112 (482): 705-734.

[54] CARNEIRO P, MECHIR C, PAREY M. Maternal education, home environments and the development of children and adolescents [J]. Journal of European Economic Association, 2013, 11 (S1): 123-160.

[55] CHECCHI D. The economics of education: human capital, family background and inequality [M]. Cambridge: Cambridge University Press, 2005.

[56] CHEN Y Y, NAIDU S, YU T, et al. Intergenerational mobility and institutional change in 20th century China [J]. Explorations in Economic History, 2015, 58: 44-73.

[57] CHU C Y, CYRUS, XIE Y, et al. Effects of sibship structure revisited: evidence from intrafamily resource transfer in Taiwan [J]. Sociology of Education, 2007, 80 (2): 91-113.

[58] COLEMAN J. Social capital in the creation of human capital [J]. American Journal of Sociology, 1988, 94: 95-120.

[59] CONLEY D. The pecking order: a bold new look at how family and society determine who we become [M]. Vintage, 2005.

[60] CONLEY D, GLAUBER R. All in the family? Family composition, resources, and sibling similarity in socioeconomic status [J]. Research in Social Stratification and Mobility, 2008, 26 (4): 297-306.

[61] CORAK M. Income inequality, equality of opportunity, and intergenerational mobility [J]. Journal of Economic Perspectives, 2013, 27 (3): 79-102.

[62] CUNHA F, HECKMAN J J. The technology of skill formation [J]. American Economic Review, 2007, 97 (2): 31-47.

[63] DE GRAAF P. Parents' financial and cultural resources, grades, and transitions to secondary school in the Federal Republic of Germany [J]. European Sociological Review, 1988, 4 (3): 209-221.

[64] DE HAAN M. Birth order, family size and educational attainment [J]. Economics of Education Review, 2010, 29 (4): 576-588.

[65] DENG Z, TREIMAN D J. The impact of the cultural revolution on trends in educational attainment in the People's Republic of China [J]. American Journal of Sociology, 1997, 103 (2): 391-428.

[66] ESPING-ANDERSEN G. Unequal opportunities and the mechanisms of Social Inheritance [C]//CORAK M. Generational Income Mobility in North America and Europe. Cambridge: Cambridge University Press, 2004.

[67] FAN Y, YI J, ZHANG J. The great gatsby curve in China: cross-sectional in-

equality and intergenerational mobility [Z]. Chinese University of Hong Kong Working Paper, 2015.

[68] FENG L, GAI Y, CHEN X. Family learning environment and early literacy: a comparison of bilingual and monolingual children [J]. Economics of Education Review, 2014, 39: 110-130.

[69] GURYAN J, HURST E, KEARNEY M. Parental education and parental time with children [J]. Journal of Economic Perspectives, 2008, 22 (3): 23-46.

[70] HANUSHEK E. The trade-off between child quantity and quality [J]. Journal of Political Economy, 1992, 100 (1): 84-117.

[71] HAVEMAN R, WOLFE B. The determinants of children attainments: a review of methods and findings [J]. Journal of Economic Literature, 1995, 33 (4): 1829-1878.

[72] HECKMAN J J. Skill formation and the economics of investing in disadvantaged children [J]. Science, 2006, 312 (5782): 1900-1902.

[73] HECKMAN J J. The economics, technology, and neuroscience of human capability formation [J]. Proceedings of the National Academy of Sciences, 2007, 104 (33): 13250-13255.

[74] HERTZ T, JAYASUNDERA T, PIRAINO P, et al. The inheritance of educational inequality: international comparison and fifty-year trends [J]. The B. E. Journal of Economic Analysis and Policy, 2007, 7 (2): 1-46.

[75] JAEGER M M, HOLM A. Does parents' economic, cultural, and social capital explain the social class effect on educational attainment in the Scandinavian mobility regime? [J]. Social Science Research, 2007, 36 (2): 719-744.

[76] KALB G, VAN OURS J C. Reading to young children: a head-start in life [J]. Economics of Education Review, 2014, 40: 1-24.

[77] KALIL A, MOGSTAD M, REGE M, et al. Father presence and the intergenerational transmission of educational attainment [J]. Journal of Human Resources, 2016, 51 (4): 869-899.

[78] KLOOSTERMAN R, NOTTEN N, TOLSMA J, et al. The effects of parental reading socialization and early school involvement on children's academic performance: a panel study of primary school pupils in the Netherlands [J]. European Sociological

Review, 2011, 27 (3): 291-306.

[79] KONG P. "Old Man Moves a Mountain": rural parents' involvement in their children's schooling [D]. Doctoral Thesis, Boston: Graduate School of Education, Harvard University, 2008.

[80] LAREAU A. Invisible inequality: social class and childrearing in black families and white families [J]. American Sociological Review, 2002, 67 (5): 747-776.

[81] LEIBOWITZ A. Parental inputs and children's achievement [J]. Journal of Human Resources, 1977, 12 (2): 242-251.

[82] LI H, LOYALKA P, ROZELLE S, et al. Unequal access to college in China: how far have poor, rural students been left behind? [J]. The China Quarterly, 2015, 211: 185-207.

[83] LI H, YAO X, ZHANG J, et al. Parental childcare and children's educational attainment: evidence from China [J]. Applied Economics, 2005, 37 (18): 2067-2076.

[84] LI H, ZHANG J, ZHU Y. The quantity-quality trade-off of children in a developing country: identification using Chinese twins [J]. Demography, 2008, 45 (1): 223-243.

[85] LI Z, LIU L, WANG M. Intergenerational income mobility and public education spending: evidence from China [J]. Children and Youth Service Review, 2014, 40: 89-97.

[86] LINDBERG L D, KOST KANDMADDOW-ZIMET I. The role of men's childbearing intentions in father involvement [J]. Journal of Marriage and Family, 2017, 79 (1): 44-59.

[87] LIU A, XIE Y. Influences of monetary and non-monetary family resources on children's development in verbal ability in China [J]. Research in Social Stratification and Mobility, 2015, 40: 59-70.

[88] MAURIN E, MCNALLY S. Vive la révolution! Long-term educational returns of 1968 to the angry students [J]. Journal of Labor Economics, 2008, 26 (1): 1-33.

[89] MAYER S E. How economic segregation affects children's educational attainment [J]. Social Forces, 2002, 81 (1): 153-176.

[90] MAYER S E, LOPOO L M. Government spending and intergenerational mobility

[J]. Journal of Public Economics, 2008, 92 (1): 139-158.

[91] MCNEAL R B, Jr. Parental involvement as social capital: differential effectiveness on science achievement, truancy, and dropping out [J]. Social Forces, 1999, 78 (1): 117-144.

[92] OREOPOULOS P, PAGE M E, STEVENS A H. The intergenerational effects of compulsory schooling [J]. Journal of Labor Economics, 2006, 24 (4): 729-760.

[93] PONG S L. The school compositional effect of single parenthood on 10th-grade achievement [J]. Sociology of Education, 1998, 71 (1): 23-42.

[94] POWELL B, STEELMAN L C. Beyond sibship size: sibling density, sex composition, and educational outcomes [J]. Social Forces, 1990, 69 (1): 181-206.

[95] REARDON S F. The widening academic achievement gap between the rich and the poor: new evidence and possible explanations [C] //MURNANE R, DUNCAN G. Whither Opportunity? Rising Inequality and the Uncertain Life Chances of Low-income Children. New York: Russell Sage Foundation, 2011.

[96] ROKSA J, POTTER D. Parenting and academic achievement: intergenerational transmission of educational advantage [J]. Sociology of Education, 2011, 84 (4): 299-321.

[97] ROSENZWEIG M R, WOLPIN K I. Testing the quantity-quality fertility model: the use of twins as a natural experiment [J]. Econometrica, 1980, 48 (1): 227-240.

[98] ROTHSTEIN R. Family environment in the production of schooling [C] // BREWER D J, MCEWAN P J. Economics of Education. Academic Press, 2010.

[99] SACERDOTE B. The nature and nurture of economic outcomes [J]. American Economic Review, 2002, 92 (2): 344-348.

[100] SILLES M A. The implications of family size and birth order for test scores and behavioral development [J]. Economics of Education Review, 2010, 29 (5): 795-803.

[101] SOLON G. Intergenerational mobility in the labor market [C] //ASHENFELTER O, CARD D. Handbook of Labor Economics. Amsterdam: The Elsevier, 1999, 3: 1761 1800.

[102] STEELMAN L C, POWELL B, WERUM R, et al. Reconsidering the effects of sibling configuration: recent advances and challenges [J]. Annual Review of Sociology,

2002, 28 (1): 243-269.

[103] WU X. Economic transition, school expansion and educational inequality in China, 1990-2000 [J]. Research in Social Stratification and Mobility, 2010, 28 (1): 91-108.

[104] WU X, TREIMAN D J. The household registration system and social stratification in China: 1955-1996 [J]. Demography, 2004, 41 (2): 363-384.

[105] ZHOU X, MOEN P, TUMA N B. Educational stratification in urban China: 1949-94 [J]. Sociology of Education, 1998, 71 (3): 199-222.

[106] ZHOU X, HOU L. Children of the cultural revolution: the state and the life course in the People's Republic of China [J]. American Sociology Review, 1999, 64 (1):12-36.

第 2 章 家庭生育规模与儿童教育发展的关系

家庭生育规模是如何影响个人教育发展的？这是社会科学领域一个持久且热门的话题。中国始于 20 世纪 70 年代末期的计划生育政策在缩小家庭生育规模的同时促使大量独生子女家庭产生，这对中国的社会发展，特别是人力资本积累和教育发展产生了深远的影响。对此，不同学科的看法迥异，出现了“乐观的经济学、悲观的社会学和远离经济和社会问题观察的人口学”之分（蔡昉，2011）。基于贝克尔（Becker）等的子女数量-质量权衡理论（quantity-quality trade-off），经济学家认为，家庭生育规模的下降将有效地缓解父母对子女进行教育投资时所面临的资源约束，从而提高孩子的平均教育质量，如个人受教育年限会延长（Rosenzweig 和 Zhang，2009）、子女的入学概率会提高（Li 等，2008）。因此，家庭生育规模的下降被认为对中国改革开放以来的教育发展具有重要的促进作用。但是，也有些教育学家和心理学家认为，家庭生育规模的缩小会导致孩子在家庭教育中的社会化过程不完整，这对孩子的心理健康发展尤其不利，特别是在独生子女家庭，出现了不少以自我为中心、独立性较差（范存仁，1994）、合作能力欠缺、主观性较强的孩子（何蔚，1997）。因此，独生子女政策的教育后果可能并不像经济学家预言的那样乐观。

事实上，儿童教育发展既包括认知能力，也包括非认知能力。上述两种观点只考虑了教育发展的某一方面，而家庭生育规模对这两种教育发展成果的影响机制是截然不同的。为了更全面地阐述这一问题，本章基于来自中国西部农村地区的大规模抽样调查数据，考察家庭生育规模对上述两类教育发展成果指标（分别用标准化学业测试成绩和心理适应性水平来度量）的影响。本章主要探讨以下两个问题：第一，在不同的家庭生育规模下，特别是独生子女和非独生子女，在教育发展成果上是否存在不同？第二，独生子女家庭中的教育性别差异状况是否好于非独生子女家庭？本章对已有研究在度量指标上进行了有益的拓展，为这一重要的理论问题贡献了来自中国的证据。

2.1 文献回顾与研究背景

2.1.1 理论基础

《科尔曼报告》发现，家庭背景是影响个人教育发展的重要因素。随着研究的深入，经济学家、社会学家、教育学家及心理学家逐渐意识到，家庭人口结构（family configuration）是一个重要的家庭背景特征变量。布雷克（Blake，1989）在体现20世纪90年代之前相关研究成果之集大成者的著作中，将家庭人口结构因素聚焦于家庭规模（family size），特别是父母生育的子女数量。大量研究表明，同胞数量和个人的教育获得、教育成就、社会经济地位之间具有普遍的、显著的负相关关系（Rosenzweig 等，1980；Hanushek E.，1992；Black 等，2005；Olof 和 Grönqvist，2010）。

至少有两种主要的理论从不同的方面解释了家庭生育规模和个人教育发展之间的关系（Chu 等，2007）。贝克尔等提出的“子女数量-质量权衡理论”及与之相近的“资源稀释理论”（resources dilution model）认为，夫妇的生育行为就是一种在既定资源约束下的权衡。为了满足将来的养老需要，夫妇需要在生育孩子的数量和质量之间做出选择。当生育数量下降时，家庭在进行子女人力资本投资时所面临的资源约束被放松，平均每个孩子的教育投入资源会增加。根据教育生产函数的相关理论，教育资源投入的增加将带来产出的增加，因此，平均而言，每个孩子的教育质量会上升（Becker 等，1973）。

群集理论（the confluence theory）认为，家庭生育规模会影响儿童的智力遗传及其在家庭生活中所处的平均智力环境。由于成年人的智力水平高于儿童，因此生育数量越多，儿童在家中所处的平均智力环境水平就越低，从而不利于其发展（Zanjonc，1976）。有趣的是，这一理论暗示了家庭环境中人际交往对儿童发展的影响，基于这一视角，学者们提出了一些拓展性的理论，如年长同胞外部性理论、参照组理论及少数性别理论等（Butcher 和 Case，1994；Conley，2000）。这些理论都认为，儿童在家庭中拥有某种性别的同胞①，会对自己的教育获得及教育发展产生积极的外溢作用。因此，缺乏同胞之间的紧密的人际交往联系，将导致儿童面临更多的心理和行为问题，从而不利于其教育发展。

2.1.2　中国的计划生育政策对家庭规模变化及教育发展的影响

为了避免人口快速持续增长，中国政府在 1980 年 9 月开始实施绝大多数夫妇只允许生育一个孩子的“独生子女政策”（曾毅，2006）。该政策对人口结构最明显的改变就是，独生子女家庭比例急剧增加，从 1971—1975 年的 3.53%增加到 1991—1995 年的 31.35%（Lee，2012）。在本章所使用的来自中国西部农村地区的样本中，独生子女家庭占比为 9.48%，其中独生男童占比为 11.24%，独生女童占比为 7.60%，这些比例接近 1991—1995 年的全国农村平均水平（分别为 9.80%、11.92%、7.34%）。

在前述理论基础的启发下，学者们从两条不同的研究路线研究了计划生育政策对教育发展的影响。经济学家以“子女数量-质量权衡理论”为基础，发现计划生育政策导致中国年青一代的受教育程度和入学概率有所提高（Li 等，2008；罗凯、周黎安，2010），并且这种质量-数量权衡效应对女孩的教育获得具有尤为明显的作用，教育性别不平等在某种程度上因此而改善（Tsui 和 Rich，2002；Lee，2012）。因此，经济学家认为，出于提高国家人口素质、提升经济发展所需要的人力资本质量的考虑，现阶段不应该放松计划生育政策（刘永平、陆铭，2008）。

教育学家和心理学家更加强调家庭社会化过程对儿童心理、人格方面

① 至于是同性同胞还是异性同胞，取决于具体的理论。

的影响，然而相关研究结论并不明确。例如，有研究发现，独生子女学习动机更强（范存仁 等，1994），更加乐观、自信，出现问题行为的较少（何蔚，1997）。但是，独生子女也存在独立性较差、以自我为中心、合作精神较差等问题（范存仁 等，1994；Jiao，1986）。随着年龄的增长，独生与非独生男生的问题行为差异并不明显，但是独生女生的问题行为比例始终高于非独生女生（陶国泰等，1999）。此外，独生和非独生子女在心理适应性上并无显著差异（Poston 和 Falbo，1990；Falbo 和 Poston，1993）。

本章的研究认为，已有文献对家庭生育规模与教育发展的关系的讨论可能并不完整，这与相关研究使用的度量教育发展成果的指标较为单一有关。[①] 已有研究较多地关注学生教育发展的认知层面，但是非认知层面的特质，如毅力、动机、自尊、自我控制等会影响个人的认知能力，从而关系到将来的教育和劳动力市场上的最终结果（Lee 和 Park，2011），因此也应给予足够的关注。另外，家庭生育规模对这两种教育发展成果的影响机制完全不同。以学业成绩、入学概率来度量教育发展结果，强调的是不同生育规模对家庭经济行为的影响，遵循的是“家庭生育规模—资源约束—教育成果”这样的逻辑；以心理健康等指标来度量教育发展结果，强调的是不同生育规模对子女社会化过程的影响，遵循的是“家庭生育规模—家庭人际互动关系—教育成果”这样的逻辑。不同的指标与影响机制蕴含着对研究结果不同的解释，以及不同的政策启示，因此应选取更全面的教育发展成果指标。

为了更加全面地阐释家庭生育规模对儿童教育发展的影响，本章综合考虑了家庭生育规模对上述两方面儿童发展指标的影响。具体来说，本章同时考察了家庭生育规模对子女的学业成绩及心理适应性水平的影响。

---

① 在作者检索到的文献中，Falbo 和 Poston（1993）及 Tsui 和 Rich（2002）的研究是少数同时考虑学生成绩和心理发展的研究。前者比较了中国四个省份 8~17 岁独生和非独生子女在成绩、人格、身体素质三方面的差异。后者研究了武汉市 1040 名初中学生的数学成绩、自我教育期望及父母教育期望。但是，二者只比较了独生子女家庭的男生和女生的差异，并没有对独生子女家庭和非独生子女家庭进行对比。

2.2　数据与研究方法

2.2.1　数据

本章的数据来源于“西部地区基础教育发展项目影响力评价”（Basic Education in Western Areas Monitoring Surveys）的基线调查数据。按照概率比例系统抽样（systematic sampling with probability proportional to size）的原则，该调查分别于 2006 年和 2008 年对中国西部的甘肃、广西、宁夏、四川、云南五省区农村地区的中小学进行了大规模抽样调查。本章基于其中的 2008 年小学抽样样本数据进行研究。2008 年小学抽样样本共有 11417 个观测对象，在剔除其中没有汇报家庭生育规模（也即同胞数量）信息或性别信息的观测值之后，最终使用的样本包括 11102 个观测值。①

2.2.2　变量设定

本章的研究用学业成就和社会心理品质来衡量儿童在认知能力和非认知能力方面的教育发展成果。具体来说，用语文和数学标准化测试得分来衡量儿童的学业成就②，用本研究专门设计的“学生心理适应性量表”来衡量儿童的心理适应性——一个涵盖学生学习适应能力、情绪与行为问题、师生关系、同伴关系及自我概念等多个维度的社会心理品质综合度量指标。该量表共计 28 题，采取李克特五分量表形式，从 1 分到 5 分分别表示完全不符合、不太符合、一般、比较符合、完全符合。在对部分题目进行反向计分转换后，首轮因子分析将 28 道题均纳入其中。考虑到各题目在提取公因子后的“共同度”及因子分析的方差解释率等，又对题目逐步进行删减。在删除 6 个无法进入理论维度的题目后，共 22 个题目进入末轮的

① 在考察不同的儿童教育发展指标的模型中，最终进入回归方程的样本数取决于具体的被解释变量、控制变量的缺失值情况。

② 课题组为了解抽样学生的数学、语文能力，专门设计了一套面向所有抽样学校的数学、语文标准化测试题。因此，各个学校的学生成绩之间具有较好的可比性。标准化测试成绩满分为 100 分。

因子分析。最终学生心理适应性题目被分为五个维度，即学习适应性、情绪与行为问题、师生关系、同伴关系、自我概念，分别考查学生心理适应性的不同方面。其中，学习适应性指学生感知到的自身学习态度及对学习方法和策略的掌握程度；情绪与行为问题考查学生外显的孤独寂寞、焦虑害怕、敏感害羞等情绪，以及外显的多动、破坏和攻击行为；师生关系测量学生对教师的喜爱和认可程度及教师对学生的关爱程度两个方面；同伴关系主要通过学生拥有的同伴数量及同伴对被试的喜爱程度两个方面进行测量；自我概念则主要考查学生对自身的认知与评价。因此，本章的被解释变量共包括七个指标。

表 2.1 对样本中的被解释变量进行了描述性统计分析。我们用 t 检验比较了男生和女生及独生子女和非独生子女在教育成果上的差异。检验结果表明，女生的数学成绩并不显著低于男生（$p=0.1057$），但是语文成绩显著高于男生（$p=0.0548$）。除了自我概念得分不存在显著性别差异外（$p=0.7181$），其他四个心理适应性得分女生均显著低于男生（p 都小于 0.0004）。总体而言，女生的教育成果指标基本上不如男生。

独生子女和非独生子女之间的差异符合我们的预期。从学业成绩来看，独生子女的数学和语文成绩均显著高于非独生子女（p 都小于 0.05）；在社会心理品质方面，独生子女的学习适应性并不显著高于非独生子女（$p=0.2461$），但是其他四个心理适应性得分均显著低于非独生子女（p 都小于 0.05）。总体而言，独生子女的学业成绩好于非独生子女，但是心理适应性水平不如非独生子女。

由于本章的研究目的是考察家庭生育规模变化对儿童教育发展的影响，以及家庭生育规模缩小是否会缩小教育性别差异，因此本章的关键解释变量包括：家庭中的孩子总数（*Sibsize*，连续型变量）、是否为独生子女家庭（*Onlychild*，虚拟变量，1=独生子女家庭）、是否是女生（*Female*，虚拟变量，1=女生）。

表 2.1　不同样本中教育成果变量的均值和标准差

样本	标准化测试成绩		心理适应性				
	数学成绩	语文成绩	学习适应性	情绪与行为问题	师生关系	同伴关系	自我概念
全部样本	67.77 (20.17)	55.12 (21.57)	2.11 (0.71)	1.86 (0.84)	2.00 (0.85)	2.10 (0.90)	2.71 (0.78)
男生	68.00 (20.27)	54.80 (21.64)	2.15 (0.72)	1.90 (0.85)	2.05 (0.86)	2.13 (0.90)	2.71 (0.79)
女生	67.52 (20.06)	55.46 (21.51)	2.08 (0.71)	1.83 (0.83)	1.95 (0.83)	2.06 (0.89)	2.71 (0.77)
独生子女	69.51 (19.08)	56.52 (20.72)	2.13 (0.69)	1.72 (0.77)	1.91 (0.83)	2.05 (0.92)	2.60 (0.78)
非独生子女	67.59 (20.27)	54.97 (21.66)	2.12 (0.72)	1.88 (0.85)	2.01 (0.85)	2.10 (0.89)	2.73 (0.78)

注：括号中数值为标准差。

此外，我们还控制了其他可能影响儿童学业成绩和心理适应性的个人、家庭和学校层面因素，具体包括：父亲受教育程度（虚拟变量，1=父亲具有初中及以上学历）、母亲受教育程度（虚拟变量，1=母亲具有小学及以上学历）、父亲是否外出打工（虚拟变量，1=父亲外出打工）、母亲是否外出打工（虚拟变量，1=母亲外出打工）、家庭日常交流语言是否为少数民族语言（虚拟变量，1=家庭日常交流语言为少数民族语言）、家庭社会经济地位得分（连续型变量）[①]、自我教育期望（虚拟变量，1=自我希望能读到大学及以上）、父母教育期望（虚拟变量，1=父母希望自己读到大学及以上）、所在学校是否是乡镇中心小学（虚拟变量，1=是）、所在学校是否是九年一贯制学校（虚拟变量，1=是，以所在学校是村完小作为参照组）、反映办学条件特征的生师比及生均图书册数（均为连续型变量）。

2.2.3　研究方法与研究假说

本章研究以下两个问题：第一，在不同的家庭生育规模下，特别是独

① 由父母职业、父母受教育程度、家庭经济状况三类指标合成。

生子女和非独生子女在教育发展结果上是否存在不同？第二，独生子女家庭中的教育性别差异状况是否好于非独生子女家庭？

针对第一个问题，我们使用式（2.1）和式（2.2）两个 OLS 回归模型。在包含男生和女生的全部样本中，分别引入家庭中的孩子总数（*Sibsize*）和是否为独生子女家庭（*Onlychild*）两个变量度量家庭生育规模的影响。我们预期：家庭生育规模越小，或者出生在独生子女家庭，将有利于提高标准化测试成绩，但不利于其心理适应性水平。或者说，在以标准化测试成绩为被解释变量的回归中，我们预期 β_1 的符号显著为负，β_2 的符号显著为正；在以心理适应性为被解释变量的回归中，我们预期 β_1 的符号显著为正，β_2 的符号显著为负。此外，我们还考察性别变量（*Female*）的符号，若该变量的估计系数显著，则表明在某一教育发展成果上存在显著的性别差异。

$$Outcome_i = \alpha + \beta_1 Sibsize_i + \gamma Female_i + \delta X_i + \varepsilon_i \tag{2.1}$$

$$Outcome_i = \alpha + \beta_2 Onlychild_i + \gamma Female_i + \delta X_i + \varepsilon_i \tag{2.2}$$

针对第二个问题，我们进一步将其分解为两个问题：第一，独生子女群体中的教育性别差异状况是否好于非独生子女群体？第二，生于独生子女家庭是否对女生的影响更大？为此，我们参考李明轩（Lee，2012）的方法进行了样本拆分。首先，我们将样本拆分为独生子女样本和非独生子女样本，此时的关键解释变量是性别虚拟变量（*Female*），具体回归模型见式（2.3）。表 2.1 的描述性分析表明，在全样本中，女生的教育成果总体而言落后于男生。因此，我们预期，出生在独生子女家庭将有助于缩小男女之间在教育成果上的性别差异。具体而言，在独生子女当中，男女在教育成果上的差异应该缩小（或维持不变）；在非独生子女当中，男女在教育成果上的差异应该维持不变（或放大）。不管怎样，在两类家庭样本中，性别变量的系数 φ 的符号或显著性应该有所不同。其次，我们将样本拆分为男生样本和女生样本，此时的关键解释变量是是否为独生子女家庭（*Onlychild*），具体回归模型见式（2.4）。在中国长期存在“男孩偏好”的家庭文化下，家庭生育规模大小并不会显著影响父母对男孩的教育投资及教育期望，因此我们预期，是否生于独生子女家庭对男孩教育成果的影响小于对女孩的影响。

$$Outcome_i = \alpha + \varphi Female_i + \delta X_i + \varepsilon_i \tag{2.3}$$

$$Outcome_i = \alpha + \lambda Onlychild_i + \delta X_i + \varepsilon_i \tag{2.4}$$

2.3 结果与解释

2.3.1 不同家庭规模对儿童教育发展的影响

表 2.2 的结果给出了对第一个问题的回答。和我们预期基本一致的是，家庭中的孩子总数越多，越会显著降低子女的学业成绩，但却能明显提高其心理适应性水平（在学习适应性上没有明显差异）。但是，独生子女的学业成绩并不显著高于非独生子女，并且前者的心理适应性水平显著低于后者（同样，在学习适应性上没有明显差异）。这基本验证了我们的研究假说：家庭生育规模缩小有利于提高儿童的学业成绩，但却不利于儿童的心理健康发展。

尽管家庭生育规模（或者是否为独生子女）在两类教育发展指标上的作用正好相反，但这并不意味着正负效应的大小是一样的。考虑到学业成绩的满分为 100 分，心理适应性指标的满分为 5 分，我们有必要进一步比较家庭生育规模变量在不同模型中的系数相对大小。从家庭生育规模对学业成绩的影响来看，生育规模的缩小对成绩的促进作用在边际上是微弱的——父母生育的孩子数每减少 1 个，可以使成绩提高近 0.5 分，这相当于成绩分布一个标准差的 3%（见表 2.1）。在我们的样本中，父母最多生育了四个孩子，因此通过降低生育数量来提高学业成绩的空间是有限的。但是，增加家庭生育数量，或者处于非独生子女家庭，对儿童心理适应性的促进作用更加明显——父母生育的孩子数每增加 1 个，可以使心理适应性得分提高 0.04～0.06 分（相当于心理适应性得分分布一个标准差的 6%左右）。如果处于非独生子女家庭，则儿童的心理适应性得分会高出 0.08～0.1 分（相当于心理适应性得分分布一个标准差的 11%）。因此，相对而言，家庭规模缩小对学业成绩的正效应小于对心理适应性的负效应。

表 2. 2　家庭生育规模对儿童教育发展的影响

解释变量		标准化测试成绩		心理适应性				
		数学成绩	语文成绩	学习适应性	情绪与行为问题	师生关系	同伴关系	自我概念
全样本A	家庭生育规模	-0. 476*	-0. 498*	-0. 002	0. 059***	0. 051***	0. 040***	0. 037***
		(0. 248)	(0. 273)	(0. 010)	(0. 012)	(0. 012)	(0. 012)	(0. 011)
	女生	-0. 873**	0. 375	-0. 060***	-0. 075***	-0. 100***	-0. 058***	-0. 007
		(0. 414)	(0. 448)	(0. 016)	(0. 019)	(0. 020)	(0. 020)	(0. 018)
全样本B	独生子女家庭	0. 697	0. 591	0. 001	-0. 110***	-0. 111***	-0. 077**	-0. 085***
		(0. 657)	(0. 712)	(0. 026)	(0. 030)	(0. 032)	(0. 034)	(0. 030)
	女生	-0. 929**	0. 311	-0. 060***	-0. 070***	-0. 095***	-0. 054***	-0. 004
		(0. 413)	(0. 446)	(0. 016)	(0. 019)	(0. 020)	(0. 020)	(0. 018)

注：*、**、***分别表示10%、5%、1%的显著性水平。括号中为异方差稳健的标准误。全样本A中用家庭生育规模做解释变量，全样本B中用是否为独生子女家庭（*Onlychild*）做解释变量。此外，每个模型还控制了父母的受教育程度、父母是否外出打工、家庭使用的语言、自我教育期望、父母教育期望、家庭社会经济地位得分、学校类型、办学条件等变量。限于篇幅，这里并未列示这些变量的结果。

另一个值得关注的解释变量是性别虚拟变量。和表 2. 1 中的均值不同的是，当控制了其他因素之后，女生的数学成绩显著低于男生，女生的语文成绩略高于男生但不具有显著差异。此外，女生的各项心理适应性指标均显著低于男生（自我概念指标男女没有显著差异）。总体来看，女生的教育发展成果落后于男生。下面我们需要进一步考察，生于独生子女家庭是否对女生更加有利，或者说，独生子女家庭是否不存在明显的教育性别差异。

2. 3. 2　独生子女家庭和非独生子女家庭的教育性别差异

表 2. 3 给出了对第二个问题的回答。

首先，我们将样本拆分为独生子女样本和非独生子女样本，考察在两类家庭中男女生之间是否存在教育发展结果上的差异。在前面的全样本回归中我们发现，女生的数学成绩显著低于男生，语文成绩和男生无差异，在心理适应性水平上基本都显著落后于男生（见表 2. 2 全样本 B 中女生变量的系数）。但是，表 2. 3 上半部分的结果表明，独生女生在学业成绩上的性别差距被缩小甚至出现逆转。具体而言，独生女生的数学成绩不再显著低于男生。相反，独生女生的语文成绩显著高于男生。然而，独生子女家庭这种有助于缩小性别差异的“平等效应”并没有体现在心理适应性指标上。不论在独生子女家庭还是在非独生子女家庭，女生的心理适应性水平均显著低于男生（除了自我概念指标），甚至在独生子女家庭中这种差距更加明显。这些结果可以简单概括为：在非独生子女家庭，男女在教育发展成果上的差异和男女总体差异是一致的；在独生子女家庭，女生在学业成绩上不再落后甚至超过男生，但是女生在心理适应性上仍然落后于男生。因此，我们的预期部分得到了证实。

其次，我们将样本拆分为男生样本和女生样本，考察出生在独生子女家庭对女生的影响是否更大。表 2.3 下半部分的结果表明，对男生而言，是否出生于独生子女家庭对其学业成绩并无显著影响。然而对女生而言，是否出生于独生子女家庭对其学业成绩具有显著影响。由此可见，出生在独生子女家庭对女生的学业成绩影响更大。由于家庭规模对成绩的影响机制是通过家庭规模改变预算约束实现的，因而这一结果是容易理解的。在中国农村，存在着传统的生育男孩偏好，因此在多子女家庭，女生相对于男生在教育投资机会上处于劣势，而减少生育数量或者出生在独生子女家庭对于改变女生在进行教育投资时的不利处境尤为有利。

表 2.3　独生与非独生子女在教育发展成果上的性别差异

解释变量		标准化测验成绩		心理适应性				
		数学成绩	语文成绩	学习适应性	情绪与行为问题	师生关系	同伴关系	自我概念
女生	独生子女子样本	0.098	2.860**	−0.108**	−0.094*	−0.275**	−0.137**	−0.002
		(1.224)	(1.340)	(0.049)	(0.054)	(0.061)	(0.065)	(0.019)
	非独生子女子样本	−1.073**	0.021	−0.055***	−0.067***	−0.076***	−0.045**	−0.012
		(0.438)	(0.472)	(0.017)	(0.020)	(0.021)	(0.021)	(0.057)
独生子女家庭	男生子样本	−0.077	−0.828	0.022	−0.104***	0.035	−0.047	−0.076**
		(0.865)	(0.938)	(0.034)	(0.040)	(0.043)	(0.045)	(0.038)
	女生子样本	1.727*	2.630**	−0.032	−0.126***	−0.223***	−0.130**	−0.100**
		(1.001)	(1.094)	(0.040)	(0.045)	(0.047)	(0.052)	(0.048)

注：*、**、*** 分别表示 10%、5%、1% 的显著性水平。括号中为异方差稳健的标准误。此外，每个模型还控制了父母的受教育程度、父母是否外出打工、家庭使用的语言、自我教育期望、父母教育期望、家庭社会经济地位得分、学校类型、办学条件等变量。限于篇幅，这里并未列示这些变量的结果。

最后，我们考察出生在独生子女家庭是否对女生心理适应性的影响更大。表 2.3 下半部分的结果表明，出生在独生子女家庭对女生心理适应性的不利影响大于对男生的影响。参照组理论（reference group theory）认为，就教育成就而言，拥有兄弟的女性要优于只有姐妹的女性。这是因为，对有兄弟的女性来说，父母会用男孩的标准（也即以男孩为参照组）去要求女孩，因此男性的一些特质（如更加自信、更强的身体机能、更富有竞争意识）就传递给了女孩，而这些特质是学校社会化过程中所强调的，从而就会有利于女性的教育成就。如果女孩在家中只有姐妹，那么父母就会用女孩的标准去要求她（也即以女孩为参照组）（Butcher 和 Case，1994）。由于我们的数据没有提供有关同胞性别结构的信息，因此我们难以直接对此进行检验。但是，我们的发现引出了一个有趣的问题：多子女家庭的社会化过程对女生的心理发展影响是否大于对男生的影响？不管怎样，表 2.3 的结果都表明，生于独生子女家庭对女孩教育发展的双重影响更明显。

2.3.3 对不同同胞数量下儿童发展状况的进一步研究

在我们的样本中，家庭中生育数量最多的是四个孩子。我们以独生子女作为参照组，考察了两个孩子家庭、三个孩子家庭和四个孩子家庭中儿童的发展状况（即引入两个孩子、三个孩子、四个孩子三个反映家庭规模的虚拟变量）。

表 2.4 的结果表明，两孩家庭中的儿童，其学业成绩并不显著低于独生子女。此外，两孩家庭儿童能享受到拥有同胞带来的社会化过程完整的好处——他们的心理适应性水平均显著高于独生子女。三孩家庭儿童的心理适应性水平虽然高于独生子女，但其成绩也显著偏低。有意思的是，四孩家庭儿童的学业成绩同样不显著低于独生子女，并且其心理适应性水平更高。这一发现与国外学者的文献综述结论基本一致，即独生子女的发展成果虽然优于大家庭（生育三个孩子以上）中的孩子，但并不领先于两子女家庭的同龄人（Falbo 和 Polit，1986）。

表 2.4 2~4 个孩子家庭的儿童发展状况

解释变量	标准化测试成绩		心理适应性				
	数学成绩	语文成绩	学习适应性	情绪与行为问题	师生关系	同伴关系	自我概念
两个孩子	-0.117	-0.118	-0.001	0.083***	0.084**	0.058*	0.066**
	(0.676)	(0.733)	(0.027)	(0.031)	(0.033)	(0.035)	(0.030)
三个孩子	-2.674***	-1.934**	0.004	0.152***	0.173***	0.108***	0.132***
	(0.768)	(0.823)	(0.030)	(0.036)	(0.038)	(0.039)	(0.034)
四个孩子	-0.120	-0.605	-0.010	0.181***	0.145***	0.121***	0.104***
	(0.842)	(0.926)	(0.033)	(0.040)	(0.041)	(0.043)	(0.038)

注：*、**、***分别表示10%、5%、1%的显著性水平。括号中为异方差稳健的标准误。此外，每个模型还控制了父母的受教育程度、父母是否外出打工、家庭使用的语言、自我教育期望、父母教育期望、家庭社会经济地位得分、学校类型、办学条件等变量。限于篇幅，这里并未列示这些变量的结果。

2.4 结论与讨论

家庭规模与儿童教育发展是一个重要的理论问题，但是相关结论并不一致。一方面，家庭规模减小有助于缓解家庭在进行人力资本投资时所面临的资源约束状况，因此平均每个孩子的教育投资数量会增加，质量会提高。另一方面，由于家庭教养环境中的社会化过程对儿童的心理发展具有重要作用，因此家庭规模减小导致儿童成长过程中缺少与同胞的人际互动，从而不利于儿童的心理健康水平。

以往研究往往只关注儿童教育发展成果中的某一方面，因此对家庭规模与儿童教育发展的关系的了解可能并不全面。本章基于来自中国西部农村地区的抽样调查数据，以标准化测试成绩和心理适应性作为度量教育发展的指标，考察家庭生育规模变化对儿童发展的影响。研究发现，家庭生育数量减少对儿童的学业成绩有正效应，但是对其心理适应性发展会产生负效应。与此同时，出生于独生子女家庭具有缩小成绩上的性别差异的“平等效应”，但是并不能改变女生心理适应性水平落后于男生的状况。总体而言，生于独生子女家庭对女生的双重影响要大于男生。

尽管缩小家庭规模（或者出生在独生子女家庭）对儿童的发展具有正反两种影响，但是我们综合评判之后认为，生于独生子女家庭对儿童教育发展的影响可能并不乐观。我们的理由基于以下两点：

第一，缩小家庭规模、缓解家庭预算约束从而有利于教育质量提高的正效应从长期来看将趋于下降。家庭规模缩小对子女质量的正效应主要依赖家庭预算约束的缓解，考虑到东、中部农村地区及城市地区的经济状况好于样本所代表的西部农村地区，再加上政府对教育投入的不断加大，我们可以预期这种正效应在其他地区、在教育不断普及的将来会有所下降。换言之，“降低生育数量—缓解预算约束—改善人力资本质量”这一影响机制所起的作用是温和且逐渐递减的。罗森茨维格和张俊森（2009）对中国的研究支持了这一结论。事实上，本章的研究也表明，家庭生育规模缩小对成绩的正效应在程度上要小于对心理适应性的负效应。

第二，缩小家庭规模，特别是生于独生子女家庭，将导致儿童在家庭中的社会化过程不完整长期存在且难以弥补。由于家庭规模变化对家庭预算约束的影响相对容易度量，因此我们看到已有的研究大多是从这一角度进行分析的，主要结论也充满着经济学家的乐观（蔡昉，2011）。遗憾的是，家庭教育的社会化过程及包含在其中的人际互动难以量化研究，因此我们对这一潜在作用机制的重视不够，但这却可能是一种更重要的作用机制。此外，我们可以通过公共政策缓解家庭进行教育投资时面临的预算约束，但却难以干预家庭中的人际互动缺失。因此，家庭规模缩小导致的家庭社会化过程不完整是难以弥补的。

事实上，已经有研究表明，家庭规模扩大并不必然导致子女质量的下降。例如，钱楠筠（Qian，2009）基于中国农村的样本数据进行研究后发现，对独生子女家庭而言，额外生育第二个孩子可以显著地使第一个孩子的入学概率提高 16%，并且如果两个孩子性别相同，这种正效应将更加明显。这也许是因为大孩子可以通过辅导小孩子的学习过程获得“教学收益”（teaching effect）（Chu，2007）。陆遥和唐启明（Lu 和 Treiman，2008）发现，生育数量和子女质量的权衡关系并非始终存在，还取决于国家的教育发展政策。中国的政治、经济乃至教育发展政策始终在促进公平和强调效率之间摇摆。在不同的历史时期，国家的政策导向不同，也将导致同胞规模效应发生变化。具体而言，由于中国家庭传统的男孩偏好，同胞规模对男孩的教育获得在各个时期基本没有显著影响。在强调效率、鼓励竞争的改革开放时期，同胞数量上升所导致的资源稀缺对女孩的教育获得尤为不利。但是，在以去分层化（destratify）意识形态为主导的历史时期，同胞规模的上升并不会损害女孩的教育获得。他们的研究结果进一步验证了本章前面的判断：我们可以通过合适的公共政策（如增加公共教育补贴）来缓解家庭规模较大时家庭进行教育投资所面临的资源约束，这并不会损害子女成长过程中重要的多子女环境下的家庭社会化过程。

需要指出的是，就我们的样本而言，我们不能完全将独生子女家庭的出现归因于独生子女政策。一种可能的情况是，即使没有独生子女政策，有的父母也会自我选择减小生育规模。① 因此，本章有关家庭规模与儿童教育发展关系的结论不应被看成是独生子女政策的必然结果，或者说不应被过分理解为一种因果关系。此外，由于我们的样本局限在农村地区，所以本章的研究结果并不是结论性的。

本章的研究发现只是一种初步的尝试性探索，既不同于经济学家所声称的“降低生育率有助于提高人力资本水平”的乐观判断，也不完全符合教育学家、心理学家所发现的“独生子女的人格发展水平无差异于甚至优于非独生子女”的中立观点。随着研究的深入，有关家庭规模效应的研究已经考虑了同胞性别结构（sibling sex composition）、出生顺序（birth order）、出生间隔（birth spacing）等因素（郑磊，2013）。未来更多的相关研究将有助于我们更全面地理解人口政策背景下家庭规模与儿童教育发展之间的关系。

---

① 但是，大量研究表明，从总体平均意义上来看，如果没有该政策，中国不可能在短时间内达到很高的独生子女家庭率（Lee，2012）。

参考文献

[1] 蔡昉．人口转变与经济社会发展［M］．北京：社会科学文献出版社，2011：132-155.

[2] 曾毅．试论二孩晚育政策软着陆的必要性与可行性［J］．中国社会科学，2006（2）：93-109，207.

[3] 范存仁，等．西安市小学生中独生与非独生子女个性品质的比较研究［J］．心理科学，1994，17（2）：70-74，127.

[4] 何蔚．高中生独生与非独生子女人格特质的比较研究［J］．心理发展与教育，1997（1）：21-25.

[5] 刘永平，陆铭．放松计划生育政策将如何影响经济增长：基于家庭养老视角的理论分析［J］．经济学（季刊），2008，7（4）：168-197.

[6] 罗凯，周黎安．子女出生顺序和性别差异对教育人力资本的影响：一个基于家庭经济学视角的分析［J］．经济科学，2010（3）：107-119.

[7] 陶国泰，邱景华，李宝林，等．独生与非独生儿童心理发展的纵向分析：南京的十年追踪研究［J］．中国心理卫生杂志，1999（4）：3-5.

[8] 郑磊．同胞性别结构、家庭内部资源分配与教育获得［J］．社会学研究，2013（9）：76-103，243-244.

[9] ÅSLUND O，GRÖNQVIST H. Family size and child outcomes：is there really no trade-off?［J］. Labour Economics，2010，17（1）：130-139.

[10] BECKER G S，LEWIS H G. On the interaction between the quantity and quality of children［J］. Journal of Political Economy，1973，81（2）：279-288.

[11] BLACK S E，et al. The more the merrier? The effect of family size and birth order on children's education［J］. Quarterly Journal of Economics，2005，120（2）：669-700.

[12] BLAKE J. Family size and achievement［M］. Berkeley：University of California Press，1989.

[13] BUTCHER K F，CASE A. The effect of sibling sex composition on women's education and earnings［J］. Quarterly Journal of Economics，1994，109（3）：531-563.

[14] CHU CYRUS C Y，XIE Y，YU R. Effects of sibship structure revisited：evidence from intrafamily resource transfer in Taiwan［J］. Sociology of Education，2007，80（2）：91-113.

[15] CONLEY D. Sibship sex composition: effects on educational attainment [J]. Social Science Research, 2000, 29 (3): 441-457.

[16] FALBO T, POSTON D L, Jr. The academic, personality, and physical outcomes of only children in China [J]. Child Development, 1993, 64 (1): 18-35.

[17] FALBO T, POLIT D F. Quantitative review of the only child literature: research evidence and theory development [J]. Psychological Bulletin, 1986, 100 (2): 176-189.

[18] HANUSHEK E. The trade-off between child quantity and quality [J]. Journal of Political Economy, 1992, 100 (1): 84-117.

[19] JIAO S, et al. Comparative study of behavioral qualities of only children and sibling children [J]. Child Development, 1986, 57 (2): 357-361.

[20] LEE L, PARK A. Parental migration and child development in China [EB/OL]. Gansu Survey of Children and Families Papers, available at http://repository.upenn.edu/gansu_papers/24.

[21] LEE M-H. The one-child policy and gender equality in education in China: evidence from household data [J]. Journal of Family and Economic Issues, 2012, 33 (1): 41-52.

[22] LI H, ZHANG J, ZHU Y. The quantity-quality trade-off of children in a developing country: identification using Chinese twins [J]. Demography, 2008, 45 (1): 223-243.

[23] LU Y, TREIMAN D J. The effect of sibship size on educational attainment in China:period variations [J]. American Sociological Review, 2008, 73 (5): 813-834.

[24] POSTON D L, Jr, FALBO T. Academic performance and personality traits of Chinese children: "onlies" versus others [J]. American Journal of Sociology, 1990, 96 (2): 433-451.

[25] QIAN N. Quantity-quality and the one child policy: the only-child disadvantage in school enrollment in rural China [R]. NBER Working Paper, 2009.

[26] ROSENZWEIG, et al. Testing the quantity-quality fertility model: the use of twins as a natural experiment [J]. Econometrica, 1980, 48 (1): 227-240.

[27] ROSENZWEIG M R, ZHANG J. Do population control policies induce more human capital investment: twins, birth weight and china's one-child policy [J]. Review

of Economic Studies, 2009, 76 (3): 1149-1174.

[28] TSUI M, RICH L. The only child and educational opportunity for girls in urban China [J]. Gender and Society, 2002, 16 (1): 74-92.

[29] ZANJONC R B. Family configuration and intelligence [J]. Science, 1976, 192 (4236): 227-236.

第3章
同胞性别结构、家庭内部资源分配与教育获得

中华人民共和国成立60多年来，伴随着全民受教育程度的逐步提高，教育性别差异不断缩小（Connelly 和 Zheng，2007；Hannum 等，2009a）。已有研究大多从宏观的制度结构或公共政策角度来解释教育性别不平等的变化趋势（吴愈晓，2012；叶华、吴晓刚，2011）。近年来的研究提出了一个新的解释视角，即探讨宏观的政策和制度——特别是人口政策——对微观的家庭决策行为及教育获得的影响（郑磊、张鼎权，2013）。

资源稀释理论认为，在既定的家庭资源约束下，随着同胞①数量的增加，同胞之间对有限的家庭资源的竞争越发激烈，因此平均分配给每个孩子的资源将减少，从而不利于其教育获得（Blake，1981）。② 由于中国传统的男孩偏好，这种资源竞争对大家庭中的女孩尤其不利（Wang，2005）。中国实行的计划生育政策缩小了家庭生育规模，缓解了家庭预算约束，从而改善了女孩的教育获得（Lee，2011；Li 等，2008；Tsui 和 Rich，2002；吴愈晓，2012；叶华、吴晓刚，2011）。

然而，资源稀释理论并没有考察不同性别的孩子对家庭内部资源分配过程的影响。由于父母在不同性别孩子之间的支出偏好不同，并且不同性别孩子的抚养成本存在差异，因此同胞性别结构会影响同胞之间对家庭资源的竞争及家庭内部的资源分配模式。如果说同胞规模效应度量的是家庭

---

① 对应英文文献中的“sibling”一词，即兄弟姐妹。参考国内已有文献的译法（如李宏彬、张俊森，2008），本章将其译为“同胞”。

② 经济学家提出了与之类似的“孩子数量和质量权衡理论”（Becker 和 Lewis，1973）。

之间的不平等，那么同胞性别结构效应度量的则是家庭内部的不平等（Lu和 Treiman，2008）。为了更好地理解同胞结构对个人社会经济结果的影响，有必要关注同胞性别结构效应（Chu 等，2007；Powell 和 Steelman，1990）。目前，已有多个理论对同胞性别结构与教育获得之间的关系进行解释，但经验证据并不一致，特别是来自中国大陆地区的研究还很少。

本章基于 2008 年中国综合社会调查数据（CGSS2008）研究了同胞性别结构与个人教育获得之间的关系，增进了我们对教育性别不平等的家庭内部成因的理解。本章的研究发现，拥有兄弟不利于个人的教育获得，而同胞中女孩比例的提高则有助于提高个人的教育获得。这种同胞性别结构效应存在着性别间的非对称性，对不同社会经济地位、户籍状态及出生队列人群的影响也不尽相同。我们认为，这种效应源自经济理性动机下家庭对男孩的偏好及不同性别孩子的抚养成本差异。

本章结构安排如下：首先回顾相关理论和经验证据，然后介绍中国父权制家庭文化下的同胞性别结构与家庭内部资源分配的关系及研究假说，接下来说明本章使用的数据与研究方法，再汇报并讨论回归结果，最后进行总结。

3.1 文献回顾

针对同胞性别结构效应的研究主要探讨两个问题：第一，同胞性别结构是否真的影响个人的教育获得？第二，同胞性别结构对教育获得的影响机制是怎样的？目前，有两类不同的理论对此进行解释：一类强调父母进行家庭内部资源分配时面临的预算约束及不同偏好的影响；另一类强调家庭内部同胞之间、父母和子女之间的人际互动会因为同胞性别结构不同对个人的教育发展产生异质性影响。

3.1.1 理论模型

（1）同胞性别结构与家庭内部资源分配

贝克尔和托姆斯（Becker 和 Tomes，1979，1986）认为，父母在预算约束下必须理性地进行家庭内部资源分配，以实现其效用最大化。如果父母的目标是最大化子女的总收入，那么父母就会优先投资于边际回报率较高的孩子。由于男性参与劳动力市场的时间长于女性（李宏彬、张俊森，2008），并且很多国家的劳动力市场都存在针对女性的歧视，因此男性的教育回报高于女性（Lu 和 Treiman，2008），从而使得父母对男孩的教育投资多于对女孩的教育投资。如果是这样的话，同胞当中有兄弟对男孩或女孩来说就是“威胁”，因为男孩会“吸走”更多的教育资源，不利于其他孩子的教育投资，同胞当中有姐妹则是个“好消息”。这一理论也叫作“效率假说”（李宏彬、张俊森，2008）。

然而，父母进行家庭内部资源分配时的目标也许并非为了子女总收入最大化。格瑞里奇斯（Griliches，1979：S61）指出，“家庭事实上发挥着一个潜在的收入均衡器的作用”，父母会有意识地向先天能力较差的子女分配更多的资源。基于这一思路，贝尔曼等（Behrman 等，1982）提出了“补偿假说”。假设父母厌恶子女间收入不平等，那么就会给能力较低或者在劳动力市场上处于劣势地位的孩子投资更多的资源，以此补偿其禀赋上的劣势，从而实现子女间未来收入的平等。因此，“补偿假说”所预测的结论正好和“效率假说”相反：兄弟的存在将有利于个人的教育获得，而姐妹的存在将产生相反的影响。

预算约束理论认为，男孩或女孩的养育成本差异也会导致同胞性别结构对家庭预算约束及教育获得产生影响（Amin，2009；Bauer 和 Gang，2001；Butcher 和 Case，1994；Parish 和 Willis，1993；Strauss 和 Thomas，1995：1983-1985）。一个重要的影响抚养成本性别差异的因素就是婚姻支付。如果父母为儿子支付的彩礼和为女儿支付的嫁妆在数额上存在差异，那么抚养儿子和女儿的成本就是不同的。在一些文化当中，婚姻支付以嫁妆为主，从而导致养女儿的成本更高（Strauss 和 Thomas，1995：1985）。因此，在既定的家庭资源下，为了给女儿将来的婚姻做准备，用于教育投资的资源就被挤占了。为此，可以预期：同胞中女孩的比例与个人的受教育程度相关（李宏彬、张俊森，2008）。

（2）同胞性别结构与家庭内部人际互动

另一类研究将同胞间及孩子与父母的互动看作一种社会化过程。这种家庭内部的人际互动又因同胞性别结构的差异而不同（Butcher 和 Case，1994）。通过这种家庭内部人际互动的社会化过程，父母形成了对男孩或女孩不一样的预期和目标。

布彻和凯斯（Butcher 和 Case，1994）提出的参照组理论认为，当女孩只有兄弟的时候，父母会用男孩的标准去要求这个家中的独女，但如果又生育了其他女孩，那么父母就会用女孩的标准去要求她。因此，有兄弟的女孩的受教育程度高于那些至少有一个姐妹的女孩。

罗森伯格（Rosenberg，1965）的“少数性别假说”认为，不论男女，处于同胞中少数性别的孩子会受到父母的特别优待，因此其教育获得相对较高。康利（Conley，2000）的“修正版少数性别假说”的观点则正好相反，该假说认为，处于少数性别地位或拥有异性同胞不利于教育获得，因为“同性同胞存在会形成一种竞争性的、以成就为导向的环境，而异性同胞会形成一种更友善的、不那么进取的环境”（Conley，2000：445）。

3.1.2 经验证据

尽管有若干种理论解释同胞性别结构效应，但是经验证据并不一致。鲍威尔和斯蒂尔曼（Powell 和 Steelman，1989）发现，同胞中兄弟数量越多，父母为子女大学教育提供的财政资助就越少，学生自我承担大学教育成本的概率就越高。布彻和凯斯（Butcher 和 Case，1994）发现，只有兄弟的女性和那些至少有一个姐妹的女性相比，前者的受教育程度更高。但是，后续一些采用类似方法的研究发现，同胞性别结构效应在发达国家存在的证据相当微弱（Amin，2009；Bauer 和 Gang，2001；Hauser 和 Kuo，1998；Kuo 和 Hauser，1997；Jacob，2011；Kaestner，1997）。

然而，针对发展中国家的研究基本上都发现了同胞性别结构效应（Dayioǧlu 等，2009；Morduch，2000；Ota 和 Moffatt，2007；Zeng 等，2012）。帕里什和威利斯（Parish 和 Willis，1993）对中国台湾地区进行的研究发现，父母在对子女进行教育投资时面临预算约束，对大家庭中年长的孩子（特别是女孩）尤为不利。李宏彬和张俊森（2008）针对中国大陆城市的研究发现，拥有兄弟对个人的受教育机会不利，拥有姐妹则相反。叶华和吴晓刚（2011）发现，兄弟数对教育获得的负效应大于姐妹数。

3.2 中国的家庭文化与家庭内部资源分配

3.2.1 父权制文化下的“儿子偏好”与家庭内部资源分配的“男孩偏向”

在中国的父权制家庭文化下，父母存在强烈的“儿子偏好”，当家庭中存在不同性别的子女时，父母会将更多的家庭资源分配给男孩，由此形成家庭内部资源分配上的“男孩偏向”。

为什么中国家庭存在“儿子偏好”及资源分配时的“男孩偏向”？有研究者认为，这是因为父权制文化对女性具有“直接的性别歧视”（吴愈晓，2012），女性处于从属地位（Greenhalgh，1985）。而父权制家庭文化下的家庭社会化过程也强化了女性“女主内”的性别角色定位，因此女性会主动放弃教育机会（吴愈晓，2012）。换言之，这种家庭内部的性别不平等是文化因素所致。

我们认为，父母出于经济动机的考虑是造成家庭内部性别不平等的更重要原因。父母在资源分配时偏向男孩，首先，因为男孩相对于女孩来说具有更高的教育投资回报。不论发达国家还是发展中国家，女性的劳动工资收入始终低于男性（Alderman 和 King，1998）。其次，男孩和女孩接受教育的时间机会成本不一样。女孩因上学而无法帮助父母照看弟妹或从事一些家庭作坊式的手工业生产，男孩则因上学无法从事家庭农业生产或出外打工（Alderman 和 King，1998）。由于男孩参与外部劳动力市场的机会有限（如禁止童工的法律规定），而女孩参加家庭生产或自我雇用则不受此类限制，因此女孩上学的时间机会成本高于男孩。① 最后，也是最为重要的一点，在父权制文化下，父母主要依靠儿子养老，因此对儿子的教育

① 我国法律规定，禁止雇用16岁以下儿童从事生产活动，因此在义务教育阶段女孩的教育机会成本高于男孩。由于在本研究的样本中个人平均受教育年限不到7.3年，我们认为女孩上学的机会成本高于男孩是一个可以接受的假设。

投资可以获得终身的长期回报，而对女孩的教育投资则随着女孩出嫁成为“泼出去的水”而难以获得回报。

3.2.2　同胞性别结构与家庭内部资源分配

中国文化下的家庭内部资源分配与子女性别相关，既涉及父母和子女之间双向的代际转移，也涉及子女之间不对称的代内转移。

家庭内部资源分配是一个多步骤的过程：

首先，父母需要决定如何在自己和子女的消费之间进行分配。由于中国传统的以家族和血缘结成纽带的社会文化，以及社会保障制度并不健全，父母倾向于在青壮年时期将很大一部分收入用于抚养子女，然后在老年时期获得子女的养老支持。中国家庭的主要开支和储蓄动机是为了子女的各种需要（Wei 和 Zhang，2011）。这种家庭内部资源分配的代际转移模式体现了父母和子女之间的一种跨期互惠（Greenhalgh，1985；Feldman 等，2006）。

其次，对于多子女家庭，父母要决定如何在不同的孩子之间进行资源分配。正如前文所述，增加对男孩的投资是一种有效率的资源分配模式（Strauss 和 Thomas，1995），由此产生的男孩偏好会导致父母在家庭资源的代际转移中优先考虑男孩的需要（Chu 等，2007；Greenhalgh，1985；Feldman 等，2006；Hannum、Kong 和 Zhang，2009）。为了尽可能将有限的资源投资于男孩，父母还会采取一种非对称的横向资源转移——牺牲女儿的利益来满足儿子的需求（Chu 等，2007；Greenhalgh，1985；Parish 和 Willis，1993）。父母要么会减少对女孩的教育投资，要么会让女孩过早地工作或嫁人以缓解家庭经济负担，从而有利于年幼的弟弟妹妹的教育（Chu 等，2007；Parish 和 Willis，1993）。正是由于父母在代际转移和代内转移方面都偏向男孩，所以同胞中存在男孩将不利于个人的教育获得。这种男孩偏向型的家内分配模式可以概括为“从女儿身上索取的更多，可以给予儿子的就更多，自己将来能收获的也更多”（Greenhalgh，1985）。

最后，要决定如何在孩子不同的支出项目中进行分配。在中国，子女的教育和婚姻是最重要的两项家庭储蓄动机（Wei 和 Zhang，2011），这两项支出构成了抚养子女的主要成本。男孩偏好导致父母更偏好于增加男孩的教育支出，因而抚养男孩的教育成本更高。那么抚养男孩的婚姻成本是否也较高呢？很多研究表明，长期以来，娶媳妇的花销要高于嫁女儿的开支（Brown 等，2011；Wei 和 Zhang，2011；Zhang，2000）。例如，家庭为儿子的婚姻进行储蓄的动机要强于为女儿婚姻进行储蓄的动机，新郎家庭在婚礼前后几年的储蓄率基本都高于新娘家庭，大部分婚礼开销由新郎家庭承担（Wei 和 Zhang，2011）。特别是在农村地区，存在着一种社交性消费支出——通过在葬礼、婚礼、日常的礼尚往来活动上增加支出来强化家庭在村落中的社会地位。对贫困的新郎家庭而言，这种地位获得型的婚礼支出尤其明显（Brown 等，2011）。此外，中国普遍存在一种婚后居住在男方家庭的婚姻文化（Feldman 等，2006）。从 20 世纪 60 年代开始，夫妻婚后住在老房子的比例逐渐下降，住在新房的比例逐渐上升。特别是从 90 年代初期开始，为新婚夫妇准备一套新房成为基本的必需品（Zhang，2000），而这一责任主要由新郎的家庭承担（Wei 和 Zhang，2011）。农村地区逐渐上涨的建房成本和城市地区高企的房价无疑推高了抚养男孩的婚姻成本。

综上所述，抚养男孩的成本相对更高。但是，在中国家庭强烈的男孩偏好下，这不仅不会减少父母对男孩的资源分配，反而会导致男孩占有更多的家庭资源。抚养成本的差异强化了男孩作为家庭内部资源“吸收器”的作用。因此，同胞中女孩比例越高，越能缓解父母为子女进行储蓄的负担，特别是为儿子的婚姻支付进行储蓄的压力。相应地，每个孩子的教育支出将会增加。本书在男孩偏好的基础上进一步考虑不同性别子女的抚养成本差异，这是对中国家庭基于性别的内部资源分配模式研究的一个重要拓展。①

3.2.3　研究假说

上述分析表明，效率假说和预算约束理论能解释同胞性别结构对教育获得的影响。本章提出以下四个待验证的假说：

① 李宏彬和张俊森（2008）的研究中也涉及了这一内容，但他们并未进行深入的讨论。

假说 1：同胞性别结构会影响个人的教育获得，并且这种影响存在性别差异。

就个人的教育获得而言，同胞之中拥有兄弟是一种不利的同胞性别结构，而同胞之中拥有姐妹或者女孩比例更高则是一种有利的同胞性别结构。因此，我们预期，表示“有兄弟”的虚拟变量与个人教育获得负相关，而女孩比例及表示“有姐妹”的虚拟变量与个人教育获得正相关。此外，由于存在男孩偏向，父母会尽可能优先满足男孩的投资需要，所以男孩的教育获得受同胞性别结构的影响较小。

假说 2：同胞性别结构效应在不同家庭社会经济地位群体和户籍状态拥有者之间具有异质性影响。

当家庭的社会经济地位较高，或者拥有城镇户籍时，父母的性别偏好会相对降低，并且这些家庭自我养老或者通过参加社会保障来养老的机会更大，从而使“养儿防老”的需求减弱。从这个角度说，同胞性别结构效应对拥有较高社会经济地位或城镇户籍的个人影响相对较弱。

假说 3：同胞性别结构效应随着母亲在家中地位的提高而减弱。

由于母亲更偏好增加对子女的人力资本支出，或者更偏好增加对女儿的支出（Alderman 和 King，1998），因此夫妻双方谁拥有家庭决策权将会影响子女的受教育机会。中国作为一个传统的父权制文化盛行的国家，丈夫在家中的地位一直是不可动摇的，因此家庭行为可以通过一元模型（unitary model）来研究——家庭只有丈夫一个决策者（Chau 等，2006）。然而随着女性受教育程度和社会地位的不断提高，妻子在家中越来越多地拥有了和丈夫分享决策权力的机会，这也许会改善家庭内部资源分配过程中的性别不平等。我们预期，同胞性别结构效应会随着母亲在家中地位的提高而减弱。

假说 4：同胞性别结构对不同出生队列人群的影响是不同的，这取决于特定历史时期的政策导向。

中国居民的教育获得受不同历史时期的意识形态、社会经济和教育政策的影响很大（郝大海，2007；李春玲，2003；Deng 和 Treiman，1997；Lu 和 Treiman，2008；Zhou 等，1998）。在国家采取激进的以“去分层化”

为导向的教育政策时，个人教育获得与其家庭背景的关系减弱。但是，当这种以公平为导向的政策结束时，教育获得对家庭背景的依赖又会以其既有的路径恢复（李春玲，2003；Deng 和 Treiman，1997）。和教育获得的阶层不平等所不同的是，基于家庭内部资源分配的教育性别不平等更加复杂。比如，以效率为导向的经济发展政策对教育性别不平等的影响并不一致。现代化理论认为，教育性别差异会随着经济增长及现代化进程的加快而缩小。而“发展过程中的女性”（women in development）理论则认为，经济发展的初始阶段将扩大性别差异，因为男性相对而言更能从改善的经济环境和发展机会中受益。只有当经济进一步发展时，才有可能缩小教育性别不平等（Hannum，2005）。

我们预期，同胞性别结构效应取决于个人受教育年龄段所处的历史时期。当国家采取以公平为导向的政策时，同胞性别结构对教育获得的影响会减弱。这一点对于那些受教育年龄段处在“文化大革命”时期的个人而言尤为明显。与之相对，在国家采取以效率为导向的政策时，可能增强同胞性别结构效应。但是，随着经济发展的进一步深入，同胞性别结构对教育获得的影响会减弱。

3.3　数据与研究方法

3.3.1　数据

本章数据来自 2008 年中国综合社会调查（Chinese General Social Survey，CGSS2008）。该调查采用分层的四阶段不等概率抽样方法：区/县、街道/乡镇、居委会/村、家庭户。样本包括全国除宁夏、青海、西藏以外的其他地区的共计 6000 名 18 岁以上的城乡居民。[①] 本书将样本限定在最高教育程度已经完成、至少有一个同胞、具备父母受教育程度和职业等家庭背景信息的个人，实际的有效样本量为 5271 人。

① 有关本调查的详细信息，请参阅 http://www.chinagss.org/index.php。

3.3.2 变量

本书选用被访者的受教育年限度量个人的教育获得情况。

参考已有研究（Butcher 和 Case，1994；Hauser 和 Kuo，1998；Kaestner，1997），特别是和李宏彬、张俊森（2008）的研究进行对比，我们在一系列回归模型中分别引入如下度量同胞性别结构的变量：表示被访者是否有兄弟的虚拟变量（有兄弟=1）、表示被访者是否有姐妹的虚拟变量（有姐妹=1）、同胞中女孩的比例（含本人）。

我们还控制了被访者的同胞数及排行。同胞数取值为 0~12，由于仅有 0.52%的被访者的同胞数超过 8 个，为避免少数极端值对估计结果的影响，我们参考吴愈晓（2012）的做法，将同胞数超过 8 个的统一赋值为 8。① 排行的取值范围为 1~12，但是 99.03%的被访者在同胞中的排行不超过 7，因此将排行超过 7 的统一赋值为 7。②

性别、民族、户籍状态及父母的政治和社会经济地位也是重要的影响中国个人教育获得的因素（Hannum，2002；Hannum 和 Xie，1994；Lu 和 Treiman，2008；Wu 和 Treiman，2004），因此我们控制了被访者的年龄、性别（女性=1）、民族（汉族=1）、上学时的户籍状态、父母的受教育程度（父亲和母亲当中较高的受教育年限）、被访者 14 岁时父亲职业的国际社会经济地位指数（ISEI）及 14 岁时父亲是否是中共党员（中共党员=1）等变量。由于 CGSS2008 并没有询问被访者 14 岁时的家庭收入，所以我们用父母受教育程度及 14 岁时父亲职业的 ISEI 得分作为家庭社会经济地位的代理变量。

需要说明的是，户籍状态和父亲职业的国际社会经济地位指数两个变量的构造。由于实际上很多人到 7 岁甚至更晚才开始读小学（Lu 和 Treiman，2008），而最初求学阶段的户籍状态直接影响之后一系列教育阶段的机会和质量，所以我们参考叶华和吴晓刚（2011）的做法，设置了被

① 有些专门探讨同胞规模效应的研究出于稳健性检验的考虑，将同胞数处理为虚拟变量。我们尝试了这一做法，发现并不显著影响回归结果。由于本章的目的并不是研究同胞规模效应，只是在控制同胞数的前提下探讨同胞性别结构效应，且将其处理成虚拟变量会在增加变量个数的同时消耗自由度，因此，在后面的分析中，我们仍然将其处理为连续型变量。

② 我们尝试了用其他数值来对同胞规模和排行进行截取处理，回归结果并未发生显著改变。

访者在 7 岁或之前是否拥有城镇户籍这一虚拟变量（被访者 7 岁或之前拥有城镇户口 = 1）。

CGSS2008 根据 1988 年国际标准职业分类代码，对被访者 14 岁时父亲的职业进行了编码。我们根据甘泽布姆等（Ganzeboom 等，1992）的方法，将其转换为父亲的国际职业社会经济地位指数。由于很多被访者没有汇报其 14 岁时父亲的职业状况，而这部分被访者的平均受教育程度较低（缺失值当中 76.07%的受教育年限不超过 9 年），因此我们对缺失值进行了信息填补。具体做法是：先用被访者 14 岁时母亲的 ISEI 得分填补（吴愈晓，2012），如母亲信息也缺失，再根据被访者 7 岁或之前是否拥有城镇户口及父亲是否是中共党员将样本分成 4 类，分别用这 4 类群体的父亲的 ISEI 均值进行填补。然后，我们仿照陆瑶和唐启明（Lu 和 Treiman，2008）的做法，设置了一个表示被访者 14 岁时父亲 ISEI 得分缺失的虚拟变量（父亲 ISEI 信息缺失 = 1）。

主要变量的描述性统计见表 3.1。

表 3.1　主要变量的描述性统计

变量	均值	标准差
被访者受教育年限	7.270	4.098
7 岁或之前拥有城镇户口	21.12%	0.408
汉族	91.62%	0.277
年龄	44.165	13.116
女性	51.64%	0.500
父母受教育年限	4.491	4.309
父亲 ISEI	45.477	9.852
父亲 ISEI 缺失	72.89%	0.445
14 岁时父亲是中共党员	9.87%	0.298
同胞数量	3.349	1.769
出生顺序	2.681	1.536
有兄弟	87.06%	0.336
有姐妹	81.24%	0.390
女孩比例	48.35%	0.241
N	5271	

注：数据根据抽样概率进行加权。

3.3.3 方法

我们利用 OLS 方法估计同胞性别结构对教育获得的影响，数据按照抽样概率进行加权。由于我们使用的数据在每个初级抽样单位（PSU）——区/县——抽取了 60 个家庭户的 60 个被访者，所以数据在区/县层面上存在聚类，这会导致 OLS 回归估计系数的标准误产生偏误。为此，我们对标准误进行了区/县层面的聚类调整。

3.4 结果与解释

3.4.1 同胞性别结构与教育获得的描述性结果

随着同胞数量的增加，平均受教育年限趋于下降，这符合已有研究所发现的孩子数量-质量权衡的规律（吴愈晓，2012；叶华、吴晓刚，2011）。此外，表 3.2 揭示了一个有意思的现象：即使保持同胞数量不变，个人教育获得与同胞性别结构也具有系统性的关联。在各种同胞规模下，个人如果拥有兄弟，其受教育年限都比没有兄弟的要少。与之相对，拥有姐妹的个体的受教育年限基本都高于没有姐妹的。但是，拥有姐妹的这种优势在同胞规模增加到 6 个之后就消失甚至出现了逆转，这可能是因为同胞数超过 6 个且没有姐妹的被访者极少，测量误差导致这部分群体的平均受教育程度异常偏高。总体而言，有兄弟不利于个人的教育获得，有姐妹有利于个人的教育获得，并且有兄弟的负效应要更加一致且明显。

表 3.2　按照同胞规模和性别结构区分的平均受教育年限

同胞数	总体	无兄弟	有兄弟	无姐妹	有姐妹
0	9.80（390）	9.80（390）	—	9.80（390）	—
1	9.09（862）	9.38（358）	8.89（504）	8.89（504）	9.38（358）
2	8.12（1193）	8.58（188）	8.03（1005）	7.64（316）	8.29（877）
3	6.90（1080）	8.38（104）	6.74（976）	5.98（127）	7.02（954）
4	6.53（937）	8.28（40）	6.45（897）	6.03（43）	6.55（894）
5	6.38（695）	7.02（13）	6.37（682）	6.18（27）	6.39（669）

续表

同胞数	总体	无兄弟	有兄弟	无姐妹	有姐妹
6	6.00（388）	8.88（3）	5.98（385）	9.24（5）	5.96（383）
7	6.04（190）	—	6.04（190）	11.00（0）	6.04（190）
8+	6.00（113）	—	6.00（113）	0（1）	6.06（112）
平均	7.44（5849）	9.23（1096）	7.02（4753）	8.46（1413）	7.11（4436）

注：数据根据抽样概率加权，括号内为加权的频数。

3.4.2　养老预期与教育获得

父母进行资源分配时偏好男孩是因为父母将来养老主要依靠儿子。由于数据所限，我们观察不到父母进行教育投资决策之前的养老预期，所以我们不能对此进行直接验证。但是，CGSS2008 提供了居住安排的信息，因此我们进行了一个间接的检验。

在中国的家庭文化下，与父母同住的成年子女往往承担了主要的养老责任（Xie 和 Zhu，2009）。我们按照子女成年之后是否与父亲（或母亲）同住分别比较了男性和女性平均受教育程度的差异。[①] 我们预期，那些已婚且与父亲（或母亲）同住的子女，作为父母养老责任的主要承担者，在其受教育期间受到了父母的格外关注和偏好，从而受教育程度应该较高——尤其是女性。

我们发现，对于女性，与父母同住的平均受教育年限比不与父母同住的高出 1.04 年（$p = 0.0007$）。对于男性，前者比后者高出 0.29 年（$p = 0.0981$）。由此可见，与父母共住的成年子女的平均受教育程度更高，并且这在女性身上表现得尤为明显。一种可能的解释是，不管男孩是否与父母共住，都多少承担了养老责任，而在“嫁出去的女儿就是泼出去的水”的观念下，女性只有与父母共住才有可能承担养老责任，所以父母对与其共住的女儿在进行教育投资时格外用心，也就是说，对女儿的预期回馈更加强烈地影响着父母对她的教育投资。

另一种可能的原因是，具有较高受教育程度的子女更有经济实力承担

① 我们考察的对象限定在那些至少有一个同胞、非未婚个人。这样做是为了排除那些因为没有同胞而不得不与父母共住，或者因为未婚没有独立住房而与父母共住的被访者。

养老责任从而与父母共住（Xie 和 Zhu，2009）。但是，我们进一步研究后发现，不论是否与父母同住，男女总体上的平均受教育年限差距为 1.41 年（$p=0.0000$）。在那些不与父母同住的个体中，男女平均受教育年限差距为 1.44 年（$p=0.0000$），而在那些与父母同住的个体中，这一差距只有 0.69 年（$p=0.0172$）。由此可见，与父母同住（即承担了主要的养老责任）将会显著缩小男女教育差异，这有可能是因为父母对那些同样承担了养老责任的女儿给予了更多的教育投资。因此，我们推测，父母的养老预期影响其教育投资决策，而主要依靠儿子养老造成了家庭内部资源分配时的男孩偏好。① 换言之，父母对女孩的教育投资在平均意义上少于对男孩的投资，主要是因为男孩有更大的概率承担养老责任。一旦女孩也承担这一责任，那么父母对女孩的教育投资并不必然偏少。这在一定程度上表明，在父母进行家庭决策的过程中，经济动机往往比文化习俗的影响更强烈。当然，这只是一个初步的验证，考虑到父母的养老预期和教育投资决策往往是同时决定或者互为因果，因此不应将其理解为严格的因果关系。

表 3.3　按照居住安排和性别区分的平均受教育年限

	不与父（母）共住	与父（母）共住	差异
男	8.71	8.99	-0.29*
女	7.27	8.31	-1.04***
差异	1.44***	0.69**	

注：* 表示 $p<0.1$，** 表示 $p<0.05$，*** 表示 $p<0.01$。

3.4.3　同胞性别结构的总体影响及在性别之间的异质性影响

接下来我们正式考察同胞性别结构对教育获得的影响。总体而言，我们发现了显著的同胞性别结构效应。全样本回归结果显示，拥有兄弟将导致个人受教育年限显著下降 0.4 年（$p=0.050$）。而同胞中女孩比例每增加 10%，个人的受教育年限将提高 0.1 年（$p=0.002$）。拥有姐妹对个人教育

① 就我们的样本而言，男性与父（母）共住的比例为 15.73%，女性的这一比例为 7.18%。

获得的正效应并不显著。[①]

表 3. 4 的模型 1 至模型 3 进一步考察同胞性别结构是否如已有研究那样只对女性产生影响（Chu 等，2007）或者对女性影响更大（李宏彬、张俊森，2008）。从回归结果来看，有兄弟（不利的同胞性别结构）对男性没有影响，对女性却有显著的负效应——拥有兄弟将导致女性的受教育年限显著降低 1. 023 年（1. 043-0. 020，$p=0.002$），并且这种影响具有显著的性别差异。这一结果也表明，布彻和凯斯（Butcher 和 Case，1994）提出的参照组理论并没有得到证实——我们没有发现拥有兄弟将有利于女性的教育获得。有姐妹（有利的同胞性别结构）的影响尽管在男女之间显著不同，但对男女各自的影响均不显著。同胞中女孩比例越高（有利的同胞性别结构），对男女的教育获得越具有显著的正效应，但是这种影响并不存在显著的性别差异。

上述结果表明，有利的同胞性别结构对男女同样有利，但是不利的同胞性别结构却只影响女性而不影响男性。因此，同胞性别结构效应并非简单的只对女性教育获得影响更大，而是具有一种复杂的性别间异质性，这和朱敬一等（Chu 等，2007）所观察到的并不相同。然而这恰恰再次证明，同胞性别结构起作用的前提是中国家庭强烈的男孩偏好和面临的预算约束。当家庭预算约束因为不利的同胞性别结构而变得更加紧张时，父母首先减少了对女孩的教育投资，从而导致同胞性别结构在性别间的非对称影响。

我们还参考李宏彬和张俊森（2008）的方法，引入被访者是否属于少数性别这一变量来验证父母是否偏好家中处于少数性别的孩子。结果发现，是否处于少数性别地位对教育获得并不具有显著影响。[②]

结合上述结果，我们认为假说 1 基本得到了证实：同胞性别结构会影响个人的教育获得，而效率假说和预算约束理论最符合这里的发现，并且同胞性别结构在男女之间具有一种复杂的非对称性。

---

① 由于针对全样本的回归结果基本类似于表 3. 4 的同胞性别结构在男女之间的异质性影响，因此正文没有汇报这部分结果。

② 如果家中男孩数量大于女孩数量且被访者是女孩，或者女孩数量大于男孩数量且被访者是男孩，则“属于少数性别”，变量赋值为 1，否则为 0。为节省篇幅，这部分结果没有汇报。

表 3.4　同胞性别结构对男女受教育年限的异质性影响

自变量	模型 1	模型 2	模型 3
城镇户口	2.136*** (0.230)	2.155*** (0.235)	2.139*** (0.229)
汉族	0.917*** (0.313)	0.929*** (0.312)	0.934*** (0.312)
年龄	-0.059*** (0.006)	-0.059*** (0.008)	-0.058*** (0.009)
女性	-0.654* (0.333)	-1.006*** (0.255)	-1.908*** (0.332)
父母受教育程度	0.236*** (0.024)	0.237*** (0.025)	0.237*** (0.024)
父亲的 ISEI 得分	0.009 (0.006)	0.010 (0.006)	0.009 (0.006)
父亲的 ISEI 得分缺失	-0.975*** (0.171)	-0.981*** (0.168)	-0.979*** (0.171)
父亲是中共党员	0.489** (0.214)	0.466** (0.216)	0.497** (0.215)
同胞数	-0.180*** (0.043)	-0.205*** (0.049)	-0.217*** (0.044)
出生顺序	0.154*** (0.040)	0.153*** (0.040)	0.157*** (0.040)
有兄弟	0.020 (0.201)		
有兄弟×女性	-1.043*** (0.334)		
有姐妹		0.441 (0.268)	
有姐妹×女性		-0.717** (0.318)	
女孩比例			0.972** (0.436)
女孩比例×女性			0.143 (0.656)
常数项	8.777*** (0.560)	8.487*** (0.696)	8.509*** (0.660)
R^2	0.357	0.355	0.357
N	5271	5271	5271

注：数据按照抽样概率加权；括号内为聚类稳健的标准误；* 表示 $p<0.1$，** 表示 $p<0.05$，*** 表示 $p<0.01$。

3.4.4 按社会经济地位和户籍状态区分的同胞性别结构效应

按照我们的预期，如果同胞性别结构效应随着家庭社会经济地位提高而减弱，那么主效应和交互效应应该具有相反的系数。表 3.5 模型 1 至模型 6 的结果基本符合这一规律：同胞性别结构的净效应有向零的变化趋势，但是结果不够稳健。

表 3.5 中模型 1 至模型 3 的结果表明，有姐妹对教育获得的帮助随着父母受教育程度的提高而减弱。具体而言，在父母受教育程度取均值（4.491 年）时，拥有姐妹将导致个人受教育年限显著提高 0.128 年（0.559−0.096×4.491）。随着父母受教育程度的提高，拥有姐妹的这一优势逐渐消失。但是，有兄弟对教育获得的影响并不随着父母受教育程度的提高而发生显著的变化，而女孩比例的影响却随着父母受教育程度的提高而增强。

表 3.5 中模型 4 至模型 6 给出了同胞性别结构效应是否随父亲的 ISEI 得分变化而改变。我们发现，三个变量的主效应和交互效应符号都相反，但是有“有兄弟”的两种效应是显著的。当父亲的 ISEI 得分取均值（45.477）时，拥有兄弟将导致个人的受教育年限降低 0.404 年（−1.632+0.027×45.477）。但是，当父亲的 ISEI 得分不断提高时，拥有兄弟的这一不利影响会逐渐消失。

那么同胞性别结构效应是否因户籍状态而有所不同？区分城乡户籍子样本的回归结果表明，有兄弟和女孩比例两个变量在农村户籍子样本的回归中分别具有显著负和显著正的系数，但在城镇户籍子样本的回归中都不显著。① 然而表 3.5 中模型 7 至模型 9 基于交互项的研究结果显示，同胞性别结构效应在城乡之间的差异并不具有一致或显著的规律。

综合这些结果，我们认为假说 2 只是部分得到了验证：同胞性别结构效应随着家庭社会经济地位的提高而减弱，但是结果并不稳健。与此同时，同胞性别结构效应在城乡户籍拥有者之间并无一致的变化规律。对此，可能的解释有两种：一是在一个解释变量及交互项相对较多的模型中，

---

① 为节省篇幅，这里没有汇报区分城乡户籍子样本的回归结果。

表 3.5　按社会经济地位、户籍状态以及母亲相对地位区分的同胞性别结构效应

自变量	模型 1（有兄弟）	模型 2（有姐妹）	模型 3（女孩比例）	模型 4（有兄弟）	模型 5（有姐妹）	模型 6（女孩比例）	模型 7（有兄弟）	模型 8（有姐妹）	模型 9（女孩比例）	模型 10（有兄弟）	模型 11（有姐妹）	模型 12（女孩比例）
城镇户口	2.145*** (0.231)	2.137*** (0.233)	2.142*** (0.230)	2.134*** (0.230)	2.146*** (0.233)	2.126*** (0.227)	1.806*** (0.306)	2.074*** (0.254)	1.556*** (0.233)	2.130*** (0.231)	2.151*** (0.234)	2.132*** (0.230)
汉族	0.930*** (0.313)	0.941*** (0.318)	0.928*** (0.310)	0.934*** (0.313)	0.935*** (0.314)	0.936*** (0.312)	0.925*** (0.314)	0.639* (0.344)	0.641* (0.342)	0.928*** (0.313)	0.936*** (0.314)	0.934*** (0.311)
年龄	-0.060*** (0.009)	-0.058*** (0.009)	-0.059*** (0.009)	-0.059*** (0.009)	-0.060*** (0.009)	-0.058*** (0.009)	-0.059*** (0.009)	-0.064*** (0.007)	-0.064*** (0.007)	-0.059*** (0.009)	-0.060*** (0.009)	-0.058*** (0.009)
女性	-1.571*** (0.125)	-1.593*** (0.126)	-1.838*** (0.165)	-1.568*** (0.124)	-1.591*** (0.125)	-1.841*** (0.165)	-1.566*** (0.124)	-1.354*** (0.107)	-1.535*** (0.126)	-1.566*** (0.124)	-1.591*** (0.125)	-1.836*** (0.165)
父母受教育程度	0.190*** (0.040)	0.316*** (0.040)	0.168*** (0.036)	0.237*** (0.024)	0.238*** (0.025)	0.237*** (0.024)	0.236*** (0.024)	0.238*** (0.017)	0.238*** (0.017)	0.235*** (0.024)	0.238*** (0.025)	0.234*** (0.024)
父亲的 ISEI 得分	0.010 (0.006)	0.010* (0.006)	0.009 (0.006)	-0.013 (0.011)	0.019* (0.010)	0.022* (0.012)	0.009 (0.006)	0.008* (0.004)	0.009* (0.004)	0.010 (0.006)	0.010 (0.006)	0.010 (0.006)
父亲的 ISEI 得分缺失	-0.982*** (0.170)	-0.970*** (0.167)	-0.978*** (0.171)	-0.996*** (0.167)	-0.982*** (0.169)	-1.000*** (0.167)	-0.984*** (0.168)	-0.921*** (0.132)	-0.910*** (0.134)	-0.977*** (0.170)	-0.977*** (0.170)	-0.969*** (0.170)
父亲是中共党员	0.473** (0.216)	0.433** (0.216)	0.541** (0.216)	0.463** (0.216)	0.460** (0.215)	0.485** (0.216)	0.482** (0.215)	0.573*** (0.154)	0.591*** (0.153)	0.478** (0.216)	0.462** (0.214)	0.491** (0.215)
同胞数	-0.175*** (0.043)	-0.217*** (0.050)	-0.216*** (0.043)	-0.180*** (0.043)	-0.206*** (0.048)	-0.218*** (0.043)	-0.179*** (0.043)	-0.211*** (0.046)	-0.228*** (0.044)	-0.179*** (0.043)	-0.207*** (0.048)	0.217*** (0.043)
出生顺序	0.155*** (0.040)	0.158*** (0.040)	0.156*** (0.039)	0.157*** (0.040)	0.154*** (0.040)	0.156*** (0.040)	0.156*** (0.040)	0.139*** (0.033)	0.141*** (0.033)	0.155*** (0.040)	0.154*** (0.040)	0.157*** (0.040)

续表

自变量	模型 1（有兄弟）	模型 2（有姐妹）	模型 3（女孩比例）	模型 4（有兄弟）	模型 5（有姐妹）	模型 6（女孩比例）	模型 7（有兄弟）	模型 8（有姐妹）	模型 9（女孩比例）	模型 10（有兄弟）	模型 11（有姐妹）	模型 12（女孩比例）
同胞性别结构	−0.721*** （0.260）	0.559** （0.244）	0.332 （0.384）	−1.632*** （0.539）	0.537 （0.566）	2.296** （0.900）	−0.508* （0.260）	−0.057 （0.174）	0.382 （0.273）	−0.417** （0.203）	0.049 （0.167）	0.995*** （0.331）
同胞性别结构×父母受教育程度	0.054 （0.037）	−0.096*** （0.031）	0.141*** （0.054）									
同胞性别结构×父亲ISEI				0.027** （0.012）	−0.011 （0.013）	−0.028 （0.020）						
同胞性别结构×城镇户口							0.393 （0.356）	−0.106 （0.233）	0.888** （0.364）			
同胞性别结构×母亲相对地位										0.143 （0.156）	−0.042 （0.207）	0.399 （0.306）
常数项	9.410*** （0.589）	8.328*** （0.696）	8.861*** （0.643）	10.138*** （0.716）	8.422*** （0.703）	7.898*** （0.703）	9.203*** （0.567）	9.834*** （0.554）	9.707*** （0.569）	9.100*** （0.572）	8.816*** （0.640）	8.464*** （0.637）
R^2	0.356	0.356	0.358	0.357	0.354	0.357	0.355	0.366	0.368	0.355	0.354	0.357
N	5271	5271	5271	5271	5271	5271	5271	5271	5271	5271	5271	5271

注：每个模型使用的同胞性别结构变量各不相同。数据按照抽样概率加权，括号内为聚类稳健的标准误。* 表示 $p<0.1$，** 表示 $p<0.05$，*** 表示 $p<0.01$。

样本容量有限会导致估计系数的标准误增大；二是同胞性别结构效应是家庭面临预算约束时的理性选择。尽管我们推测拥有更高受教育程度、职业地位或有城镇户籍的家庭应该具有更加平等的性别意识，但是这些变量都不是对家庭经济状况或所面临的预算约束程度的直接度量。由于数据所限，我们无法利用被访者上学时的家庭收入对这一问题进行直接的验证。

3.4.5 母亲在家中的相对地位是否影响同胞性别结构效应

我们以母亲相对于父亲是否拥有更高的受教育程度或者更高的 ISEI 得分作为母亲在家中相对地位的代理指标。该变量是一个虚拟变量，如果母亲的受教育程度或者 ISEI 得分高于父亲，那么变量取值为 1，否则为 0。按照母亲是否拥有更高的地位将样本分成两组，子样本回归结果表明[①]：首先，同胞性别结构变量只在母亲地位较低的子样本中具有符合预期的符号和显著性，在母亲地位较高的子样本中都不显著。其次，男女受教育程度仅在母亲地位较低的子样本中有显著差异，在母亲地位较高的子样本中并无显著不同。这说明母亲相对地位的提高可能主要有利于改善女孩的福利状况。[②]

为了验证同胞性别结构效应是否因母亲相对地位提高而发生显著改变，我们在表 3.5 的模型 10 至模型 12 当中通过引入交互项的方法来进行直接的检验。结果表明，尽管同胞性别结构的主效应和交互效应符号相反（“女孩比例”变量例外），但是交互项并不显著。换言之，同胞性别结构效应并不随着母亲相对地位的提高而显著改变，因此假说 3 没有得到有效的验证。对此，可能的原因包括以下两点：一是母亲地位较高的子样本规模远小于母亲地位较低的群体，导致估计系数的标准误较大；二是由于数据限制，本章使用的相对地位变量也许没有准确反映母亲在家中的讨价还价能力。今后的研究可以母亲是否是户主、母亲相对于父亲的收入、嫁妆

① 为节省篇幅，这里没有汇报这部分结果。

② 事实上，对加纳的研究发现，那些母亲相对父亲拥有更高受教育程度的女性，对女儿人力资本投资水平的影响更大（Thomas，1994）。我们也发现，父母各自受教育程度对子女的影响显著不同。具体而言，父亲和母亲受教育程度对女孩教育获得的影响更大，并且对女孩来说，母亲受教育程度的影响显著大于父亲受教育程度的影响（具体回归结果略）。

相对于彩礼的数量，甚至母亲的头胎子女是否是男孩作为相应的度量指标进行验证（吴晓瑜、李力行，2011）。

3.4.6 同胞性别结构对不同出生队列教育获得的影响

中华人民共和国成立60多年来，在前半段“毛泽东时代”，尽管存在“两条路线的斗争”，但是国家政策总体上以去分层化的意识形态为主导，特别是在“文化大革命”时期，采取了激进的，旨在消除阶级、性别、城乡差异的教育政策（Tsang，2000），出现了“铁姑娘”等一批去性别化、消除性别差异的政策产物（金一虹，2006）。在后半段经济改革开放时期，国家政策更多地以追求效率为导向。1992年，邓小平南方谈话标志着经济改革的进一步深化。

我们参考郝大海（2007）的方法，根据出生队列将样本人群分成五组，具体如下：Cohort1（1946年之前出生）。按照7岁上小学计算[①]，这批人最晚将在1965年考大学，所以不受“文革”的影响。Cohort2（1947—1957年出生），这批人中的一部分在上小学或初中时遇上1958—1960年中国基础教育“大跃进”式的扩张政策（Tsang，2000）；这批人的高考入学时间正好处于“文革”期间，因此他们是受“大跃进”“文革”等去分层化政策影响最大的群体，其教育获得在很大程度上不取决于家庭背景。Cohort3（1958—1965年出生），这批人中的一部分在“文革”期间升入中学，但是升大学的时间基本在1977年恢复高考以后，所以受“文革”的影响较小。此外，这一队列中部分人群的小学和初中教育还受到20世纪70年代农村地区基础教育普及政策的影响（李云森、齐豪，2011），因而相对来说教育获得和家庭经济状况的关系也较小。Cohort4（1966—1972年出生），这批人在初中之后的升学就不受“文革”的影响，并且处在强调效率的改革开放初期。Cohort5（1973年之后出生），这批人最早在1980年升入小学、1986年升入初中，受《义务教育法》这一普及型教育政策的影响，接受大学教育的时间几乎也处于改革开放深化阶段（1992年以后）。

---

① 在我们的样本中，小学开始年龄分布最多的是7岁（39.24%），其次是8岁（29.17%）。

由于 Cohort1 中大部分人的受教育时间处在经济和教育极度欠发展的年代，教育的经济价值很低，因此资源稀释作用并不明显（Lu 和 Treiman，2008）。我们预期同胞性别结构效应对该队列的教育获得并无显著影响。Cohort2 和 Cohort3 的教育经历处于“文革”这样一个去分层化的年代，我们预期同胞性别结构效应对这两个队列的影响最不明显，特别是处于“文革”初期的 Cohort2。Cohort4 和 Cohort5 的教育经历主要处于以经济效率为政策导向的改革开放期间，因此同胞性别结构效应对这两个队列的影响较大；但 Cohort5 处于改革开放的深化阶段，并且受到《义务教育法》的影响，因而我们预期同胞性别结构效应对 Cohort4 的影响更显著。

表 3.6 列出了具体结果，与预期相符的是，在受“文革”影响最大的出生队列 2 中，同胞性别结构效应均不显著。对于教育经历完全不受“文革”影响，但又缺乏普及性的教育政策干预，且处在改革开放早期的出生队列 4 而言，“有兄弟”及“女孩比例”的系数均具有符合预期的显著性和符号。随着改革的进一步深化及《义务教育法》的出台，“有兄弟”不再对出生队列 5 产生负效应，但是“女孩比例”对该队列的正效应却变得更加明显。一种可能的解释是，出生队列 5 所处的社会人口结构进一步增加了男孩的抚养成本，从而使女孩比例提高对教育获得的帮助更加明显。根据我们的设定，出生队列 5 覆盖的阶段恰恰是中国出生性别比不断攀升的阶段（曾毅，2006）。出生性别比上升导致男孩在婚姻市场上处于弱势地位，为了增加男孩将来的觅偶优势，家庭竞相增加对男孩的婚姻储蓄，比如准备一套住房几乎成了必需条件（Wei 和 Zhang，2011）。因此，在该阶段，男孩的相对抚养成本变得更高，家中女孩比例提高对教育获得的正效应也就更加明显。

表 3.6　同胞性别结构对不同出生队列教育获得的影响

自变量	模型 1（有兄弟）	模型 2（有姐妹）	模型 3（女孩比例）
城镇户口	2.143*** (0.234)	2.151*** (0.238)	2.155*** (0.234)
汉族	0.893*** (0.306)	0.885*** (0.301)	0.889*** (0.308)

续表

自变量	模型 1（有兄弟）	模型 2（有姐妹）	模型 3（女孩比例）
Cohort2	-0. 403 (0. 641)	0. 157 (0. 637)	0. 425 (0. 546)
Cohort3	1. 378 * (0. 791)	1. 330 (0. 824)	0. 887 (0. 648)
Cohort4	1. 570 ** (0. 641)	1. 457 ** (0. 608)	0. 911 ** (0. 507)
Cohort5	2. 018 *** (0. 602)	2. 741 *** (0. 603)	1. 461 ** (0. 646)
女性	-1. 555 *** (0. 125)	-1. 587 *** (0. 124)	-1. 825 *** (0. 160)
父母的受教育程度	0. 237 *** (0. 024)	0. 238 *** (0. 024)	0. 237 *** (0. 023)
父亲的 ISEI 得分	0. 009 (0. 006)	0. 009 (0. 006)	0. 008 (0. 006)
父亲的 ISEI 得分缺失	-0. 983 *** (0. 166)	-0. 975 *** (0. 167)	-0. 998 *** (0. 168)
父亲是中共党员	0. 499 ** (0. 214)	0. 482 ** (0. 209)	0. 538 ** (0. 215)
同胞数	-0. 170 *** (0. 044)	-0. 206 *** (0. 050)	-0. 208 *** (0. 044)
出生顺序	0. 140 *** (0. 041)	0. 143 *** (0. 041)	0. 136 *** (0. 039)
同胞性别结构×Cohort1	-0. 342 (0. 596)	0. 605 (0. 593)	0. 749 (0. 806)
同胞性别结构×Cohort2	-0. 034 (0. 328)	0. 261 (0. 298)	-0. 413 (0. 472)
同胞性别结构×Cohort3	-0. 593 (0. 492)	0. 356 (0. 630)	1. 264 * (0. 745)
同胞性别结构×Cohort4	-0. 925 ** (0. 367)	0. 095 (0. 270)	0. 998 ** (0. 485)
同胞性别结构×Cohort5	-0. 321 (0. 322)	-0. 303 (0. 190)	1. 814 *** (0. 540)
常数项	5. 532 *** (0. 670)	4. 841 *** (0. 677)	5. 193 *** (0. 615)
R^2	0. 361	0. 360	0. 364
N	5271	5271	5271

注：模型 1 至模型 3 的同胞性别结构变量分别为"有兄弟""有姐妹""女孩比例"。数据按照抽样概率加权，括号内为聚类稳健的标准误。* 表示 $p<0.1$，** 表示 $p<0.05$，*** 表示 $p<0.01$。

严格的统计检验进一步表明，这种影响在出生队列之间存在显著差异。如"有兄弟"在出生队列 2 和出生队列 4 之间的差异（$p=0.0664$）、

“女孩比例”在出生队列2和出生队列4之间的差异（$p=0.0240$）及在出生队列2和出生队列5之间的差异（$p=0.0005$）。综合这些结果，我们认为假说4得到了证实。

3.5 结论与讨论

越来越多的研究开始从家庭内部寻找中国教育性别不平等的原因。生育率下降带来的同胞规模缩小被认为是教育性别差异缩小的重要贡献。然而，同胞规模效应考察的是一种“家庭间的不平等”，它会因同胞性别结构、出生顺序、出生间隔效应的存在而含混。因此，进一步考察同胞性别结构效应是对同胞规模概念的一种拓展（Chu 等，2007；Powell 和 Steelman，1990）。经济学、社会学和心理学相关研究者提出了若干种竞争性的假说去解释可能存在的同胞性别结构对个人教育获得的影响。但是，相关的经验证据并不一致，特别是针对中国的研究，数量相对较少。

基于中国的全国抽样调查数据，本章发现同胞性别结构会对个人教育获得产生显著影响，而效率假说和预算约束理论可以解释中国家庭的内部资源分配模式。具体而言，拥有兄弟不利于个人的教育获得，而同胞中女孩比例越高，越有利于个人的教育获得。这种同胞性别结构效应在性别间具有复杂的非对称性：有利的同胞性别结构同时影响男性和女性，但是不利的同胞性别结构只影响女性。此外，我们还发现，同胞性别结构对不同出生队列人群教育获得的影响存在显著差异。然而，同胞性别结构效应在不同社会经济地位和户籍状态的个人之间并没有表现出一致且稳健的变化规律。母亲在家庭中相对地位的提高对家庭内部资源分配的影响也不显著。

和本章视角相近的研究还有帕里什和威利斯（Parish 和 Willis，1993）及李宏彬和张俊森（2008）的研究。与这些研究相比，本章的贡献体现在以下三个方面：

第一，我们为这一主题提供了更新的来自中国大陆地区的经验证据。

帕里什和威利斯（Parish 和 Willis，1993）讨论的是中国台湾地区 20 世纪 80 年代中期以前的样本，李宏彬和张俊森（2008）使用的则是 1988—2001 年中国大陆城市的样本。本章数据来自 2008 年的全国抽样调查，这样可以从更长的时间跨度和更大的范围上对该主题进行考察。

第二，本章在已有研究的基础上，进一步从微观的家庭背景及宏观的历史时期考察了同胞性别结构效应的异质性影响，拓展了已有文献的研究范围，对深入理解家庭内部资源分配及教育性别不平等做出了有益的探索。

第三，本章的结果引出了另一个值得探讨的问题：和同胞性别结构相关的家庭内部资源分配模式受性别文化影响大还是受家庭经济状况影响更大？长期以来，家庭内部资源分配的“男孩偏向”被归因于传统文化下的性别刻板印象甚至性别歧视。但我们认为，这种分配方式在本质上是父母面临预算约束时做出的理性选择。例如，我们发现父母的养老预期与子女教育获得存在一定的关系。如果女儿也能提供养老支持，那么父母对女儿的教育投资并不必然偏低。当然，在缺乏合适的工具变量等估计方法的情况下，我们无法将其看作一种因果关系。对此，今后可以进一步利用社会养老保险覆盖范围这一自然实验进行深入的研究。又比如，我们发现基于同胞性别结构的家庭内部资源分配模式并不如预期的那样在不同社会经济地位或城乡户籍的家庭之间存在一致的差异，这同样为我们进一步理解中国的家庭内部分配模式提供了启示。尽管中国的性别偏好因父母的受教育程度和城乡居住地存在差异（Xie，1989），但是我们并没有发现这种文化上的性别偏好差异直接影响了家庭内部资源的分配模式。其中一个可能的原因是，中国长期存在的教育收益率上的“脑体倒挂”以及改革开放以前的去分层化政策导致不同家庭之间的经济状况差异并不如教育和职业上的差异那样明显。因此，尽管不同家庭在性别文化上有所不同，但是在更为基础的经济状况没有发生显著改变的时候，家庭内部资源的分配模式仍然体现着一种既有的经济理性决策特点。事实上，家庭决策时所表现出的经济理性比我们想象的更为强烈。例如，即使在“文化大革命”时期，父母在应对城市家庭必须选择一个成年子女“上山下乡”的政策时仍然表现出一种经济理性——他们倾向于把能力较弱的孩子送出去接受“再教育”，而把能力较强的孩子留在身边以备将来的养老之需（Li 等，2010）。

基于本章的研究，我们认为同胞性别结构效应是一种预算约束环境下的结果（Chu 等，2007），这为减少教育性别差异的公共政策提供了空间，如增加公共教育支出、提供良好的社会保障等缓解家庭预算约束的政策都可以有效地缩小源自家庭内部的性别不平等。由于我们的研究结果和已有的几项研究发现并不完全相同，因此对这一主题还需进行更加深入的研究。

参考文献

[1] HANNUM E，BEHRMAN J，WANG M，et al. 改革时期的教育［C］//劳伦·勃兰特，托马斯·罗斯基. 伟大的中国经济转型. 方颖，赵扬，译. 上海：格致出版社，上海人民出版社，2009.

[2] 曾毅. 试论二孩晚育政策软着陆的必要性与可行性［J］. 中国社会科学，2006（2）：93-109，207.

[3] 郝大海. 中国城市教育分层研究（1949—2003）［J］. 中国社会科学，2007（6）：94-107，206.

[4] 金一虹. “铁姑娘”再思考——中国文化大革命期间的社会性别与劳动［J］. 社会学研究，2006（1）：169-193.

[5] 李春玲. 社会政治变迁与教育机会不平等——家庭背景及制度因素对教育获得的影响（1940—2001）［J］. 中国社会科学，2003（3）：86-98，207.

[6] 李宏彬，张俊森. 中国人力资本投资与回报［M］. 北京：北京大学出版社，2008.

[7] 李云森，齐豪. 中国农村教育的代际因果关系——基于 1970 年代农村基础教育普及政策的研究［J］. 世界经济文汇，2011（4）：72-88.

[8] 吴晓瑜，李力行. 母以子贵：性别偏好与妇女的家庭地位——来自中国营养健康调查的证据［J］. 经济学（季刊），2011，10（3）：136-153.

[9] 吴愈晓. 中国城乡居民教育获得的性别差异研究［J］. 社会，2012（4）：112-137.

[10] 叶华，吴晓刚. 生育率下降与中国男女教育的平等化趋势［J］. 社会学

研究，2011（5）：153-177，245.

[11] 郑磊，张鼎权．中国教育性别差异的经济学研究评述[J]．妇女研究论丛，2013（2）：112-119.

[12] ALDERMAN H，KING E M. Gender differences in parental investment in education [J]. Structural Change and Economic Dynamics，1998，9（4）：453-468.

[13] AMIN V. Sibling sex composition and educational outcomes：a review of theory and evidence for the UK [J]. Labour，2009，23（1）：67-96.

[14] BAUER T，GANG I N. Sibling rivalry in educational attainment：the German case [J]. Labour，2001，15（2）：237-255.

[15] BECKER G S，LEWIS H G. On the interaction between the quantity and quality of children [J]. Journal of Political Economy，1973，81（2）：279-288.

[16] BECKER G S，TOMES N. An equilibrium theory of the distribution of income and intergenerational mobility [J]. Journal of Political Economy，1979，87（6）：1153-1189.

[17] BECKER G S，TOMES N. Human capital and the rise and fall of families [J]. Journal of Labor Economics，1986，4（3）：1-39.

[18] BEHRMAN J R，POLLAK R A，TAUBMAN P. Parental preferences and provision for progeny [J]. Journal of Political Economy，1982，90（1）：52-73.

[19] BLAKE J. Family size and the quality of children [J]. Demography，1981，18（4）：421-442.

[20] BROWN P H，BULTE E，ZHANG X. Positional spending and status seeking in rural China [J]. Journal of Development Economics，2010，96（1）：139-149.

[21] BUTCHER K F，CASE A. The effect of sibling sex composition on women's education and earnings [J]. Quarterly Journal of Economics，1994，109（3）：531-563.

[22] CHAU T W，LI H，LIU P W，et al. Testing the collective model of household labor supply：evidence from China [J]. China Economic Review，2006，18（4）：389-402.

[23] CHU，CYRUS C Y，XIE Y，et al. Effects of sibship structure revisited：evidence from intrafamily resource transfer in Taiwan [J]. Sociology of Education，2007，80（2）：91-113.

[24] CONLEY D. Sibship sex composition：effects on educational attainment [J].

Social Science Research，2000，29（3）：441–457.

[25] CONNELLY R，ZHENG Z. Enrollment and graduation patterns as China's reforms deepen，1990–2000 [C] //HANNUM E，PARKA. Education and Reform in China，New York：Routledge，2007：81–92.

[26] DAYIOĞLU M，KIRDAR M G，TANSEL A. Impact of sibship size，birth order and sex composition on school enrolment in urban Turkey [J]. Oxford Bulletin of Economics and Statistics，2009，71（3）：399–426.

[27] DENG Z，TREIMAN D J. The impact of the cultural revolution on trends in educational attainment in the People's Republic of China [J]. American Journal of Sociology，1997，103（2）：391–428.

[28] FELDMAN M，TULJAPURKAR S，LI S，et al. Son preference，marriage，and intergenerational transfer in rural China [C] //GAUTHIER A H，CHU CYRUS C Y，TULJAPURKAR S. Allocating Public and Private Resources Across Generations. Netherlands：Springer，2006，2：139–162.

[29] GANZEBOOM H B G，P M DE GRAAF，TREIMAN D J. A standard international socio-economic index of occupational status [J]. Social Science Research，1992，21（1）：1–56.

[30] GREENHALGH S. Sexual stratification：the other side of "Growth with Equity" in East Asia [J]. Population and Development Review，1985，11（2）：265–314.

[31] GRILICHES Z. Sibling models and data in economics：beginnings of a survey [J]. Journal of Political Economy，1979，87（5）：37–64.

[32] HANNUM E. Educational stratification by ethnicity in China：enrollment and attainment in the early reform years [J]. Demography，2002，39（1）：95–117.

[33] HANNUM E. Market transition，educational disparities，and family strategies in rural China：new evidence on gender stratification and development [J]. Demography，2005，42（2）：275–299.

[34] HANNUM E，KONG P，ZHANG Y. Family sources of educational gender inequality in rural China：a critical assessment [J]. International Journal of Educational Development，2009b，29（5）：474–486.

[35] HANNUM E，XIE Y. Trends in educational gender inequality in China：1949–

1985 [J]. Research in Social Stratification and Social Mobility, 1994, 13 (1): 73-98.

[36] HAUSER R M, KUO H-H D. Does the gender composition of sibship affect women's educational attainment? [J]. Journal of Human Resources, 1998, 33 (3): 644-657.

[37] JACOB M. Do brothers affect their sister's chances to graduate: an analysis of sibling sex composition effects on graduation from a university or a fachhochschule in Germany [J]. Higher Education, 2011, 61 (3): 277-291.

[38] KAESTNER R. Are brothers really better? Sibling sex composition and educational attainment revisited [J]. Journal of Human Resources, 1997, 32 (2): 250-284.

[39] KUO H-H D, HAUSER R M. How does size of sibship matter: family configuration and family effects on educational attainment [J]. Social Science Research, 1997, 26 (1): 69-94.

[40] LEE M H. The one-child policy and gender equality in education in China: evidence from household data [J]. Journal of Family and Economic Issues, 2012, 33 (1): 41-52.

[41] LI H, ROSENZWEIG M, ZHANG J. Altruism, favoritism, and guilt in the allocation of family resources: Sophie's choice in Mao's mass send-down movement [J]. Journal of Political Economy, 2010, 118 (1): 1-38.

[42] LI H, ZHANG J, ZHU Y. The quantity-quality trade-off of children in a developing country: identification using Chinese twins [J]. Demography, 2008, 45 (1): 223-243.

[43] LU Y, TREIMAN D J. The effect of sibship size on educational attainment in China: period variations [J]. American Sociological Review, 2008, 73 (5): 813-834.

[44] MORDUCH J. Sibling rivalry in Africa [J]. American Economic Review, 2000, 90 (2): 405-409.

[45] OTA M, MOFFATT P G. The within-household schooling decision: a study of children in rural Andhra Pradesh [J]. Journal of Population Economics, 2007, 20 (1): 223-239.

[46] PARISH W L, WILLIS R J. Daughters, education, and family budgets Taiwan experiences [J]. Journal of Human Resources, 1993, 28 (4): 863-898.

[47] POWELL B, STEELMAN L C. The liability of having brothers: paying for college and the sex composition of the family [J]. Sociology of Education, 1989, 62 (2): 134-147.

[48] POWELL B, STEELMAN L C. Beyond sibship size: sibling density, sex composition, and educational outcomes [J]. Social Forces, 1990, 69 (1): 181-206.

[49] ROSENBERG M. Society and the adolescent self image [M]. Princeton, NJ: Princeton University Press, 1965.

[50] STRAUSS J, THOMAS D. Human resources: empirical modeling of household and family decisions [C] //BEHRMAN J, SRINIVASAN T N. Handbook of Development Economics Vol. IIIA. North Holland, Amsterdam: Elsevier Science, 1995: 1883-2023.

[51] THOMAS D. Like father, like son; like mother, like daughter: parental resources and child height [J]. Journal of Human Resources, 1994, 29 (4): 950-988.

[52] TSANG M C. Education and national development in China since 1949: oscillating policies and enduring dilemmas [J]. China Review, 2000: 579-618.

[53] TSUI M, RICH L. The only child and educational opportunity for girls in urban China [J]. Gender and Society, 2002, 16 (1): 74-92.

[54] WANG W. Son preference and educational opportunities of children in China——"I wish you were a boy!" [J]. Gender Issues, 2005 (Spring), 22 (2): 3.

[55] WEI S, ZHANG X. The competitive saving motive: evidence from rising sex ratios and savings rates in China [J]. Journal of Political Economy, 2011, 119 (3): 511-564.

[56] WU X, TREIMAN D J. The household registration system and social stratification in China: 1955-1996 [J]. Demography, 2004, 41 (2): 363-384.

[57] XIE Y. Measuring regional variation in sex preference in China: a cautionary note [J]. Social Science Research, 1989, 18 (3): 291-305.

[58] XIE Y, ZHU H. Do sons or daughters give more money to parents in urban China? [J]. Journal of Marriage and Family, 2009, 71 (1): 174-186.

[59] ZENG W, UNDURRAGE E A, EISENBERG D T A, et al. Sibling composition and child educational attainment: evidence from native amazonians in Bolivia [J]. Economics of Education Review, 2012, 31 (6): 1017-1027.

[60] ZHAN W. Dynamics of marriage change in Chinese rural society in transition: a study of a northern Chinese village [J]. Population Studies, 2000, 54 (1): 57-69.

[61] ZHOU X, MOEN P, TUMA N B. Educational stratification in urban China: 1949-94 [J]. Sociology of Education, 1998, 71 (3): 199-222.

第4章
家庭社会经济地位对父母参与的影响及作用机制

学术界已有大量研究表明，父母参与对孩子的学业表现、教育获得、行为问题等有显著的影响（Carbonaro，1998；赵延东、洪岩壁，2012；乔娜 等，2013；Fasang 等，2014）。基于家庭在儿童教育发展过程中的重要作用，很多国家出台了旨在促进家校合作、鼓励父母参与儿童教育的政策。例如，1994 年，美国颁布《美国 2000 年教育目标法》，其中将促进父母参与列为八项教育目标之一；2004 年，日本修改《关于地方教育行政的组织及运营法》，使家长和社区居民具有一定的参与学校教育的权利和责任；中国教育部也于 2012 年 6 月颁布《依法治校——建设现代学校制度实施纲要（征求意见稿）》，规定“家长委员会承担参与教育工作、参与和监督学校管理、促进学校与家庭沟通、合作等职责”。

尽管如此，具有不同家庭背景的父母参与子女教育的差异较大（Baker 和 Stevenson，1986；Griffith，1998；Lareau，2002）。那么，是什么因素影响父母的育儿参与呢？相关研究将父母参与的影响因素归为两类——学校政策和家庭背景（Borgonovi 和 Montt，2012；Kim 和 Fong，2013；Stacer 和 Perrucci，2013；Calarco，2014）。本章基于中国教育追踪调查 2013—2014 学年基线调查数据，研究家庭社会经济地位对父母参与的影响及作用机制。本章的学术价值主要体现在三个方面：第一，学术界有不少研究采用质性研究方法探讨家庭背景对父母参与的影响，但是利用中国数据的定量研究相对较少，本章为同类研究贡献了来自中国的经验证据。第二，很少有研究进一步探讨家庭社会经济地位究竟通过哪些中介机制影响父母参与，父母在家庭内部的教育行为仍然是一个未知的“黑箱”。本章利用中介效应模型研究家庭社会经济地位的影响机制，尝试性地解释了为何家庭之间存在父母参与上的差异。第三，本章的研究发现不仅有助于更好地理解家庭之间教育不平等的微观机制，也有助于制定促进家校合作、鼓励父母参与的教育政策。

4.1 文献回顾

4.1.1 父母参与的定义与类型

所谓“父母参与”（parent involvement），是指父母参与到儿童教育中的行为。早期的研究者对父母参与的探究集中于父母扮演的角色而忽略了学校的职责。直到20世纪80年代，才有研究者非正规地提出“父母参与”一词，并逐渐将此概念延伸至家庭、学校与社区的合作（Epstein，2001）。因此，“父母参与”既包括家长主动参与到儿童教育中的行为，也包括在学校安排下家长的参与行为。爱普斯坦（Epstein，1987）将父母参与操作化定义为四类活动：履行养育的基本职责、学校—家庭交流、父母参与学校活动及家庭内部的父母参与。科尔曼（Coleman，1988）根据社会资本与社会闭合理论将父母参与行为分成了家庭内部与家庭外部两类，家庭内部父母参与包括父母与孩子交流、父母为孩子阅读、父母指导与监督孩子功课等，家庭外部父母参与包括父母与学校教师、其他家长或社区内人员/机构的沟通和交流。

4.1.2 父母参与的影响因素

父母参与同时受到家庭、学校两方面的影响，如家庭的社会经济地位、家庭结构、种族、学校相关政策等。一般来说，优势阶层家庭的父母参与更加积极。就家庭外部的父母参与行为而言，拉鲁（Lareau，1987）提出了三种理论来解释父母参与的家庭背景差异。

第一种为“穷人文化理论”（the culture of poverty thesis），即低阶层的人群有着独特的文化与社会组织形式，比起中间阶层，他们并不那么重视教育，因此父母参与子女教育活动的倾向较低。何瑞珠（1998）对利斯曼（Riessman）的穷人文化理论进行了总结：“根据利斯曼（Riessman，1962）

的理论，缺乏文化培养或文化水平低的家庭，家中由于缺少教育传统，父母不注重教育，对语文掌握不足，加上没有足够动机追求长远的教育成就，因此趋于较少参与子女教育。”

第二种为“文化资本（cultural capital）理论”。该理论认为学校的阶层属性是中间阶层，在中间阶层环境中成长的孩子会秉承相应的文化资本，以使他们能够适应学校生活并从中获益。相似地，中间阶层的父母也会在与教师沟通或参与学校活动时感到更为舒适与自然（Ho 和 Willms，1996；布迪厄、华康德，1998）。

第三种为“教育机构歧视论”[①]，即比起对待中间阶层父母的态度，教师对待低阶层的父母并不那么友善，甚至抱有些许歧视的态度。然而拉鲁（2014）通过对两所面向不同阶层人群学校的教师和家长进行访谈后发现，教师对不同阶层的家长并没有区别对待的行为，也没有歧视低阶层父母的意图。

4.1.3 实证研究综述

在父母参与影响因素的研究中，使用质性研究方法的较多。贝克尔和史蒂文森（Baker 和 Stevenson，1986）、拉鲁（2010）、孔佩吉（Kong，2008）、卡拉尔科（Calarco，2014）等在对不同阶层父母进行访谈后发现，拥有大学及以上学历的母亲更了解孩子的学业表现，与教师交流更频繁；而贫穷家庭或工人阶层的父母更倾向于单方面对孩子下达指令，他们大多时候放任孩子自己玩耍，而不是陪同他们外出参加各种各样的活动（如参加球队活动、看表演等）。

采用量化研究方法的学者也得出相似的结论。劳伦斯（Lawrance，1991）、何瑞珠和威尔姆斯（Ho 和 Willms，1996）、格里安等（Guryan 等，2008）及塔瑟和佩鲁西（Stacer 和 Perrucci，2013）使用回归分析或多层线性模型等方法，发现家庭社会经济地位对家庭内部的父母参与有正向的影响，而工作的时间则有显著的负向影响；父母的受教育程度越高，家庭外部父母参与的频率也越高。

① 理论名称引用自何瑞珠（1998：235）。

4.2　数据与研究方法

4.2.1　研究假说

本章试图研究两个问题：一是父母的社会经济地位是否影响父母参与？二是父母的社会经济地位对家庭外部父母参与的影响机制是什么？基于这两个问题，我们提出以下研究假说：

假说1：父母的社会经济地位对父母参与有显著影响。

假说1a：父母的社会经济地位对家庭内部的父母参与有显著影响。

假说1b：父母的社会经济地位对家庭外部的父母参与有显著影响。

假说2：父母的社会经济地位通过家庭文化资本影响家庭外部的父母参与行为。

4.2.2　数据

本章基于中国教育追踪调查（China Education Panel Survey，CEPS）2013—2014学年基线调查数据进行研究。该调查由中国人民大学中国调查与数据中心设计与实施，以初中一年级（七年级）和初中三年级（九年级）两个同期群为调查起点，以人口平均受教育程度和流动人口比例为分层变量，从全国随机抽取28个县级单位（县、区、市）作为调查点。调查以学校为基础，在入选的县级单位随机抽取了112所学校、438个班级进行调查，被抽中班级的学生全体入样，基线调查共调查了约2万名学生。调查内容包括个人基本信息、学生在校情况、亲子互动情况、家校互动情况等。①

4.2.3　变量

（1）被解释变量

本章的被解释变量为父母参与。结合爱普斯坦和科尔曼的理论，将父母参与分为家庭内部父母参与和家庭外部父母参与。家庭内部父母参与通过父母在家中辅导子女课业、与子女沟通、发展子女性格与技能等行为的频率来度量，具体包括以下五种行为：①上个星期父母检查孩子作业的频

---

①　参见《中国教育追踪调查（CEPS）基线数据使用手册》。

率；②上个星期父母辅导孩子功课的频率；③父母与孩子一起阅读的频率；④父母与孩子共同参观博物馆、动物园、科技馆等场所的频率；⑤父母与孩子共同外出看电影、演出、体育比赛等的频率。这些变量均为定序变量。前两个变量的赋值：1 为“从未”，2 为“一到二天”，3 为“三到四天”，4 为“几乎每天”。后三个变量的赋值：1 为“从未做过”，2 为“每年一次”，3 为“每半年一次”，4 为“每个月一次”，5 为“每周一次”，6 为“每周一次以上”。

家庭外部父母参与通过家校沟通（包括父母主动和校方主动）的频率和父母参与学校活动的意愿来进行度量，具体包括以下两种行为：①这学期以来家长主动联系学校老师的频率（定序变量，1 为“从来没有”，2 为“一次”，3 为“二到四次”，4 为“五次及以上”）；②父母参加家长会的意愿（虚拟变量，1 为“有参加意愿”，0 为“没有参加意愿”）。

（2）解释变量

本章的核心解释变量是父母的社会经济地位，分别以父母受教育年限（父母二人当中较高的受教育年限）、父（母）亲的职业[①]进行度量。其中，“父母的受教育年限”为定距变量，将相应受教育程度转换为受教育年限。“父母的职业”为定序变量。根据陆学艺等（2002）对职业阶层的划分，结合问卷题目的设定，将职业由低阶层到高阶层分成 8 个不同的等级，即 0~8。

我们曾尝试将有关家庭经济状况的变量作为家庭社会经济地位的一个指标放入模型中，但 CEPS 数据库中没有客观且直接反映家庭经济状况的信息（如家庭年收入、家庭年支出等）。虽然家长问卷中有如“目前您家经济条件如何”的问题，但我们认为，这一信息无法客观反映家庭经济状况在整体样本中的位置，因此没有使用这一信息。

（3）中介变量

根据拉鲁的理论，我们进一步研究父母社会经济地位通过何种机制影响其家庭外部的参与行为。如果低阶层家庭的父母参与行为不够积极是因为“穷人文化理论”所解释的那样，那么不同家庭父母的教育观念将发挥

① 在家长问卷中，填答该问卷的受访者回答了他（她）的职业；在学生问卷中，学生也对自己父亲和母亲的职业做出了回答。本书认为，成年人的填答比学生的回答更为准确，因此本书将由父亲、母亲、继父或继母填答的问卷（约占总问卷数量的 89.23%）筛选出来，只使用这部分的数据并将他们填答的职业作为学生父母的职业放入模型中。

中介作用。对此，我们设置以下两个中介变量：①父母对儿童受教育程度的期望，该变量为定序变量，根据受教育程度转换为相应的受教育年限；②父母对“教育孩子全是学校教师的责任”这一说法的同意程度，该变量为定序变量，1 为“完全不同意”，2 为“不太同意”，3 为“说不上同意不同意”，4 为“比较同意”，5 为“完全同意”。

“文化资本理论”则认为，高阶层家庭的父母参与行为更加积极，是因为此类家庭拥有的文化资本让父母与学校和教师交流时更加轻松和容易。对此，我们设置了以下两个中介变量来验证：①父母害怕与教师交流的程度，该变量为定序变量，1 为“很害怕”，2 为“有点害怕”，3 为“一点都不害怕”；②子女拥有的客观文化资源数量，该变量度量了家庭文化资本，沿用仇立平、肖日葵（2011）的名称和用法，通过家庭给子女提供的三类文化资源①的多少进行探索性因子分析后，根据三分位数排序得出一个定序变量，1 为“较为缺乏”，2 为“适中”，3 为“较充足”。

（4）其他控制变量

我们还控制了其他可能影响父母参与行为的因素，具体包括父母的户口类型（1=农业户口，0=非农业户口）、父母对孩子直接的时间投入（连续型变量）、家庭目前住所（1=住在本县/区，0=住在外县/区）、父母在家居住情况（1=父母双方均在家居住，0=父母只有一方在家居住）、孩子是否有身体障碍②（1=有，0=没有）、孩子性别（1=男孩，0=女孩）、孩子所在年级（1=九年级，0=七年级）、孩子是否为独生子女（1=独生子女，0=非独生子女）、孩子是否住校（1=住校，0=不住校）、孩子目前的成绩在班级中的排位（1=不好，2=中下，3=中等，4=中上，5=很好）、孩子不良行为的严重程度③（0=没有或轻度，1=一般，2=严重）、班主任

① 这三类文化资源分别是：是否有独立的书桌；家里藏书多少（不包括课本和杂志）；家里有没有电脑和网络。

② 如视力障碍、听力障碍、肢体残疾、语言障碍、自闭或其他精神障碍、多动症等。

③ “孩子不良行为的严重程度”是一个公因子，由孩子同意以下四种说法的程度进行探索性因子分析后，根据三分位数排序得出：a. 我经常迟到；b. 我经常逃课；c. 我的父母经常收到老师对我的批评；d. 班主任老师经常批评我。

的受教育年限（连续型变量），以及学校促进父母参与的努力程度①（0=没有或努力程度较低，1=努力程度适中，2=非常努力）。

变量的描述性统计及说明见表4.1。

表4.1 变量的描述性统计及说明

变量	平均值	标准差	最小值	最大值
上个星期父母检查孩子作业的频率	2.44	1.18	1	4
上个星期父母辅导孩子功课的频率	2.05	1.12	1	4
父母与孩子一起阅读的频率	3.3	2.07	1	6
父母与孩子共同参观博物馆、动物园、科技馆等场所的频率	2.25	1.41	1	6
父母与孩子共同外出看电影、演出、体育比赛等活动的频率	2.33	1.5	1	6
这学期以来家长主动联系学校老师的频率	2.39	1.02	1	4
父母参加家长会的意愿	0.89	0.31	0	1
父母受教育年限	10.78	3.07	0	19
父（母）亲的职业	2.96	2.31	0	8
父母对孩子的教育期望	17	3.6	9	23
父母对“教育孩子全是学校教师的责任”这一说法的同意程度	2.1	0.98	1	5
父母害怕与教师交流的程度	2.77	0.44	1	3
子女客观文化资源	1.02	0.83	0	2
孩子所在年级	0.47	0.50	0	1
父母的户口类型	0.56	0.50	0	1
父母平均每天直接花在孩子身上的时间	3.15	3.26	0	24
孩子是否有身体障碍	0.06	0.24	0	1
孩子性别	0.51	0.5	0	1
孩子是否为独生子女	0.45	0.5	0	1

① “学校促进父母参与的努力程度”是一个公因子，由六类学校促进父母参与活动的频率进行探索性因子分析后，根据三分位数排序得出。这六类学校促进父母参与的活动包括：a. 上一学期学校举办家长会的次数；b. 上一学期学校向家长书面报告学生在校情况的次数；c. 上一学期学校邀请家长听课的次数；d. 上一学期学校邀请家长与教师座谈的次数；e. 上一学期学校邀请家长观看演出或参与课外活动的次数；f. 上一学期学校为学生举办生活辅导（如情绪管理、亲子关系）讲座的次数。

续表

变量	平均值	标准差	最小值	最大值
父母在家居住情况	0.86	0.35	0	1
孩子是否住校	0.31	0.46	0	1
孩子目前的成绩在班级中的排位	3.05	1.06	1	5
孩子不良行为的严重程度	0.85	0.85	0	2
班主任的受教育年限	15.4	0.86	14	19
学校促进父母参与的努力程度	0.98	0.70	0	2

4.2.4　方法与模型

对于问题一，我们根据变量特征分别使用 Logit 回归或有序 Logit（Ordered Logit）回归进行估计。基本回归模型如下：

$$IPI=\beta_0+\beta_1 EDU+\beta_2 OCP+\sum \alpha_i X_i+\mu$$

$$OPI=\beta_0+\beta_1 EDU+\beta_2 OCP+\sum \alpha_i X_i+\mu$$

其中，IPI 指家庭内部父母参与，OPI 指家庭外部父母参与，EDU 指父母二人中的最高受教育程度，OCP 指填答问卷的父（母）亲的职业，X_i 为其他控制变量，μ 为误差项。

对于问题二，为了探究父母社会经济地位对家庭外部父母参与的影响机制，我们建立了路径分析模型并进行中介效应的检验。

4.3　结果与解释

4.3.1　社会经济地位是否影响父母参与

家庭背景对家庭外部父母参与的影响见表 4.2。其中，模型 1 和模型 3 表明，父母的受教育程度和职业均对父母主动联系教师的频率和父母参加家长会的意愿有正向且显著的影响。模型 2 和模型 4 在此基础上进一步控制其他变量，结果发现，父母受教育程度和职业类型的影响并未发生显著改变。

表 4.2 家庭背景对家庭外部父母参与的影响

变量	模型 1（父母主动联系教师）	模型 2（父母主动联系教师）	模型 3（父母参加家长会的意愿）	模型 4（父母参加家长会的意愿）
父母的受教育程度	0.04*** (0.01)	0.04*** (0.01)	0.17*** (0.01)	0.10*** (0.01)
父（母）亲的职业	0.05*** (0.01)	0.06*** (0.01)	0.11*** (0.01)	0.06** (0.02)
父母的户口类型		-0.08 (0.04)		-0.02 (0.08)
父母对孩子的直接时间投入		0.05*** (0.01)		0.07*** (0.01)
孩子是否有身体障碍		0.07 (0.07)		-0.11 (0.12)
孩子性别		0.40*** (0.03)		-0.17* (0.07)
孩子是否为独生子女		0.10* (0.04)		0.60*** (0.08)
父母在家居住情况		0.01 (0.05)		0.38*** (0.08)
孩子是否住校		0.37*** (0.04)		-0.46*** (0.07)
孩子目前的成绩在班级中的排位		0.12*** (0.02)		0.34*** (0.03)
孩子不良行为的严重程度		0.10*** (0.02)		-0.05 (0.04)
班主任的受教育年限		-0.01 (0.02)		0.28*** (0.04)
学校促进父母参与的努力程度		0.14*** (0.02)		0.21*** (0.05)
年级		0.20*** (0.03)		-0.05 (0.06)
伪 R^2	0.01	0.02	0.05	0.11
N	15430	12354	15451	12363

注：模型 1 和模型 2 使用有序 Logit 回归模型，模型 3 和模型 4 使用 Logit 回归模型；括号内为标准误；* 表示 $p<0.05$，** 表示 $p<0.01$，*** 表示 $p<0.001$；切点与常数项结果略。

表 4.3、表 4.4 呈现的是家庭背景对家庭内部父母参与的影响。模型

1、模型3、模型5、模型7、模型9仅考察家庭社会经济地位变量的影响，模型2、模型4、模型6、模型8、模型10则加入了相关的控制变量。

父母的受教育程度与“父母检查作业的频率”“父母辅导功课的频率”“父母与孩子共同阅读”这三种行为之间具有显著的正相关关系，而父母职业与这三个变量的正相关关系在加入控制变量后不再显著。

表4.3　家庭背景对家庭内部父母参与的影响（1）

变量	模型1（父母检查作业的频率）	模型2（父母检查作业的频率）	模型3（父母辅导功课的频率）	模型4（父母辅导功课的频率）	模型5（父母与孩子共同阅读）	模型6（父母与孩子共同阅读）
父母的受教育程度	0.07*** (0.01)	0.05*** (0.01)	0.12*** (0.01)	0.11*** (0.01)	0.10*** (0.01)	0.07*** (0.01)
父（母）亲的职业	0.03*** (0.01)	0.01 (0.01)	0.02** (0.01)	0.01 (0.01)	0.03*** (0.01)	0.02 (0.01)
父母的户口类型		0.03 (0.04)		0.05 (0.04)		0.03 (0.04)
父母对孩子的时间投入		0.06*** (0.01)		0.06*** (0.01)		0.05*** (0.01)
孩子是否有身体障碍		-0.16 (0.07)		-0.06 (0.07)		-0.05 (0.07)
孩子性别		0.22*** (0.03)		0.14*** (0.03)		-0.03 (0.03)
孩子是否为独生子女		0.33*** (0.04)		0.26*** (0.04)		0.33*** (0.04)
父母在家居住情况		0.28*** (0.05)		0.37*** (0.05)		0.19*** (0.05)
孩子是否住校		-0.31*** (0.04)		-0.15*** (0.04)		-0.07 (0.04)
孩子目前的成绩在班级中的排位		-0.12*** (0.02)		-0.13*** (0.02)		0.07*** (0.02)
孩子不良行为的严重程度		-0.03 (0.02)		-0.06** (0.02)		-0.11*** (0.02)
班主任的受教育程度		0.04 (0.02)		-0.02* (0.02)		0.05** (0.02)

续表

变量	模型 1（父母检查作业的频率）	模型 2（父母检查作业的频率）	模型 3（父母辅导功课的频率）	模型 4（父母辅导功课的频率）	模型 5（父母与孩子共同阅读）	模型 6（父母与孩子共同阅读）
学校促进父母参与的努力程度		0.06** (0.02)		0.07*** (0.03)		0.12*** (0.02)
年级		-0.52*** (0.03)		-0.71*** (0.03)		-0.48*** (0.03)
伪 R^2	0.01	0.03	0.02	0.04	0.01	0.03
N	15391	12328	15253	12217	15363	12317

注：模型 1 至模型 6 使用有序 Logit 回归模型；括号内为标准误；* 表示 $p<0.05$，** 表示 $p<0.01$，*** 表示 $p<0.001$；切点结果略。

对于“父母与孩子共同参观博物馆”和“共同看演出”这两种行为，父母的受教育程度和职业类型均与其有显著的正向关系。

表 4.4　家庭背景对家庭内部父母参与的影响（2）

变量	模型 7（共同参观博物馆等场所）	模型 8（共同参观博物馆等场所）	模型 9（共同看演出）	模型 10（共同看演出）
父母受教育程度	0.14*** (0.01)	0.10*** (0.01)	0.16*** (0.01)	0.11*** (0.01)
父（母）亲的职业	0.13*** (0.01)	0.10*** (0.01)	0.14*** (0.01)	0.10*** (0.01)
父母的户口类型		-0.10** (0.04)		-0.16*** (0.04)
父母对孩子的时间投入		0.03*** (0.01)		0.03*** (0.01)
孩子是否有身体障碍		-0.31*** (0.08)		-0.35*** (0.08)
孩子性别		-0.10** (0.03)		-0.05 (0.03)
孩子是否为独生子女		0.30*** (0.04)		0.30*** (0.04)
父母在家居住情况		0.33*** (0.05)		0.37*** (0.05)
孩子是否住校		-0.36*** (0.04)		-0.35*** (0.04)

续表

变量	模型 7（共同参观博物馆等场所）	模型 8（共同参观博物馆等场所）	模型 9（共同看演出）	模型 10（共同看演出）
孩子目前的成绩在班级中的排位		0.07*** (0.02)		0.06** (0.02)
孩子不良行为的严重程度		−0.07** (0.02)		−0.03 (0.02)
班主任受教育程度		0.21*** (0.02)		0.18*** (0.02)
学校促进父母参与的努力程度		0.22*** (0.03)		0.22*** (0.03)
年级		−0.39*** (0.03)		−0.30*** (0.03)
伪 R^2	0.04	0.06	0.05	0.07
N	15348	12300	15380	12328

注：模型 7 至模型 10 使用有序 Logit 回归模型；括号内为标准误；*表示 $p<0.05$，**表示 $p<0.01$，***表示 $p<0.001$；切点结果略。

表 4.2、表 4.3 和表 4.4 的回归结果表明，家庭的社会经济地位及父母的受教育程度与父母育儿参与行为之间具有显著的正相关关系。因此，假说 1 得到了验证。

4.3.2　社会经济地位如何影响家庭外部的父母参与

接下来，我们利用中介效应模型，进一步考察家庭社会经济地位对家庭外部父母参与的影响通过何种机制发挥作用。我们参考温忠麟等（2012）的做法，使用依次检验的方法对是否存在中介效应进行检验。当以下条件得到满足时，中介效应成立：①解释变量 X 对被解释变量 Y 的回归系数 β_c 具有统计显著性；② X 对中介变量 ME 的回归系数 β_a 具有统计显著性；③ME 对 Y 的回归系数 β_b 具有统计显著性；④当控制中介变量 ME 后，原先的自变量 X 的净效应不再显著（完全中介效应）或回归系数的绝对值减小（部分中介效应）。

上述检验过程的第一步——自变量对因变量回归系数的统计显著性——已在上一部分完成。接下来，使用自变量对中介变量进行回归并观察其系数的统计显著性，结果见表 4.5。[①] 结果表明，父母的受教育程度和职业等级越高，他们的教育期望越高，家中客观文化资源越多，越不认同“教育孩子全是学校教师的责任”这一说法，越不害怕与教师交流。

表 4.5 社会经济地位对中介变量的影响

变量	模型 1（父母对孩子的教育期望）	模型 2（父母对“教育孩子全是学校教师的责任”这一说法的同意程度）	模型 3（父母害怕与教师交流的程度）	模型 4（客观文化资源）
父母的受教育程度	0.17*** (0.01)	-0.04*** (0.01)	0.02* (0.01)	0.20*** (0.01)
父（母）亲的职业	0.04** (0.01)	-0.03*** (0.01)	0.05*** (0.01)	0.18*** (0.01)

注：模型 1 为 OLS 回归，模型 2 至模型 4 为有序 Logit 回归；括号内为标准误；* 表示 $p<0.05$，** 表示 $p<0.01$，*** 表示 $p<0.001$；OLS 模型常数项结果略。

最后，检验了中介变量对因变量回归系数的统计显著性及放入中介变量后的影响（见表 4.6、表 4.7）。[②] 结果显示，反映穷人文化理论的“父母对孩子的教育期望”和“父母对‘教育孩子全是学校教师的责任’这一说法的同意程度”两个变量表现出极其轻微的中介作用。用以验证文化资本理论的“父母害怕与教师交流的程度”和“子女客观文化资源”两个变量中，“子女客观文化资源”表现出较为明显的中介作用。具体而言，放入该变量之后，父母的受教育程度及职业等级与“父母主动联系教师的频率”和“父母参加家长会的意愿”这两种行为的显著关系发生了明显变化，系数有所减小。因此我们认为，家庭社会经济地位对父母家庭外部参与行为的影响部分是通过家庭拥有的客观文化资源的数量施加的。假说 2 部分得到了验证。

① 为节省篇幅，控制变量部分的结果并未列出。

② 为节省篇幅，未列出详细的回归结果。

表 4.6 中介效应检验（被解释变量：父母主动联系教师的频率）①

变量	模型 1（无中介变量）	模型 2（“父母对孩子的教育期望”做中介变量）	模型 3（“父母对‘教育孩子全是学校教师的责任’这一说法的同意程度”做中介变量）	模型 4（“父母害怕与教师交流的程度”做中介变量）	模型 5（“子女客观文化资源”做中介变量）
父母的受教育程度	0.13*** (0.02)	0.11*** (0.02)	0.13*** (0.02)	0.12*** (0.02)	0.03*** (0.01)
父（母）亲的职业	0.14*** (0.02)	0.13*** (0.02)	0.14*** (0.02)	0.12*** (0.02)	0.11*** (0.02)
中介变量		0.14*** (0.02)	-0.04* (0.02)	0.06** (0.02)	0.15*** (0.02)

注：括号内为标准误；* 表示 $p<0.05$，** 表示 $p<0.01$，*** 表示 $p<0.001$。

表 4.7 中介效应检验（被解释变量：父母参加家长会的意愿）

变量	模型 1（无中介变量）	模型 2（“父母对孩子的教育期望”做中介变量）	模型 3（“父母对‘教育孩子全是学校教师的责任’这一说法的同意程度”做中介变量）	模型 4（“父母害怕与教师交流的程度”做中介变量）	模型 5（“子女客观文化资源”做中介变量）
父母的受教育程度	0.30*** (0.04)	0.29*** (0.04)	0.30*** (0.04)	0.30*** (0.04)	0.23*** (0.05)
父（母）亲的职业	0.13** (0.04)	0.13** (0.04)	0.12** (0.04)	0.13** (0.04)	0.08 (0.05)
中介变量		0.11** (0.01)	-0.11*** (0.03)	0.07* (0.03)	0.41*** (0.05)

注：括号内为标准误；* 表示 $p<0.05$，** 表示 $p<0.01$，*** 表示 $p<0.001$。

① 温忠麟、叶宝娟（2014）指出，对以类别变量为因变量的模型进行中介效应分析时，应将各变量标准化。因此，本书在进行中介效应检验时，对各变量进行了标准化。这使得表 4.6 与表 4.7 中的模型 1 所得结果与表 4.2 中变量未标准化时的结果不同。

4.4 结论与讨论

本章基于全国抽样调查数据，研究了父母育儿参与的影响因素及作用机制。主要结论如下：①家庭社会经济地位和父母参与之间具有显著的正向关系，受教育程度较高的父母，其育儿参与倾向尤为明显；②在家庭社会经济地位影响家庭外部父母参与的过程中，家庭文化资本的中介效应较为明显。对此，我们从两个方面进行解释：

首先，父母的受教育程度（尤其是母亲的受教育程度）对父母参与的程度起到长久且至关重要的作用。① 中国家庭仍延续着“男主外，女主内”的传统，母亲会在照顾孩子上花费比父亲更多的时间（Parish 和 Whyte，1980；Davis 和 Harrell，1993）。而莱博维茨（Leibowitz，1974）发现，受教育年限较长的女性会因为认识到教养孩子的重要性，有意地投入更多时间在孩子的教养上。同时，高学历母亲投入到教养孩子上的时间质量会更高。因此，父母的受教育程度（尤其是母亲的受教育程度）既会影响父母参与的程度，也会影响父母参与儿童教育的能力。

其次，穷人文化理论在家庭社会经济地位影响父母参与的过程中不起中介作用的原因，可能是低阶层的父母虽然自身受教育程度不高，但仍对孩子抱有较高的教育期望，对教育的重视程度与其他阶层无异（王一涛，2008）。文化资本理论能够得到验证可能是因为家庭中或某一特定阶层的文化资本对这个家庭中或这个阶层中的个体的行为有着决定性且又长远的作用（布迪厄、华康德，1998）。虽然对“中国社会是否已形成固化且壁垒难以打破的阶层”这一问题仍存在争论，但李强（2004，2010）提出，中国已形成较为鲜明的文化分层。孙立平（2006）更是提出“断裂论”，认为中国阶层分化严重。因此，我们有理由相信，各阶层具有不同特点的行为方式与思维习惯，即所谓的“惯习”。拉鲁（Lareau，1987）通过对

① 本书虽然使用的是“父母二人中最高受教育年限”，但由于人们往往会选择受教育程度相近的伴侣（Becker，1973；李煜、陆新超，2008），因此两人中的较高学历也具有代表性。

两所分别由不同阶层父母组成的学校的教师、校长和家长进行访谈后发现，当中产阶层的文化成为社会的主流文化时，中产阶层的父母由于职业地位的优越感，更容易与同样处于中产阶层的教师沟通，且能与他们谈判并质疑教师的话语，这对于工人阶层或贫穷家庭的父母来说是难以想象的。同时，我们认为，在探讨这一问题的后续研究中，研究者们仍应注意理论的适用性问题。

贝克尔（Becker，1965）提出，家庭在面临资源约束时，对孩子人力资本投入的物质资源与时间资源的数量受到限制。家庭的资源数量越充足，能够投入儿童教育的物质与时间越多。因此，社会经济地位较高的家庭能对孩子的教育进行更多投入，以提升其学业表现及获得优质教育的机会。如《科尔曼报告》所言，影响孩子成绩的主要因素不是学校，而是家庭，家庭背景差异是教育不平等的主要根源。

低阶层家庭由于缺乏文化资本，与中产阶层教师相处时会感到紧张与不安，因此家校沟通频率较低。对于这一现象，学校可参考美国的“领先”（Head Start）项目，为低阶层家庭制定特别的父母参与策略，如规定其家庭阅读的书目与时间、定期与低阶层父母进行沟通等，使不知如何参与儿童教育的父母有法可循。教师在与低阶层父母相处时，也应多关注对方的言行及自身语气、态度，营造更轻松的相处氛围，从而使低阶层父母更愿意参与到孩子的学校教育当中。

参考文献

[1] 布迪厄，华康德．实践与反思：反思社会学导引［M］．李猛，李康，译．北京：中央编译出版社，1998.

[2] 仇立平，肖日葵．文化资本与社会地位获得——基于上海市的实证研究［J］．中国社会科学，2011（6）：121-135，223.

[3] 何瑞珠．家长参与子女的教育：文化资本与社会资本的阐释［J］．教育学报（香港），1998，26（2）：233-261.

[4] 拉鲁．不平等的童年［M］．张旭，译．北京：北京大学出版社，2010.

[5] 拉鲁．家庭优势：社会阶层与家长参与［M］．吴重涵，熊苏春，张俊，

译．南昌：江西教育出版社，2014.

［6］李强．中国社会分层结构的新变化［C］//李培林，等．中国社会分层．北京：社会科学文献出版社，2004：16-38.

［7］李强．当代中国社会分层：测量与分析［M］．北京：北京师范大学出版社，2010.

［8］李煜，陆新超．择偶配对的同质性与变迁——自致性与先赋性的匹配［J］．青年研究，2008（6）：27-33.

［9］陆学艺．当代中国社会阶层研究报告［M］．北京：社会科学文献出版社，2002.

［10］乔娜，张景焕，刘桂荣，等．家庭社会经济地位、父母参与对初中生学业成绩的影响：教师支持的调节作用［J］．心理发展与教育，2013（5）：507-514.

［11］孙立平．断裂：20世纪90年代以来中国社会的分层结构［C］//李友梅，孙立平，沈原．当代中国社会分层：理论与实证．北京：社会科学文献出版社，2006.

［12］王一涛．农村教育与农民的社会流动：基于英县的个案分析［M］．北京：社会科学文献出版社，2008.

［13］温忠麟，刘红云，侯杰泰．调节效应和中介效应分析［M］．北京：教育科学出版社，2012.

［14］温忠麟，叶宝娟．中介效应分析：方法和模型发展［J］．心理科学进展，2014（5）：731-745.

［15］赵延东，洪岩璧．社会资本与教育获得——网络资源与社会闭合的视角［J］．社会学研究，2012（5）：47-69，243-244.

［16］BAKER D P，STEVENSON D L. Mothers' strategies for children's school achievement：managing the transition to high school［J］. Sociology of Education，1986，59（3）：156-166.

［17］BECKER G S. A theory of marriage：part Ⅰ［J］. The Journal of Political Economy，1973，81（4）：813-846.

［18］BECKER G S. A theory of the allocation of time［J］. The Economic Journal，1965，75（299）：493-517.

［19］BORGONOVI F，MONTT G. Parental involvement in selected PISA countries and economies [R]. OECD Education Working Papers, 2012.

[20] CALARCO M C. Coached for the classroom: parents' cultural transmission and children's reproduction of educational inequality [J]. American Sociological Review, 2014, 79 (5): 1015-1037.

[21] CARBONARO W J. A little help from my friend's parents: intergenerational closure and educational outcomes [J]. Sociology of Education, 1998, 71 (4): 295-313.

[22] COLEMAN J S. Social capital in the creation of human capital [J]. American Journal of Sociology, 1988, 94: S95-S120.

[23] DAVIS D, HARRELL S. Chinese families in the Post-Mao Era [M]. California: University of California Press, 1993.

[24] EPSTEIN J L. Parent involvement: what research says to administrators [J]. Education and Urban Society, 1987, 19 (2): 119-136.

[25] EPSTEIN J L. School, family, and community partnerships: preparing educators and improving schools [M]. Boulder San Francisco and London: Westview Press, 2001.

[26] FASANG A E, MANGINO W, BRÜCKNER H. Social closure and educational attainment [J]. Sociological Forum, 2014, 29 (1): 137-164.

[27] GRIFFITH J. The relation of school structure and social environment to parent involvement in elementary schools [J]. The Elementary School Journal, 1998, 99 (1): 53-80.

[28] GURYAN J E, HURST, Kearney M. Parental education and parental time with children [J]. Journal of Economic Perspectives, 2008, 22 (3): 23-46.

[29] HO SUI-CHU, WILLMS J D. Effects of parental involvement on eighth-grade achievement [J]. Sociology of Education, 1996, 69 (2): 126-141.

[30] KIM S, FONG V L. How parents help children with homework in China: narratives across the life span [J]. Asia Pacific Education Review, 2013, 14 (4): 581-592.

[31] KONG P. "Old Man Moves a Mountain": rural parents' involvement in their children's schooling [D]. Doctor dissertation. Cambridge: Graduate School of Education, Harvard University, 2008.

[32] LAREAU A. Invisible inequality: social class and childrearing in black families and white families [J]. American Sociological Review, 2002, 67 (5): 747-776.

[33] LAREAU A. Social class differences in family-school relationships: the importance of cultural capital [J]. Sociology of Education, 1987, 60 (2): 73-85.

[34] LAWRANCE E. Poverty and the rate of time preference: evidence from panel data [J]. Journal of Political Economy, 1991, 99 (1): 54-77.

[35] LEIBOWITZ A. Home investments in children [J]. Journal of Political Economy, 1974, 82 (2): S111-S131.

[36] PARISH W L, WHYTE M K. Village and family in contemporary China [M]. Chicago: University of Chicago Press, 1980.

[37] STACER M J, PERRUCCI R. Parental involvement with children at school, home, and community [J]. Journal of Family and Economic Issues, 2013, 34 (3): 340-354.

第 5 章

农村家庭的父母参与、代际闭合与儿童学业表现

以布迪厄和科尔曼为代表的社会学家将社会资本理论引入教育领域后，众多学者基于该视角研究教育问题。国外学者详细研究了社会资本对儿童成绩、受教育年限、问题行为的影响（Parcel 等，2001，2010；Dufur 等，2013；Ragan 等，2014；Fasang 等，2014）。国内学者也将社会资本用于大学生就业问题的研究（陈成文、谭日辉，2004；赖德胜 等，2012）。但是，国内相关研究所涉及的社会资本大多是布迪厄提出的关系网络类型社会资本（Bourdieu，1988），很少有研究者讨论另一种社会资本——科尔曼的代际闭合类型社会资本——对个人教育的影响（Coleman，1988）。根据科尔曼的理论，家庭的代际闭合程度是一种社会资本形态，它包括父母在家庭内部与子女的交流及在家庭外部与教师和其他家长的联系。这种与育儿相关的陪伴或参与行为会影响儿童的学业表现。

自经济学家贝克尔提出家庭的时间分配理论以来，大量有关儿童教育获得的经验研究表明，父母的育儿投入既包括物质投入，也包括时间投入，二者共同影响子女的教育发展（Becker，1965；Leibowitz，1974）。从这个意义上说，社会学和经济学都强调父母在子女教育发展上投入的育儿时间——社会学家将其看作一种代际闭合类型的社会资本，而经济学家将其看作影响教育产出的时间投入要素。

近年来，大量农村劳动力向城市迁移，父母外出打工在换得更多的经

济收入的同时，也不得不放弃在家陪伴、照料子女。① 因此，农村家庭在育儿投入上普遍存在以经济资本（物质投入）代替社会资本（时间投入）的现象（Kong，2008）。那么，对农村儿童的教育发展来说，科尔曼及贝克尔等强调的育儿时间投入是否真的影响其教育发展？父母的这种育儿投入替代策略是否有效？本章在此背景下，以科尔曼的社会资本理论为基础，使用 2000 年甘肃基础教育调查第一轮数据，研究农村家庭的代际闭合（育儿时间投入）对儿童学业表现的影响。

5.1 文献回顾

5.1.1 社会资本与人力资本积累

科尔曼从社会资本的功能角度对其进行定义，认为社会资本是一种个人资源，具有生产性（Coleman，1990）。人力资本与社会资本的联系与区别如图 5.1 所示：A、B 分别代表两个人，人力资本存在于两点之中，连接两点的线即社会资本。A 的人力资本可通过连线（社会资本）促进 B 的人力资本。

图 5.1 人力资本与社会资本的联系与区别

5.1.2 代际闭合与子女教育发展

由父母、孩子及家庭外部的相关关系构成的社会网络闭合被科尔曼称作代际闭合（intergenerational closure）（Coleman，1988）。如图 5.2 所示，纵向线表示代间关系（relations across generations），即家庭内部社会资本，它反映父母在家中与孩子的陪伴、交流等时间投入和关注，具体包括父母的态度、期望、育儿努力程度等（Coleman，1987）；水平线表示代内关系

---

① 根据《2015 年全国教育事业发展统计公报》，截至 2015 年，全国义务教育阶段在校生中农村留守儿童达到 2019.24 万人。

(relations within a generation)，即家庭外部社会资本，它代表着父母与同代的成年人——如孩子同学的父母、社区内的邻居等的信息交换。也就是说，父母不仅可以通过自己的孩子来获取关于他们行为表现的信息，还可通过其他渠道（孩子同学或朋友的父母）来了解孩子的表现并规范其行为(Coleman，1990)。父母与学校教师间的联系——同样是一种代际闭合——也是如此，如图 5. 3 所示。

在科尔曼看来，这种与育儿相关的家庭内部或外部的联系——也就是所谓的“闭合”——构成了家庭的社会资本。父母在家庭内部与子女或家庭外部与其他相关者的交流越频繁、顺畅，就意味着代际闭合程度越强，家庭的社会资本越多，越能促进个人的人力资本积累及人与人之间的人力资本传递。

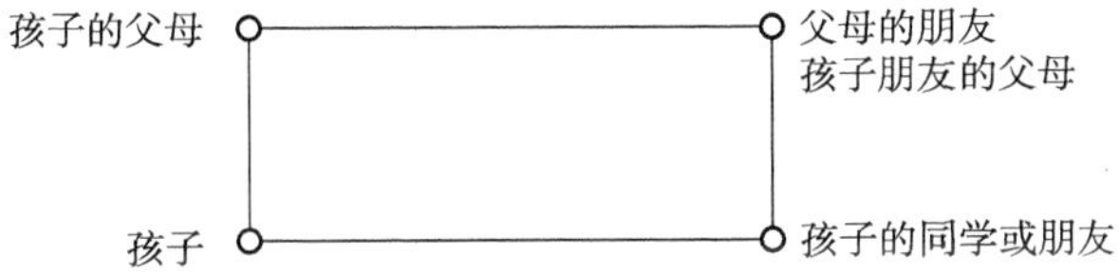

图 5. 2　父母、孩子及家庭外部相关关系构成的代际闭合

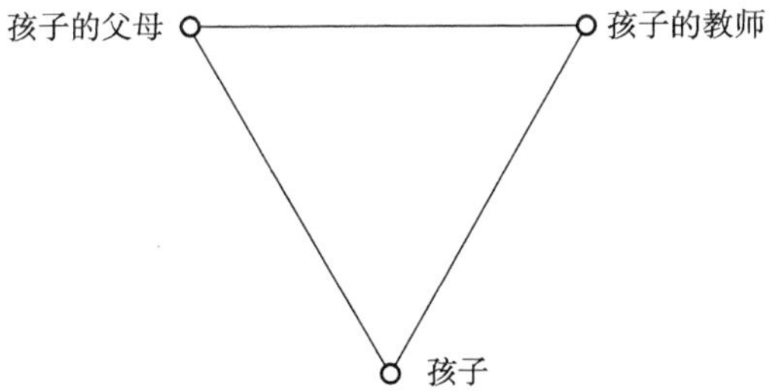

图 5. 3　父母、孩子与教师之间的代际闭合

5. 1. 3　实证研究结果

已有研究通常将前述的家庭内部社会资本操作化定义为父母辅导孩子功课、监督学习、与子女交流讨论等育儿时间投入行为，将家庭外部社会资本操作化定义为父母与孩子朋友或同学父母的熟识程度、父母与教师的交流、父母参加学校活动等（赵延东、洪岩璧，2012)。经验研究发现，

儿童学业表现与父母—孩子交流讨论、父母期望、父母监管、父母—学校互动及其他代际闭合形式呈正相关关系（McNeal，1999；Carbonaro，1998；Sun，1998；Pong，1998；Pribesh 和 Downey，1999）。例如，安雪慧发现，家庭社会资本能够通过影响儿童的教育期望、努力程度等因素影响儿童的学业成绩（安雪慧，2005）。李国强（2009）、乔娜等（2013）则发现，父母的教育期望越高、与学校教师的沟通越频繁，就越能够促进学生的学业成绩。但伊斯瑞尔等发现，父母检查儿童作业反而为其成绩带来负向影响（Israel 等，2001）。摩根和索伦森也发现，家庭外部社会资本对儿童数学成绩存在负向影响（Morgan 和 Sørensen，1999）。

5.2 数据与研究方法

5.2.1 研究假说

本章试图对家庭内、外部社会资本是否影响儿童学业成绩这一问题进行探究，并形成以下研究假说：

假说 1：家庭内部社会资本对儿童学业成绩有显著正向影响。

假说 2：家庭外部社会资本对儿童学业成绩有显著正向影响。

5.2.2 数据

本书使用“甘肃基础教育调查”（GSCF）数据。该数据是一个分层的追踪调查，用于研究农村儿童的教育、健康及社会心理发展等福利状况。本章使用 2000 年进行的第一轮调查数据。调查按照随机抽样原则，在甘肃省抽取 20 个县、100 个村的 2000 名 9～12 岁农村儿童，还对抽样儿童的母亲、户主、班主任老师、校长和村主任进行调查。调查样本量为 2000 名儿童，包括详细的儿童个人信息、家庭信息、儿童的标准化学业测试成绩等。

5.2.3 变量

（1）被解释变量

本章的被解释变量为学生的学业表现，包括数学测验成绩和语文测验成绩。在调查中，调查组会根据家庭编号对抽样儿童进行语文或数学测验，家庭编号为单数的儿童测试语文，家庭编号为双数的儿童测试数学。因此，本章在研究社会资本对学生学业成绩的影响时将总样本分为两组，一组为有语文成绩的学生样本，一组为有数学成绩的学生样本。由于各样本组的缺失值均不超过该组总样本量的5%，我们对缺失值进行了删除。

（2）解释变量

本章的核心解释变量是反映家庭代际闭合程度的社会资本。根据科尔曼的理论，此类社会资本分为家庭内部和家庭外部两类。其中，家庭内部社会资本通过父母在家内教养子女行为的频率来度量，具体包括以下四种行为：①过去一年中，父母平均每周辅导孩子做作业的时间；②过去一年中，父母平均每周与孩子聊天或陪孩子玩的时间；③父母平时询问孩子有关学校情况的频率；④父母上个月陪孩子读故事书的频率。家庭外部社会资本通过父母与老师、其他家长的交流及家校联系的频率来度量，具体包括以下五种行为：①家长是否经常和孩子朋友的父母谈论孩子；②父母本学年参加家长会的频率；③父母本学年向教师询问孩子情况的频率；④父母本学年到学校义务帮忙的频率；⑤父母本学年出席有孩子参加的学校活动（如文艺演出、运动会等）的频率。

（3）其他控制变量

我们还加入了家庭社会经济状况、家庭结构、父母期望等其他可能影响儿童教育发展的控制变量。具体包括年家庭日常人均支出①、父母的受教育程度②、家庭类型（分为单亲家庭和非单亲家庭）、同胞数量、父母对子女的教育期望（希望孩子完成什么程度的教育）、父母的工作类型（是否有一方是农民或均是农民）。考虑到父母的家校联系频率可能与子女在校表现有关，为了避免遗漏变量的偏误，我们还控制了“儿童在学校是否有违反学校纪律的行为”这一变量。变量的描述性统计及说明见表5.1。

① 考虑到所用数据的限制，我们仿照Tansel（1998）及Glick和Sahn（2000）的做法，用家庭人均支出的对数来衡量家庭经济水平。

② 用父母二人中较高的受教育年限来衡量。

表 5.1　变量的描述性统计及说明

变量	平均值	标准差	最小值	最大值	说明
语文成绩	32.52	21.50	0	100	定距，满分为 100 的语文测试分数
数学成绩	38.84	24.99	0	100	定距，满分为 100 的数学测试分数
父母每周辅导孩子做作业的时间	2.23	2.90	0	60	定距（小时）
父母每周与孩子交谈或玩的时间	4.30	4.17	0	50	定距（小时）
父母询问孩子有关学校情况的频率	2.35	0.59	1	3	定序，1 为“从不”，2 为“有时”，3 为“经常”
父母上个月陪孩子读故事书的频率	1.73	0.60	1	3	定序，1 为“从不”，2 为“有时”，3 为“经常”
父母本学年参加家长会的频率	1.81	0.68	1	3	定序，1 为“没有去过”，2 为“去过一两次”，3 为“经常”
父母本学年向教师询问孩子情况的频率	2.02	0.71	1	3	定序，1 为“没有去过”，2 为“去过一两次”，3 为“经常”
父母是否经常与孩子朋友的父母谈论孩子	0.56	0.50	0	1	虚拟，1 为“是”，0 为“否”
父母本学年到学校义务帮忙的频率	1.54	0.63	1	3	定序，1 为“没有去过”，2 为“去过一两次”，3 为“经常”
父母本学年出席有孩子参加的学校活动（如文艺演出、运动会等）的频率	1.82	0.70	1	3	定序，1 为“没有去过”，2 为“去过一两次”，3 为“经常”
最近一年家庭年人均支出对数	6.75	0.76	2.71	10.18	定距
父母二人中的较高受教育年限	7.13	4.05	0	16	定距，0 为“没有受过教育”，6 为“小学文化”，9 为“初中文化”，12 为“高中或中专文化”，15 为“大专文化”，16 为“大学文化”
家庭类型	0.02	0.13	0	1	虚拟，0 为“非单亲家庭”，1 为“单亲家庭”
同胞数量	1.32	0.72	0	5	定距

续表

变量	平均值	标准差	最小值	最大值	说明
父母对子女的教育期望	3.57	0.70	1	4	定序，1为“小学毕业”，2为“初中毕业”，3为“高中毕业”，4为“大学及以上”
父母一方是农民	0.22	0.41	0	1	虚拟，1为“父母中有一方是农民”，0为“父母均不是农民”
父母双方均是农民	0.77	0.42	0	1	虚拟，1为“父母双方均是农民”，0为“父母均不是农民”
孩子是否有不良行为	0.51	0.50	0	1	虚拟，1为“有不良行为（旷课、不完成作业或违反学校纪律）”，0为“没有”

5.2.4 方法与模型

根据被解释变量的特征，我们使用普通最小二乘法进行估计。基本回归模型如下：

$$A=\beta_0+\beta_1 SC_1+\beta_2 SC_2+\sum \alpha_i X_i+\mu$$

其中，A 指学生学业成绩，SC_1 指家庭内部社会资本的相关变量，SC_2 指家庭外部社会资本的相关变量，X_i 为其他控制变量，μ 为误差项。

5.3 基本回归结果

社会资本对儿童语文及数学成绩的影响见表5.2和表5.3。模型1首先考察除家庭社会资本以外的其他家庭社会经济变量等因素对儿童教育发展的影响。结果表明，家庭经济资本、父母的受教育程度、父母对子女的教育期望均对子女标准化测试成绩有显著正效应，其中经济资本的影响更为明显。子女在校的不良行为对其成绩有显著的负效应。家庭结构、父母的职业及同胞数量的影响不显著或者不够稳健。

模型2和模型3在此基础上分别引入家庭内部社会资本和家庭外部社会资本，考察这两类社会资本各自的影响。模型4引入全部变量。结果表明，无论是父母在家庭内部与子女的交流和沟通，还是父母在家庭外部与老师或其他家长的交流，对成绩均无显著影响。基于这样的结果，本章的研究假说未得到证实。

表 5.2　社会资本对儿童语文成绩的影响

变量	模型 1	模型 2	模型 3	模型 4
辅导孩子做作业的时间		0.319 (0.215)		0.285 (0.217)
与孩子交谈或玩的时间		-0.217 (0.161)		-0.216 (0.163)
询问孩子有关学校情况的频率		0.513 (1.168)		0.438 (1.209)
陪孩子读故事书的频率		1.295 (1.151)		0.886 (1.210)
参加家长会的频率			-0.277 (1.138)	-0.455 (1.143)
向教师询问孩子情况的频率			0.679 (1.071)	0.365 (1.109)
是否经常与孩子朋友的父母谈论孩子			1.166 (1.418)	1.029 (1.428)
到学校义务帮忙的频率			-0.073 (1.127)	-0.156 (1.132)
出席有孩子参加的学校活动的频率			1.704 (1.087)	1.568 (1.103)
家庭年人均支出对数	2.949*** (0.893)	2.874*** (0.901)	2.756*** (0.914)	2.748*** (0.920)
父母的受教育程度	0.810*** (0.174)	0.733*** (0.179)	0.719*** (0.179)	0.673*** (0.182)
单亲家庭	6.359 (7.137)	6.560 (7.142)	6.380 (7.151)	6.520 (7.162)
同胞数量	-0.597 (0.937)	-0.311 (0.945)	-0.497 (0.944)	-0.271 (0.952)
父母的教育期望	2.757*** (0.963)	2.692*** (0.965)	2.495** (0.976)	2.495** (0.978)
父母一方是农民	1.034 (5.987)	0.606 (6.020)	0.884 (5.995)	0.462 (6.034)
父母双方都是农民	4.306 (5.858)	3.969 (5.891)	4.346 (5.866)	3.994 (5.905)

续表

变量	模型 1	模型 2	模型 3	模型 4
孩子有不良行为	-2.325* (1.338)	-2.245* (1.341)	-2.335* (1.345)	-2.285* (1.349)
R^2	0.06	0.06	0.06	0.06
N	986	985	980	979

注：括号内为标准误；* 表示 $p<0.1$，** 表示 $p<0.05$，*** 表示 $p<0.01$；常数项结果略。

表 5.3　社会资本对儿童数学成绩的影响

变量	模型 1	模型 2	模型 3	模型 4
辅导孩子做作业的时间		0.030 (0.323)		0.029 (0.326)
与孩子交谈或玩的时间		0.166 (0.202)		0.180 (0.205)
询问孩子有关学校情况的频率		-0.862 (1.415)		-0.965 (1.446)
陪孩子读故事书的频率		-0.343 (1.427)		-0.508 (1.509)
参加家长会的频率			1.001 (1.364)	1.093 (1.374)
向教师询问孩子情况的频率			0.510 (1.310)	0.711 (1.332)
是否经常与孩子朋友的父母谈论孩子			-0.524 (1.664)	-0.397 (1.673)
到学校义务帮忙的频率			-1.397 (1.361)	-1.260 (1.373)
出席有孩子参加的学校活动的频率			-0.761 (1.311)	-0.733 (1.322)
家庭年人均支出对数	2.121* (1.167)	2.149* (1.180)	1.956 (1.198)	1.984 (1.208)
父母的受教育程度	0.569*** (0.206)	0.572*** (0.212)	0.564*** (0.212)	0.559** (0.217)
单亲家庭	4.855 (14.383)	3.922 (14.442)	4.500 (14.473)	3.740 (14.516)
同胞数量	-2.068* (1.135)	-2.089* (1.139)	-1.882 (1.158)	-1.886 (1.161)
父母的教育期望	2.801** (1.182)	2.873** (1.189)	2.736** (1.196)	2.805** (1.202)

续表

变量	模型 1	模型 2	模型 3	模型 4
父母一方是农民	1.225 (6.140)	1.105 (6.157)	1.039 (6.180)	1.013 (6.195)
父母双方都是农民	4.966 (5.982)	4.951 (5.993)	4.790 (6.026)	4.901 (6.039)
孩子有不良行为	-4.124** (1.610)	-4.128** (1.614)	-4.090** (1.624)	-4.070** (1.627)
R^2	0.04	0.04	0.04	0.04
N	933	933	930	930

注：括号内为标准误；* 表示 $p<0.1$，** 表示 $p<0.05$，*** 表示 $p<0.01$；常数项结果略。

5.4 稳健性检验

由于我们的估计结果与经典理论相悖，因此在对结果进行解释和讨论之前，有必要对基本模型的结果进行稳健性检验，确保前述结果不是变量度量方法、样本奇异值等因素所致的偏差。具体而言，我们采取了以下五种稳健性检验方法。①

5.4.1 指标替换

根据问卷的信息，本章将“父母辅导孩子做作业的时间”“父母与孩子交谈或玩的时间”这两个变量替换为“父母辅导孩子做作业的频率”“父母与孩子交谈或玩的频率”。问卷中这两题的选项为“从不”“有时”“经常”。

结果显示，父母与孩子交谈或玩的频率对孩子的语文成绩有显著正向影响，这可能是因为经常与父母交谈使孩子的语言能力和思维发展得更快，因此提升了他们的语文成绩（拉鲁，2010）。但是，父母辅导孩子做作业的频率对儿童的数学成绩有显著负向影响，这与若干已有研究的发现类似（赵延东、洪岩壁，2012；Israel，2001）。爱普斯坦认为，这可能是

① 为节省篇幅，正文未列出稳健性检验的结果。

由于父母辅导作业会减弱孩子的能力，或者是因为成绩差的孩子更加需要父母的管教与约束（Epstein，2001）。由于以上两个因素的影响取决于度量指标，我们认为父母与孩子进行交谈或进行直接辅导的影响并不稳健。

5.4.2 删除奇异值

表5.1中，“父母每周辅导孩子做作业的时间”和“父母每周与孩子交谈或玩的时间”这两个变量的最大值分别为60小时/周和50小时/周，远高于均值。为了消除可能存在的奇异值对估计结果的影响，我们在将这两个变量的奇异值删除之后进行了回归①，所得结果与基本结果类似。

5.4.3 区分不同类型的父母时间投入

在本章所讨论的若干种父母育儿行为当中，有些属于父母的主动性行为（如父母与孩子交谈或玩耍、询问孩子有关学校的情况、陪孩子读故事书、向教师询问孩子情况、到学校义务帮忙、出席有孩子参加的学校活动），有些则有可能是因为子女的教育表现不佳而不得不进行的被动行为（如父母辅导孩子作业、参加家长会、与其他父母谈论孩子）。我们进一步将这些父母育儿行为区分为主动和被动两类，重新引入模型进行检验，回归结果与基本结果相似：无论是父母的主动育儿行为还是被动育儿行为，均不显著影响子女的学业表现。

5.4.4 通过综合指标度量社会资本

在前面的回归模型中，我们分别使用了四种和五种行为度量与父母育儿相关的家庭内、外部社会资本。为了避免这些行为之间的相关性对回归结果产生影响，我们进一步使用因子分析法，将家庭内部社会资本与外部社会资本通过两个综合性的指标进行度量。引入综合社会资本变量的回归结果与基本结果相似。

5.4.5 子样本拆分

为了验证家庭社会资本是否会随着家庭经济状况的改变对学生的学业

---

① 判定奇异值的上界是Q3+1.5×（Q3-Q1），下界是Q1-1.5×（Q3-Q1）。其中，Q3为第三个四分位数，Q1为第一个四分位数。

成绩产生不同的影响，我们根据“家庭年人均支出对数”的均值大小，将样本划分为“经济优势家庭”和“经济劣势家庭”①，分别进行了子样本估计。

子样本回归结果表明，某些社会资本因素对学业表现的影响取决于家庭经济状况及测试科目。就语文成绩而言，在经济劣势家庭中，所有家庭社会资本因素均无显著影响。但是在经济优势家庭中，父母陪孩子阅读的频率有显著的正效应。这可能是由于经济条件较好的家庭能够为孩子购买更多阅读材料，并对其进行课外知识的扩充，提高了孩子的语言能力及理解能力，使其语文成绩有所提高（拉鲁，2010）。就数学成绩而言，在经济劣势家庭中，父母与孩子交流的时间有显著的正向影响，但是在经济优势家庭中，所有家庭社会资本因素均不起作用。基于这样的结果，我们认为，社会资本因家庭经济资本差异而发挥的异质性影响不够稳健。

5.5 结论与讨论

本章发现，家庭内部与家庭外部的社会资本对儿童学业表现并无稳健的显著影响，这与经典理论的预测不符。尽管我们并不认为本章结果足以反驳已有的理论，但是在运用源自发达国家的理论进行中国问题的研究时务必谨慎。我们从以下三个方面来解释前述看似相悖的结果：

首先，社会资本对儿童教育发展的作用与社会发展阶段有关。科尔曼提出，根据一个国家的经济发展水平和社会结构，可以将社会发展分为三个阶段：第一阶段为“儿童劳动力使用”阶段，社会主要由村落构成，以种植业、畜牧业为主。处于这一阶段的家庭大多重视儿童的劳动生产力而非教育。同时，教育资源短缺，有形教育资源如书本、教师、教室等严重不足，教育资源普遍分配不平等。社会发展到第二阶段时，儿童开始作为家庭的投资对象。这一阶段的社会是后农业、城市化的，以手工制造业为

① “经济优势家庭”为家庭年人均支出对数值大于或等于平均值的家庭，“经济劣势家庭”则相反。

主。此时，家庭开始投资孩子的人力资本，以期提升家庭的经济状况和社会地位。进入第三阶段的社会已经是先进的工业社会，时间成为稀缺资源。此时，学生的学习动机、家庭对儿童投入的时间及精力对学业成绩的影响变得重要（Coleman，1990）。

我国西部农村正处于第一阶段向第二阶段过渡的时期，大多数家庭经济资本匮乏，有形教育资源稀缺，但父母对儿童普遍有较高的教育期望并愿意投资孩子的人力资本以获得较高的社会地位（王一涛，2008）。虽然国家推出了义务教育阶段“一费制”“两免一补”等政策措施，但是出于经济原因而无法负担学费以致孩子辍学的贫困家庭仍不在少数，在读的孩子也难以获得充足的教育资源和良好的教育环境。同时，由于经济条件限制，儿童营养摄入不足，对学习活动造成了不利的影响。此时，家庭经济资本对儿童学业表现的影响更为显著。比如，孔佩吉在搜集本章所用数据时对甘肃农村父母进行访谈后发现，虽然农村父母认识到教育对孩子的重要性，但他们仍然认为孩子的教育是学校的责任，父母只能在家中提供经济上的支持。因此，农村父母会延长自己的工作时间、同时做多份工作或去大城市打工以提升经济资本，让孩子能够获得更好的教育资源（Kong，2008）。这一点在本章的回归结果中也有所体现——在影响儿童学业表现的诸多因素中，家庭经济状况的促进作用最为明显且稳健。

其次，农村家庭的社会闭合程度不起作用可能与父母运用社会资本的能力有关。由于受教育程度的限制，农村父母不知如何恰当地与孩子交流，并缺乏为孩子教育提供帮助的能力（袁桂林 等，2004）。中国西部农村的父母和拉鲁所研究的美国劳工阶层父母一样，由于职业地位较低，他们没有自信与教师平等交流、监督或对教师的行为提出质疑（拉鲁，2010）。本章的稳健性回归结果也在某种程度上表明，家庭经济状况等社会经济地位指标会影响社会资本的作用。

最后，反映父母育儿投入的社会资本可能并未在问卷中被有效度量。换言之，不是科尔曼提出的社会闭合不起作用，而是本章使用的数据没有准确把握中国农村场景下的父母育儿参与。本章分别使用了四种和五种行为度量父母在家庭内部和家庭外部的社会闭合程度，但是需要注意的是，这些源自西方学术界的操作化定义可能并没有考虑中国农村的实际情况。例如，谢爱磊发现，西部农村父母用于了解孩子学习状况的社会网络大多由亲戚或朋友组成，他们更乐于向在学校工作的亲戚、朋友或邻居了解孩子的信息，但很少与教师当面交谈或刻意结识孩子同学的父母（Xie，2010）。因此，基于本章问卷所度量的农村家庭代际闭合程度较低，并不意味着父母不重视通过其他渠道了解子女的情况。又如，白威廉和怀默霆对中国农村的家庭内部关系进行研究后发现，农村父母在孩子断奶后便对孩子关注较少，大部分交流时间用于家长式的规范儿童行为，而非朋友式的交谈、玩耍。规范孩子的方式仍以打骂等体罚为主。同时，中国农村父母很少参与儿童的教育，并且很少与学校联系，与教师交流的机会仅限于家长会和教师匆匆的家访，更没有“到学校做志愿者”这一类行为的发生（Parish 和 Whyte，1987）。因此，在深受中国传统父权制家庭文化影响的西部农村家庭，父母在子女教育上更多地表现为“棍棒底下出孝子”、被动或含蓄的交流，而非主动、开放、平等的沟通。

我们无意通过一项研究就轻易否定或支持已有的理论，但是基于本章的结果和上述讨论，我们期待更多的后续研究深入探讨这一问题，并注意“当把根据某个地方的事实抽象出来的理论用于解释其他地方的实践时，要警惕理论的适用性”①。

参考文献

[1] 安雪慧. 教育期望、社会资本与贫困地区教育发展 [J]. 教育与经济，2005 (4): 31-35.

[2] 陈成文，谭日辉. 社会资本与大学生就业关系研究 [J]. 高等教育研究，2004 (4): 29-32.

[3] 拉鲁. 不平等的童年 [M]. 张旭，译. 北京：北京大学出版社，2010.

[4] 赖德胜，孟大虎，苏丽锋. 替代还是互补——大学生就业中的人力资本和

① 王一涛. 农村教育与农民的社会流动：基于英县的个案分析 [M]. 北京：社会科学文献出版社，2008.

社会资本联合作用机制研究［J］. 北京大学教育评论，2012（1）：13-31，187-188.

［5］李国强. 家庭社会资本：家校合作的重要影响因素［J］. 中国教育学刊，2009（11）：21-24.

［6］乔娜，张景焕，刘桂荣，等. 家庭社会经济地位、父母参与对初中生学业成绩的影响：教师支持的调节作用［J］. 心理发展与教育，2013（5）：507-514.

［7］王一涛. 农村教育与农民的社会流动：基于英县的个案分析［M］. 北京：社会科学文献出版社，2008.

［8］袁桂林，洪俊，李伯玲，等. 农村初中辍学现状调查及控制辍学对策思考［J］. 中国教育学刊，2004（2）：1-5.

［9］赵延东，洪岩璧. 社会资本与教育获得——网络资源与社会闭合的视角［J］. 社会学研究，2012（5）：47-69，243-244.

［10］BECKER G S. A theory of the allocation of time［J］. Economic Journal, 1965，75（299）：493-517.

［11］BOURDIEU P. The forms of capital［C］//RICHARDSON J. Handbook of theory and research for the sociology of education. New York：Greenwood，1986：241-258.

［12］CARBONARO W J. A little help from my friend's parents：intergenerational closure and educational outcomes［J］. Sociology of Education，1998，71（4）：295-313.

［13］COLEMAN J S. Equality and achievement in education［M］. Boulder San Francisco and London：Westview Press，1990.

［14］COLEMAN J S. Social capital in the creation of human capital［J］. American Journal of Sociology，1998，94：S95-S120.

［15］COLEMAN J S，HOFFER T. Public and private high schools：the impact of communities［M］. New York：Basic Books，1987.

［16］DUFUR M J，PARCEL T L，TROUTMAN K P. Does capital at home matter more than capital at school? Social capital effects on academic achievement［J］. Research in Social Stratification and Mobility，2013，31（1）：1-21.

［17］EPSTEIN J L. School，family，and community partnerships：preparing educators and improving schools［M］. Boulder San Francisco and London：Westview Press，2001.

［18］FASANG A E，MANGINO W，BRÜCKNER H. Social closure and educational attainment［J］. Sociological Forum，2014，29（1）：137-164.

[19] GLICK P, SAHN D E. Schooling of girls and boys in a West African country: the effects of parental education, income, and household structure [J]. Economics of Education Review, 2000, 19 (1): 63-87.

[20] ISRAEL G D, BEAULIEU L J, HARTLESS G. The influence of family and community social capital on educational achievement [J]. Rural Sociology, 2001, 66 (1): 43-68.

[21] KONG P. Old man moves a mountain: rural parents' involvement in their children's schooling [D]. Boston: Graduate School of Education, Harvard University, 2008.

[22] LEIBOWITZ A. Home investments in children [J]. Journal of Political Economy, 1974, 82 (2): S111-S131.

[23] MCNEAL R B. Parental involvement as social capital: differential effectiveness on science achievement, truancy, and dropping out [J]. Social Forces, 1999, 78 (1): 117-144.

[24] MORGAN S L, SØRENSEN A B. Parental networks, social closure, and mathematics learning: a test of Coleman's social capital explanation of school effects [J]. American Sociological Review, 1999, 64 (5): 661-681.

[25] PARCEL T L, DUFUR M J, ZITO R C. Capital at home and at school: a review and synthesis [J]. Journal of Marriage and Family, 2010, 72 (4): 828-846.

[26] PARCEL T L, DUFUR M J. Capital at home and at school: effects on child social adjustment [J]. Journal of Marriage and Family, 2001, 63 (1): 32-47.

[27] PARISH W L, WHYTE M K. Village and family in contemporary China [M]. Chicago: University of Chicago Press, 1978.

[28] PONG S L. The school compositional effect of single parenthood on 10th-grade achievement [J]. Sociology of Education, 1998, 71 (1): 23-42.

[29] PRIBESH S, DOWNEY D B. Why are residential and school moves associated with poor school performance? [J]. Demography, 1999, 36 (4): 521-534.

[30] RAGAN D T, OSGOOD D W, FEINBERG M E. Friends as a bridge to parental influence: implications for adolescent alcohol use [J]. Social Forces, 2014, 92 (3): 1061-1085.

[31] SUN Y. The Academic Success of East Asian-American students: an investment model [J]. Social Science Research, 1998, 27 (4): 432-456.

[32] SUN Y. The contextual effects of community social capital on academic performance [J]. Social Science Research, 1999, 28 (4): 403-426.

[33] TANSEL A. Determinants of school attainment of boys and girls in Turkey: individual, household and community factors [J]. Economics of Education Review, 2002, 21 (5): 455-470.

[34] XIE A. Guanxi resources and the intergenerational transmission of advantages in college access [J]. China Rural Studies, 2010, 13: 272-297.

第 6 章
教育中的社区效应和同伴效应：方法、证据及政策启示

自 1966 年《科尔曼报告》（*Coleman Report*）发布以后，教育学、经济学、社会学共同关注一个问题：究竟是哪些因素在影响学生的教育生产过程，从而决定其教育获得及教育成就。一般来说，影响学生教育生产的因素主要包括四类：一是学生个人的特征；二是来自家庭的影响；三是所在学校的资源、师资、管理文化等的作用；四是学生的同伴和居住社区环境的影响。

随着微观数据的日益丰富及研究方法的不断完善，国外学术界从不同视角对教育生产过程中的社区效应（neighborhood effects）和同伴效应（peer effects）进行了大量研究，如社会化理论（socialization）、社会互动视角（social interaction）、教育生产函数理论（educational production function）等。然而，国内学术界对这一重要的理论前沿问题却关注不够。事实上，对社区效应和同伴效应的研究不仅具有重要的理论意义，也对制定促进社会融合、优化教育资源配置、缓解贫困代际循环等公共政策具有重要启示。例如，理解并识别教育过程中的社区效应和同伴效应是否存在及这种效应究竟有多大，可以更好地了解教育生产过程。对应的具体政策问题就是，相对于提高教师质量、增加学校资源投入等措施，改善社区环境或改变同伴群体构成是否能更好地促进学生教育发展。又如，研究此类问题可以让我们更好地了解青少年在社区和学校生活中与同伴的互动是否会产生更大的“社会乘数效应”（social multipliers）（Sacerdote，2011）。所谓“社会乘数效应”，是指如果存在人际互动，针对少部分人的公共政策也会因

为这种互动而放大，因此社会乘数效应可以扩大公共政策的有效性（陆铭、张爽，2007）。举例来说，城市流动人口子女因为父母忙于打工赚钱，在课后的家庭教育相对缺失，这可能不利于他们的教育发展。如果公共政策是针对某个学校部分打工子弟提供课外阅读活动，那么政策干预首先会影响被干预学生的学业表现。如果存在同伴效应（即人际互动），又会进一步影响到其他没有接受政策干预的学生的学业表现。这就是小范围的公共政策因社会乘数效应而被放大。

由于社区效应和同伴效应的理论和政策价值，本章综述了该领域的相关研究进展，以期为我国的相关学术研究和政策制定提供借鉴。本章重点介绍以下三方面内容：首先，社区环境及同伴群体是如何影响个人的教育获得和教育成就的？其次，如何在经验研究中识别社区效应和同伴效应，相关的证据是否支持社区效应和同伴效应的存在？最后，此类研究对公共政策的制定有何启示？

从家庭行为的视角来看，首先，居住社区环境及交往的同伴群体在某种程度上是家庭自我选择的结果，因此在经验研究上同样面临着如何排除自选择干扰的挑战；其次，两者都强调个体所在环境的群体成员（居住社区居民/学校和班级同学）对个体的影响，因此都可以从社会互动的视角来理解；最后，在就近入学政策下，教育市场与住房市场是互动的，居住社区环境间接影响儿童的同伴群体构成。因此，本章将社区效应和同伴效应放在一起讨论。

6.1　社区和同伴对教育生产的影响机制

6.1.1　社区环境、同伴群体与教育生产过程的投入

从教育生产函数的角度来看，个人成长和居住的社区环境及日常交往的同伴群体关系到教育生产过程中的投入数量和质量，从而直接影响教育生产（Vigdor 和 Ludwig，2010）。

首先，社区的富裕程度及学校同伴构成直接关系到学校财政资源投

入。在美国，长期以来，包括中小学在内的基础教育财政主要是由地方学区政府承担的，而地方学区用于基础教育的经费主要来自地方财产税（property tax）。如果身处平均房产价值较高的富裕社区，征收的财产税就较多，学区投到学校的经费也会相应增加。公立学校经费主要依赖地方财产税收入，导致贫富学区之间的生均教育投入差异较大。尽管为了教育公平起见，过去30多年来，美国的基础教育财政减少了中小学经费依赖地方财产税的程度，转而提高州政府的投入比例，但是社区环境与学校资源投入之间的联系始终存在（Vigdor和Ludwig，2010；Hoxby，1996）。此外，学校同伴来自社会经济地位较高家庭的比例越高，则家庭给学校的捐赠越多。

其次，个人所在的社区往往和学校之间存在各种财政资源之外的支持和互动。比如，社区的图书馆、书店、文化和体育活动设施可以与学校教学活动共享，社区的工厂可以为职业教育提供实践基地等。因此，所在社区越富裕，或者文化氛围越好，对学校教育的正面影响越大。

最后，社区通过影响学校中的同伴群体构成而间接影响教育生产（Vigdor和Ludwig，2010）。无论是居住的社区还是学校生活中交往的同伴，在很大程度上都和家庭的自我选择相关。在人口可以自由流动的美国，家庭出于各种主观或客观原因选择居住区并不鲜见。在中国，古有“孟母三迁”这种为了获得更好的教育环境而主动选择居住区的例子，今有“通过买房而择校”的现实（冯皓、陆铭，2010）。当学校的招生入学政策和居住地相关的时候——如采取“就近入学”政策，个人在学校生活中的同伴圈子就不可避免地和所在社区产生了关联。

从这一意义上来看，居住社区和同伴群体都是家庭主动选择的结果。那么，家庭基于哪些因素会选择在某一类型的社区居住并进而形成个人交往的同伴圈子呢？在下面的讨论中我们可以看到，这种自我选择过程是社会互动的一种体现。

6.1.2 社会互动视角下的社区效应与同伴效应

个人成长和居住的社区及日常交往的同伴群体除了影响教育生产过程

中的资源投入以外，还因为人和人之间广泛存在的“社会互动”（social interaction）机制产生影响。有关社会互动①的研究是社会学、经济学和心理学的一个交叉前沿领域，涉及很多技术细节，在此只是简单地介绍几个重要的基本概念。

在人际交往过程中，特别是学校教育过程中，存在两种普遍且重要的影响人际互动的方式：群分效应（sorting）和同伴效应。由于在偏好、品位及身份认同上的差异，人们倾向于与和自己拥有相近背景的人密切交往。在可以自由选择居住地的前提下（如中国城市地区在住房商品化之后），均衡的结果将是家庭通过“用脚投票”的方式决定一个与自己偏好最相符的居住社区。在这个社区内部，拥有相似特征如社会经济地位的群体聚集在一起，但是与社区外部拥有不同特征的人群则相对隔离。这种居住空间上的分割就是“群分效应”，也即产生一个内部开放但是对外封闭的“圈子”，通俗地说，就是“物以类聚、人以群分”（陆铭、张爽，2007）。在美国，各个族裔的人往往是相对聚居的；在中国，同一社区的居民往往在职业、受教育程度、社会地位上具有某种相似性。例如，在北京等大城市，城郊接合部有进城务工人员按照籍贯划分聚居的“浙江村”“河南村”，以“北漂”奋斗青年为主要居住人群的“蚁族聚居区”。在城市内部，则有众多精英人士聚居的“高尚社区”。不论是在社区的日常生活中，还是在学校的教学活动中，每个人都处在一个个相对封闭的“圈子”里。圈子内部频繁的人际互动又会产生相互影响，即“同伴效应”（peer effects）。这种影响借用中国古话来表述就是“近朱者赤，近墨者黑”（陆铭、张爽，2007）。简单地说，“群分效应”是指基于相似的偏好或特征自由选择交往群体的过程；而“同伴效应”则是指在交往群体内部，群体成员之间的相互影响。

由于基础教育通常由地方政府提供，并且受益范围局限在某个辖区或

① “社会互动”也称“非市场互动”，是指不直接通过市场的价格机制形成的人与人之间的相互影响（陆铭、张爽，2007：93）。有关该主题的中文文献综述可以参考：陆铭，张爽．人以群分：非市场互动和群分效应的文献综述［J］．经济学（季刊），2007（3）：991-1020；英文文献综述可以参考：MANSKI C F. Economic analysis of social interactions［J］. Journal of Economic Perspectives，2000，14（3）：115-136.

社区之内，因此居住空间上的分割会扩散到学校交往同伴上的分割。或者说，居住社区内的群分效应会进一步扩散到学校生活之中，导致来自不同社区的儿童在学校生活中受到不同类型同伴的人际互动影响。比如，在贫困社区成长的儿童，在学校当中交往的同伴往往也来自社会经济地位较低的家庭。无论在社区生活还是学校交往中，这些儿童都很少接触到受过良好教育并取得成功的人士，相反，他们能接触到不少受教育程度不高但“混得不错”的同伴。这种交往环境通过学校生活的社会化过程，将影响他们对教育价值的预期，从而影响最终的社会经济结果（Vigdor 和 Ludwig，2010）。在中国义务教育阶段的“就近入学”政策下，个人在学校中交往的同伴往往来自同一居住社区，因此这些同伴和自己的家庭具有很多特质上的共同点。

6.2 社区效应与同伴效应的检验

尽管社区环境以及同伴显而易见地“应该”对个人产生影响，但是用经验研究去验证这种效应是否存在以及有多大，却存在很大的困难。这里重点介绍此类研究在识别策略上的进展，同时介绍相应的经验证据。

6.2.1 识别策略

（1）自我选择偏误及解决策略

日常经验观察告诉我们，青少年成长的社区环境对其教育获得及未来一系列社会经济结果都“应该”产生重要的影响。比如，来自贫困社区或者流动人口聚居区的儿童进入的学校质量通常较低，家庭教育环境欠佳，辍学率较高，升入大学的可能较低等。社会学家怀特（2011）对美国波士顿一个意大利贫民区的定性研究深刻地揭示了社区环境与个人行为之间的互动关系。但是，正如前文所述，居住社区是一种自我选择过程。家庭之所以选择居住在这个社区而不是另一个社区，可能是因为一些无法观测的因素所驱使的。换言之，在不同社区成长的个人在社会经济结果上存在差异，这既可能是不同的社区环境所致，也可能是因为选择居住在不同社区的个人本身就来自不同的家庭——而这种家庭背景往往难以观测或度量。

与此同时，我们经常能观察到这样一种现象：一个学生日常交往的同伴群体的平均成绩越高，这个学生自己的成绩往往也比较高。这是否就意味着教育生产过程中存在着同伴效应呢？尽管同伴之间存在着不可避免的互相影响，但是这一事实本身并不能证明这种因果关系。对该事实的另一种可能的解释是，由于某些观测不到的因素导致个体选择了目前这样一个同伴圈子，如群体成员同样具有较强的学习动机等。而这些观测不到的因素恰恰又影响个人的成绩等结果变量。所以，我们看到的这一现象也许并不是“近朱者赤，近墨者黑”，而是“物以类聚，人以群分”的结果。

在估计社区效应和同伴效应时，第一个重要挑战就是：如何排除那些无法观测但同时影响社区/同伴选择以及个人社会经济结果的因素的干扰？用计量经济学术语来说，经验研究存在着自我选择偏误（self selection bias）（陆铭、张爽，2007），或者说“内生同伴形成问题”（endogenous group formation）。

为了克服自我选择偏误，研究者常用的策略是寻找一个影响居住社区选址/同伴圈子形成（或改变）的外生事件。这种形成或改变机制是外生的，不受所研究的个体及其他同伴控制，从而有效地排除了自我选择机制的干扰。

在研究社区效应时，研究者经常基于“准实验”（quasi-experiment）的设计思想，用一个外生的居住社区变化来研究（Vigdor 和 Ludwig，2010）。此类研究最常用的一个准实验来自美国的“搬向机遇”（Moving to Opportunity，MTO）住房项目。该项目由美国住房和城市发展部于 1994 年开始在巴尔的摩、波士顿、芝加哥、洛杉矶和纽约五个城市实施。原本居住在贫困社区公共住房并自愿参与项目的家庭通过随机抽签的方式被分成三组：第一组是“有条件搬迁组”（实验组），该组家庭获得住房券补助以后可以自愿搬迁，但是只能搬迁到一个贫困率低于 10%的富裕社区；第二组是“无条件搬迁组”（Scction 8 group），该组家庭获得住房券补助以后可以自愿搬迁到任何一个社区；第三组是控制组，该组没有获得住房券补助，但是仍然可以租住公共住房。通过比较这三组家庭在干预项目实施若干年之后的社会经济表现，可以在一定程度上减少自我选择居住社区的偏误（Kling 等，2005）。

在研究同伴效应时，常用的可以形成或改变同伴圈子的外生事件包括以下五类：

第一类，在大学层面的同伴效应研究中，宿舍舍友构成大学生日常频繁交往的同伴圈子，而宿舍的分配往往是在新生入学时随机指定的，因此这种同伴圈子的形成过程就排除了自我选择的干扰（Sacerdote，2011）。

第二类，在基础教育领域，一些外生的公共政策影响或改变了同伴圈子。这方面最典型的例子来自美国的学校融合政策（school integration）。1955 年，美国联邦法院在“布朗诉讼教育董事会”（Brown v. Board of Education Ⅱ）一案中裁决公立学校中的种族隔离违宪，因此要求学校加大融合力度，保持学生在族群构成上的均衡。其中一项重要的学校融合政策是“校车接送项目”（busing programs）——将城市中心学区的少数族裔学生送到城郊学区原本以白人学生为主的学校，以此打破学校和居住区在种族上的分割。[①] Metco 项目就是规模最大、持续时间最长的校车接送项目之一。该项目通过自愿参与的方式，将波士顿学区的黑人学生送到城郊原本以白人为主的学校就读。由于接送的学生、家庭以及接收学校都是自愿参与，因此该项目并未像其他由法院强制执行的“去隔离化”政策那样导致“白人搬迁”（white flight）现象。对接收学校的白人学生而言，该政策导致的同伴群体族群构成变化是一种非自我选择的外生冲击，因此较好地避免了同伴选择过程中的内生偏误。经济学家以这一自然实验为例，考察了种族融合政策下的同伴效应（Angrist 和 Lang，2004）。

第三类，有些研究利用升学阶段将学生随机分配到学校的政策来避免内生同伴形成偏误。这方面的例子包括韩国 20 世纪 70 年代初期将小学生通过抽签的方式随机分配到邻近社区初中的准随机实验（Kang，2007），以及中国的“小升初”电脑随机派位（杨钋，2009；Carman 和 Zhang，2012）。

① 参见维基百科. Desegregation busing [EB/OL]. http: //en. wikipedia. org/wiki/Desegregation_busing.

第四类，天灾人祸等自然事件也可以作为有效的外生冲击。2005 年，美国的卡特里娜飓风导致东南部很多学生被迫转学。对于未受飓风影响并接受疏散学生的学校的学生而言，他们的同伴圈子构成就受到一种不受自己控制的外生冲击的影响，以这一自然实验为基础考察疏散学生对原有学生的同伴效应，就可以有效地避免同伴内生形成偏误（Imberman 等，2012）。

第五类，如果同伴形成过程主要是基于某种可观测的特征，那么直接控制这种特征也就意味着自我选择偏差并不严重。比如，丁维莉等在研究中国高中的同伴效应时，认为高中入学主要基于中考成绩，因此控制了中考成绩之后，自我选择在同伴生成过程中的干扰并不严重（Ding 和 Lehrer，2007）。

（2）影像偏误及解决策略

在识别社区效应和同伴效应时，另一个干扰来自所谓的“影像问题”（reflection problem）（Manski，1993）。在进行经验研究时，通常以个体所处同伴圈子的平均表现（如成绩）作为解释变量，以个体的表现作为被解释变量。如果同伴圈子平均表现的估计系数显著为正，则认为存在同伴效应。但是，同伴圈子中的人是互动的。一方面，被研究的个体行为会受到同伴的影响（即因果关系是从解释变量到被解释变量）；另一方面，个体作为所处同伴圈子的一员，自己的行为本身也会影响这个圈子的平均表现（即因果关系是从被解释变量到解释变量）。因此，曼斯基（C. Manski）将这种同伴和个人行为的同步变化称为“影像问题”——就好比人和镜中影像同时运动。由于存在这种双向因果关系，所以很难将简单回归得出的相关关系识别为因果关系（陆铭、张爽，2007）。

为了克服影像问题偏误，研究者常用的策略是寻找一个工具变量，如果这个工具变量影响同伴的平均行为，但不直接影响个体的行为，并且外生于模型之外，就可以排除从个体行为到同伴圈子平均行为这样一种反向因果关系的干扰（陆铭、张爽，2007）。经济学家凯西（Case A.）和凯茨（Katz L.）在考察美国波士顿低收入社区青少年之间的同伴效应时使用的识别策略是，用同伴父母的平均行为作为同伴平均行为的工具变量。很显然，在家庭生活当中，个人受到自己父母的影响，因此同伴行为可以通过同伴父母的行为来解释。但是，同伴父母的平均行为又不会直接影响个体自己的行为（Case 和 Katz，1991）。前面提及的那项基于韩国小学生随机分配到初中的研究使用的是两个相关学科的平均分数互相作为工具变量。该研究的数据包括每一位学生的数学和科学测试成绩，他们用同伴的平均科学成绩作为同伴平均数学成绩的工具变量，以此估计同伴平均数学成绩对个人数学成绩的同伴效应。其理由是，如果控制了学校固定效应，并且不同科目任课教师质量等班级特定因素在这两门科目上相互独立，那么同伴平均科学成绩就和同伴平均数学成绩高度相关，但同伴平均科学成绩又不直接影响个人的数学成绩（Kang，2007）。

另一种识别策略是用同伴平均表现的滞后值代替当期值。比如，丁维莉等在研究学校同伴对个体高考成绩的影响时，以同伴中考平均成绩作为衡量同伴表现的变量。很显然，同伴中考平均成绩与同伴高考成绩相关，但是又不直接影响个体高考成绩。或者说，个人高考成绩不会反过来影响同伴的中考平均成绩。这样就可以排除个人表现对同伴平均表现的因果机制的干扰（Ding 和 Lehrer，2007）。类似的识别策略还包括以同班同学期初考试成绩去解释个体期末考试成绩（杨钋，2009）。

6.2.2 经验证据

（1）社区效应

基于各类社区环境干预实验的早期研究发现，社区似乎并不像社会科学研究者想象的那样对个人社会经济结果具有重要影响。大部分有关社区效应的研究发现了以下两个较为一致的结论：

一是居住社区对个人成长有影响，但是这种影响恐怕并不如我们想象的那么大（Vigdor 和 Ludwig，2010）。至少和家庭内部环境相比，社区环境的影响较小。经济学家奥雷普洛斯（P. Oreopoulos）考察了加拿大多伦多公共住房分配实验的长期影响。该实验在个人青少年时期通过住房分配的方式显著改变其居住社区环境。他跟踪了实验参与者在 30 岁时的劳动力市场表现。结果发现，居住社区质量对个人的收入、失业概率、领取社会福利等社会经济结果的影响是微弱的。居住在完全不同的社区环境不足以解释个人社会经济结果上的差异。然而，家庭内部环境的差异却能够解释样本总体差异的30%（Oreopoulos，2003）。基于挪威、美国、英国的数据进行的研究也得出了类似的结果（Raaum 等，2006；Plotnick 和 Hoffman，1999；Solon 等，2000；Weinhardt，2014）。

二是社区环境主要影响个人行为而非教育成就。例如，针对美国波士顿低收入社区青少年之间的同伴效应的研究发现，社区效应存在于犯罪、吸毒、饮酒、去教堂及辍学等行为上（Case 和 Katz，1991）。基于前述“搬向机遇”政策干预的研究发现，在随机搬迁 4~7 年之后，搬迁组儿童的阅读和数学测试成绩并不显著高于控制组儿童（Sanbonmatsu 等，2006）。即使儿童在学前教育阶段就搬到富裕社区，政策干预 10~15 年之后，这种居住环境的改善仍然无助于提高贫困家庭儿童的学业表现（Ludwig 等，2013）。因此，改善居住社区环境对学业成就的促进作用可能是有限的。但是研究同时发现，搬迁到一个平均社会经济地位更高的社区能够影响青少年的问题行为，并且这种影响存在性别上的异质性。比如，搬迁到低贫困率社区可以降低女性青少年的暴力和财产犯罪率，但是对男性青少年而言，改善居住社区环境只能在短期内降低其暴力犯罪率，然而却增加了问题行为和财产犯罪率（Kling 等，2005）。此外，搬迁干预总体上并不影响家庭的经济自给情况及身体健康状况，但是有益于成年人和女性青少年的精神健康（Kling 等，2007）。

随着研究的推进，新的证据不断出现。这些新研究表明，从贫困社区搬迁到富裕社区，对搬迁家庭青少年的大学入学率和未来收入都有显著的正效应。这些儿童在成人之后，居住在富裕社区的概率更高，成为单亲父母的概率更低。但是，家庭何时搬迁至关重要。研究发现，只有当儿童年幼时（低于 13 岁）搬迁到富裕社区，才会产生上述正效应（Chetty 等，2015；Chetty 和 Hendren，2015）。这也可以解释为何早期研究并未发现 MTO 项目对儿童成年的发展有显著正效应——该项目始于 1994 年，大部分早期研究完成的时候，参与干预项目的儿童尚未成年或进入劳动力市场，因此难以观察干预对其成年社会经济结果的影响。

（2）同伴效应

总体而言，在大学阶段的同伴效应研究中，普遍发现同伴群体对个人的行为选择具有明显的影响，但是对个人成绩的影响相对较小（Sacerdote，2011）。例如，经济学家萨克德特（Sacerdote B.）利用美国达特茅斯学院新生入学宿舍分配这样一个外生的同伴形成机制，考察了宿舍同伴对个人学业成就和行为的影响。研究发现，同伴对个体的平均成绩（GPA）及是否加入学生社团的决策具有显著的影响，但是对专业选择等行为没有影响。特别需要提出的是，同伴对成绩的影响仅仅出现在宿舍层面上，但是同伴对加入社团决策的影响同时出现在宿舍层面和整个宿舍楼层面（Sacerdote，2001）。采用类似识别策略并基于美国威廉姆斯学院学生数据进行的研究同样证实了同伴效应的存在（Zimmerman，2003）。但是，基于中国数据进行的研究并没有发现稳健的同伴效应——女生相对较易受同伴的影响，而男生则不会，这与社会心理学强调的女性更容易受同伴影响的理论是一致的（Han 和 Li，2009）。

在基础教育阶段，同伴效应的研究主要关注同伴群体构成是否影响个体的学业成就。基于韩国 20 世纪 70 年代初期将小学生通过抽签的方式随机分配到邻近社区初中的准随机实验发现，班级同学的平均成绩对个人成绩具有显著的正效应（Kang，2007）。中国“小升初”电脑随机派位这一外生的影响同伴形成过程的自然实验发现，同伴成绩对个人的数学成绩有显著的正效应，对个人的语文成绩有正的但不显著的影响，对个人的英语成绩没有影响（Carman 和 Lei，2012）。

有关中小学阶段同伴对成绩的影响的研究还发现一个有趣的现象：个人更多地受到与自己能力相似的同伴的正面影响，并且同伴能力差异越大，越不利于个人的学业成绩。例如，丁维莉等利用江苏省某县高中生样本，考察了同伴能力对个人高考成绩的影响。研究发现，同伴效应具有异质性——相对于低能力学生而言，高能力学生从结交高能力同伴圈子当中获益更大。此外，同伴质量变异程度扩大对个体表现具有不利影响（Ding 和 Lehrer，2007）。杨钋基于北京市“小升初”电脑随机派位对初中阶段的同伴效应进行研究后发现，同伴群体对个人的标准化数学测试成绩具有不显著的正向、非线性影响。具体而言，不论哪种学生，都更多地受益于同质性或者说能力相似的同伴圈子——高能力学生受益于同样高能力的同伴圈子，中低水平的学生受益于拥有相似能力的同伴圈子。同样，同伴能力的差异越大，越不利于个人成绩提高（Imberman 等，2012）。

6.3　社区效应和同伴效应研究的政策意义

6.3.1　对缓解青少年贫困的公共政策的启示

日常经验告诉我们，贫困具有代际循环特征，父代的贫困往往会传递给子代。之所以会这样，是因为父代较低的受教育程度、收入水平和职业地位难以为子女创造良好的教养环境。此外，贫困家庭儿童成长过程中的模仿效应也是一个重要原因。比如，贫困家庭大多聚居在城市贫民窟，贫困儿童耳濡目染的都是未受过良好教育但可能“混得不错”的青年，或者很少见到因为努力奋斗投资于教育而获得成功的同龄人（Vigdor 和 Ludwig，2010）。这种源自同伴效应和社区效应的社会化过程是否是一个重要的导致贫困代际循环的原因？或者说，为了改变城市贫民区的贫困代际陷阱，通过住房搬迁项目或社区改造项目让贫困家庭进入平均社会经济地位较高的社区是否有效？再进一步追问，如果是同样的政策预算，改造社区居住环境与改善就学环境相比，哪一个更有效？比如前文所说的搬迁居住区和“校车接送项目”之间的权衡。到目前为止，大量的同伴效应和社区效应研究发现，在不改变学校环境的前提下，仅仅改变学生的居住社区环境，可能只会对弱势群体学生的教育发展产生微弱的影响（Vigdor 和 Ludwig，2010）。

之所以单纯改变居住社区不足以缓解贫困代际循环，原因有以下两点：

首先，贫困影响人的认知能力，而认知能力对个人未来的社会经济成就具有长期的影响。例如，社会学家的一项研究发现，当家庭中连续两代人生活在贫困社区时，家中儿童的认知能力得分会下降半个标准差以上

(Sharkey 和 Elwert, 2011)。贫困除了对早期发展阶段的认知能力产生长期影响之外，还会削弱贫困者的思维和判断能力。经济学家和心理学家共同完成的一项实验研究发现，贫困引起的焦虑会消耗大脑资源，从而减少对其他事情的关注，这将影响其判断和决策能力（Mani 等，2013）。

其次，社区改善干预之所以对青少年教育成就的影响不大，另一个可能的原因是此类干预项目并没有改善贫困儿童接受教育的质量。经济学家在比较了美国已经实施的若干种改善社区/改善学校项目之后发现，提高贫困儿童接受教育的质量能更有效地缓解贫困代际循环、教育不平等和风险行为，而社区环境干预项目则相对无效（Fryer 和 Katz，2013）。

这些发现对我们制定更有效的促进贫困家庭儿童代际流动的公共政策具有重要启示：首先，在中国的城市化进程中，城市规划布局应该充分意识到低收入者的住房供应政策和基础教育就近入学政策可能共同作用，从而产生贫民窟并恶化贫困代际循环（丁维莉、章元，2009）。其次，如果公共预算充足，那么同时改善贫困人口的居住社区环境及教育质量是最有效的。但是，在面临预算约束的前提下，应该优先将政策重点放到提高学校质量和教师质量方面。最后，对贫困儿童有针对性地进行早期干预具有显著的长期影响。

6.3.2 对促进社会融合的公共政策的启示

生活、学习和工作环境的多样性是当今社会的一种趋势。无论是在我们生活的社区、接受教育的学校还是工作场所，来自各个地方、各种家庭背景及各种族裔的同伴比例越来越高。对此，不同国家采取了不同的社会/种族融合政策。例如，法国采取的是各个种族混合并同化的种族融合政策，而比利时则建立了两套独立的法语和弗莱芒语高等教育系统，以此保持各民族的身份认同（Boisjoly 等，2006）。

研究同伴效应有助于我们更好地理解以下重要的社会融合议题。比如，相对于成分比较单一的同伴群体，多样性的同伴群体是否有助于提高个人的社会经济结果？在一定的社会融合政策背景下，对于原本以高社会经济地位为主的同伴圈子而言，增加来自低社会经济地位的同伴比例是否会产生负外部性？这些政策问题在中美两国都有生动的现实案例。在 20 世纪 60 年代之前，美国的黑人和白人之间存在着明显的学校隔离。民权运动之后的废除种族隔离政策（desegregation）及“肯定性行动”（affirmative action）增加了个体学生所处同伴圈子的种族多样性。那么，这种同伴群体构成的改变是否阻碍了原本在富裕学区人数占优的白人学生的教育获得？在中国的城市化进程中，很多农村家庭子女进入城市接受教育，那么让流动儿童进入原本以本地儿童为主的学校就读之后，流动儿童和本地儿童的同伴圈子在出生地构成上更加具有多样性，这种融合是否有助于提高教育公平和效率？中国在实行民族教育政策的时候，让不同民族学生在同一所学校接受教育是否能更好地促进民族之间的了解和沟通？香港自从 1997 年回归祖国之后，内地移民子女去香港读书的比例越来越高。移民学生的增加丰富了香港本地学生同伴圈子的多样性，这对本地学生的成绩会产生何种影响？

以美国的“肯定性行动”为例。该政策为了补偿黑人等少数族裔在历史上受到的不公正对待，要求大学在招生时对黑人采取一定的照顾性录取政策。这种促进种族融合的教育政策是否能够实现预期的政策目标呢？有的学者认为，保持学生中的种族多样性可以消除有关种族的刻板印象，加深相互了解。但也有学者认为，录取考分较低的少数族裔学生只会强化白人学生的种族刻板印象。从研究方法上来说，即使我们通过观察发现个人与其他族群学生的交往频率与其族群态度、行为正相关，也不能据此判断种族融合性政策就真的能够促进社会包容。原因正如我们前面已经说过的——那些选择与少数族裔频繁交往的学生往往本身就持一种比较开放、包容的态度，也即在进行经验研究时存在着自选择偏误（Boisjoly 等，2006）。对此，经济学家采取了同伴效应研究中常用的识别策略——以一所采取了肯定性行动的大学为样本，该校在大一新生入学的时候随机为非洲裔美国人和白人学生分配宿舍，这样就可以排除在选择交往伙伴上的自选择干扰。研究发现，当白人学生被随机分配了少数族裔舍友时，白人学生会更加认同肯定性行动，并且更加频繁地与其他族裔学生交往（Boisjoly 等，2006）。另一项由社会心理学家完成的以洛杉矶加州大学（UCLA）为例的研究则发现，不论是随机分配舍友还是自愿选择舍友，跨族群的同伴交往经历都将显著降低个人的种族偏见（Colette 等，2005）。

前文所说的“校车接送项目”（Metco）为我们理解美国的种族融合政策对学业成就的影响提供了良好契机。基于该项目的同伴效应研究发现，接受少数族裔学生迁入的学校基本位于富裕学区，学生成绩原本就比较高。尽管参与校车接送项目的学生以成绩较低的黑人和西班牙裔为主，但是这部分“新生”的到来并没有对接收学校的“老生”产生明显的同伴效应。换言之，在同伴构成中增加低社会经济地位的少数族裔学生比例至少没有产生显著的负外部性（Angrist 和 Lang，2004）。

如果说上述研究表明，美国的学校种族融合政策并没有产生令人不安的负外部性——主要是低社会经济地位的“新生”对高社会经济地位的“老生”的负外部性，那么来自中国的研究则发出了积极的信号——增加学生同伴群体的生源地多样性会对本地学生产生正外部性。基于香港 2006 年和 2009 年 PISA 测试混合截面数据的研究考察了来自内地的移民学生对香港本地学生成绩的影响。研究发现，移民学生对本地学生——特别是低能力的本地学生——的成绩有促进作用。这意味着对一个移民城市而言，开放包容的教育融入政策对本地学生是有益的（曹妍，2013）。需要指出的是，本书中的内地移民，特别是第一代移民，其社会经济地位与本港学生家庭相比较低。而这部分移民家庭及其子女会更加有意识地通过在教育上的努力，适应并接近主流社会。因此，我们观察到的同伴效应可能与这种“教育同化过程”（educational assimilation）有关。对此，还需要更多的后续研究提供新的证据支持。

上述研究表明，让不同种族/民族/地域的人混合相处，能够很好地促进彼此之间的了解和包容，从而有助于社会融合。我国的学术研究者和政策制定者可以采取类似的研究策略，考察少数民族学校（如内地西藏班、新疆班）、“两为主”的流动儿童入学政策等在促进社会融合上的效果。

6.3.3 对优化教育资源配置、促进教育公平的公共政策的启示

研究同伴效应还有助于我们更好地优化教育资源配置，制定更好的促

进教育公平和资源有效配置的公共政策。这方面典型的政策应用就是对分班制（tracking）的反思。对一所学校而言，优秀的师资、良好的校长领导力及物质资源投入等总是稀缺的。那么，在不增加这些资源投入的前提下，能否通过合理的分班制提高学生的学业表现呢？在中小学分班的时候，有两种常用的方法：一种是按照能力将不同入学分数的学生分别分班（ability grouping/tracking/streaming），另一种则是将各种能力的学生混编在一起（ability mixing）。由于人与人之间的社会互动，不管哪一种分班方式，个体学生都会受到不同的同伴构成的影响——在能力分班制下，学生的同伴圈子具有同质性；在混合分班制下，学生的同伴圈子具有异质性。这两种分班模式的思路也是不一样的。中国古话说“近朱者赤”，每个人都希望与“好”学生做同学。从这一点上来看，能力分班制有利于“尖子生”但不利于起点较低的学生。有的学校通过能力分班制集中优势资源（如师资）重点关注“尖子生”，以保证少数尖子生的成绩或升学率，而对起点较低的学生则放任不管，这会进一步扩大不同能力学生之间的学业成就差距。但是，能力分班制也有好处，就是便于教师根据学生的不同能力因材施教（Duflo 等，2011）。在混合分班制下，则有可能将“尖子生”的正外部性扩散到起点较低的学生，发挥“比学赶帮超”的作用，但这同时意味着“尖子生”有可能受到“近墨者黑”的不利影响。那么，从资源配置效率及尽可能促进各种类型学生整体福利改善的角度来看，哪一种分班方式更好呢？

对这一问题的回答也是同伴效应研究在模型设定上的一种拓展。传统研究基本使用线性均值模型（linear-in-means model），其暗含的假设是个体受同伴的影响不存在异质性——同伴效应与个人的能力及同伴的背景特征分布无关。然而更为现实的假设是，同伴效应会因个体能力不同及同伴构成中能力分布的不同而产生异质性影响。因此，越来越多的研究开始使用非线性均值模型进行分析。对这一问题更为直观的表述是：假设有两个平均成绩相同的班，其中一个班的成绩分布参差不齐，另一个班的成绩分布比较集中，那么哪个班更有利于发挥同伴效应的正外部性？如果经验研究发现两个班的同伴效应一样，就意味着传统的线性均值模型是合理的；

如果两个班的同伴效应不一样，则意味着应当使用非线性均值模型。

前文提及的那项以卡特里娜飓风作为自然实验的同伴效应研究发现，接受安置者的学校原有学生的成绩会随着高能力同伴的增加而提高，随着低能力同伴的增加而降低（Imberman 等，2012）。另一项基于美国维克县（Wake County）学生重新安置政策这一自然实验的研究发现，高能力同伴只对同样高能力的个人产生促进作用（Hoxby 和 Weingarth，2015）。这意味着将高能力学生和低能力学生混编在一起未必能发挥高能力学生的“近朱者赤”的正外部性。

在肯尼亚进行的一项分班随机实验进一步证明了能力分班制的收益。2005 年，肯尼亚有 140 所小学获得资助可以聘请一位额外的优秀师资。在获资助学校当中，有 121 所小学一年级只有一个班，而这些班级又被拆分成两组，其中一组由新聘请的老师执教。该项目从中随机选择了 60 所学校采取能力分班制，在另外 61 所学校进行混编制。研究者假设，学生的成绩取决于两部分：一是来自同伴效应的直接影响；二是来自教师的总体投入努力程度及在班上面向哪一层次的学生以什么难度进行授课。而教师的行为又取决于班上学生成绩分布及与最终执教成绩挂钩的薪酬。研究发现，在那些采取能力分班制的学校，不论是分到了“快班”还是“慢班”，学生总体成绩普遍有所提高。项目开展 18 个月之后，和混编制的学生相比，能力分班制的学生平均成绩提高了 0. 18 个标准差。在能力分班制下，能力较差的学生在基本技能上的进步最大，而能力较高的学生在高级技能上进步最大，这意味着教师在能力分班制下采取了因材施教的教学方式。研究者特别指出，能力分班制之所以更有效，是因为在肯尼亚及其他发展中国家，特殊的教育体制导致教师的行为激励更适合能力分班制。这类教育体制的基本特征是：全国教育系统采用统一的教材，进行统一考试，教师的薪酬主要取决于一些关键性的统一考试（Duflo 等，2011）。

同属发展中国家的中国也有类似的教育体制。那么，针对肯尼亚的研究发现是否在中国也能得到验证呢？日益增多的来自中国的研究同样验证了同伴效应具有随个体能力、同伴平均特征不同而改变的异质性。例如，前述丁维莉等（2007）及杨钋（2009）的研究。这些研究都发现以下两个

“规律”：一是学生在班级中通过与能力相似的同伴交往而获益；二是同伴圈子的能力分布变异越大，越不利于个人的教育发展。综合而言，影响个体成绩的主要因素不是同伴的绝对能力水平，而是个体与同伴之间的能力差异（杨钋，2009）。因此，成绩较差的学生更适合混编制分班模式，而成绩较好的学生更适合采用能力分班制（Kang，2007；Ding 和 Lehrer，2007）。

杨钋在其研究中进一步提出，这些发现对更好地理解择校和教育均等化政策具有两点重要的启示：

一是家长为子女盲目选择拥有优秀生源的学校可能得不偿失（杨钋，2009）。正如前述肯尼亚随机实验的理论模型所揭示的那样，尽管择校可以让子女的同伴圈子平均质量提高，但是教师的授课难度也会随着同伴构成的改变而相应提高，当同伴平均质量和个体能力差距扩大时，个体完全无法从优秀的同伴群体中获益。很多研究发现，学生更愿意与自己能力相似的同伴交往。因此，为了盲目追求好生源而将子女送入优质学校，可能未必能促进孩子与这些优秀同伴在学习上的互动。

二是我国实施的若干教育均衡发展政策可能因忽视了非线性的同伴效应而丧失效率。目前旨在促进教育公平的政策之一是缩小校际差异，比如办学条件均等化和生源均等化。然而过分的生源均等化有可能带来学生发展上的效率损失，理由如下：如果校际生源均等化是按照能力（如考试分数）将所有学生平均分配到各个学校，以保证每个学校分配到的学生平均能力大致均等，就意味着每所学校内部生源的异质性增加。正如上述两项研究所发现的那样，同伴能力变异扩大不利于个体表现。另一个值得反思的教育公平政策是取消学校内部的重点班和能力分班制度。但是，这几项研究发现，个体更多地受益于同质性的同伴圈子，而混编制分班却增加了同伴圈子的异质性，因而可能不利于个人的发展（杨钋，2009）。

到目前为止，大多数研究发现，减少同伴的异质性可以提高学生的学业成就（Sacerdote，2011）。这就意味着，不论是盲目地追求拥有优质生源的“名校”，还是以校际生源均等化、校内取消能力分班制为特征的教育均衡发展政策，都因为增加了个体的同伴群体的异质性而对个体产生不利的影响。之所以会这样，可能的影响机制包括两种：在一个同质性的班级环境中，教师可以更好地因材施教，教学进度也适应班级大部分学生的能力；由于学生更愿意与能力相当的同伴交往，因此当学生能力相似或者教学内容、教学进度相同时，同伴之间的学习效应最为明显（Sacerdote，2011）。

需要指出的是，也有少数研究发现了反例。例如，一项基于美国佛罗里达公立学校数据的研究发现，尽管成绩较差的学生不会受益于成绩极好的同伴，但是他们会因为与能力居中的同伴相处而受益。成绩居中的学生与成绩优异的学生相处更能获益。而成绩优异的学生与同样优秀或成绩较差的学生相处，都要好于与成绩居中的同伴相处。对高、中、低三种能力类型的学生而言，在班级中增加优秀学生的比例只对原本就优秀的学生有帮助。这一发现意味着不存在单一的、能够同时满足三类学生的同伴配置需求的最优分班政策。尽管如此，研究者还是承认，至少将学生按能力分成两类班级是一个相对较好的政策（Burke 和 Sass，2013）。因此，我们还需要更多的研究去加深对分班政策的理解。

6.4 总结

仔细比较前述第二类和第三类研究，会发现两类研究的结论并不完全一致。第二类研究表明，增加同伴圈子在族群或出生地上的多样性，对“本地”学生不一定会产生负外部性，甚至还有积极的促进作用。第三类研究则表明，同伴圈子在能力上的异质性越大，越不利于个体的发展。那么，为了更好地利用同伴效应促进学生个人的教育发展，同伴圈子应该趋向于同质性还是异质性？事实上，霍克斯比（C. Hoxby）等的研究表明，一旦考虑了身处同伴圈子之中的个人能力的异质性，同伴的种族、民族、收入及其父辈的受教育程度等对个体的影响就会显得微不足道。因此，对于本已处在优势地位的群体而言，旨在促进种族、民族、社会经济地位融合的去隔离化政策并不值得过分担忧（Hoxby 和 Weingarth，2015）。

有关社会互动的社会学研究表明，人们在选择同伴圈子的时候，既存在“趋同性交友”（homophilous selection），也存在“差异性交友”（heterophilous selection）。如果以同伴圈子的不同特征来衡量，在种族、性别、年龄、宗教等方面，趋同性交友比较普遍；但是，在教育、职业、社会网络等方面，差异性交友比较普遍。前者是为了满足交友过程中的情感表达需要，而后者则是在社会资源分配不平等的情况下，以“差异性交友”作为交换条件，获得某种工具理性上的收益（陈云松，2012）。因此，对个体而言，其同伴在某些特质上的趋同性或者趋异性可能对自己具有正外部性。换言之，尽管现有的大部分研究发现同伴效应只有在同伴之间能力趋同时才能发挥正外部性，但这并不必然意味着应该根据某种“特征”或“类型”将不同的人隔离开来（Hoxby 和 Weingarth，2015）。

总体而言，对社区效应及同伴效应的研究都属于社会互动研究范畴下的具体应用。大量研究在克服了自我选择偏误和影像问题之后，发现同伴之间在学业成就、行为决策等诸多方面存在着广泛的社会互动影响。这些研究有助于我们更好地理解青少年的教育发展和学校教育生产过程，同时有助于制定更有效的旨在缓解贫困代际循环、促进社会融合及优化教育资源配置的公共政策。但是，和国外诸多社会科学领域对这一问题的持续关注相比，国内的研究相对较少。因此，在设计符合我国实际情况的公共政策时，还需要参考更多的同类研究，以避免政策“移植”时的“水土不服”。

参考文献

[1] 曹妍. 大陆移民学生如何影响香港本地学生的学业成就？——基于 PISA 数据的同伴效应实证研究 [J]. 教育与经济，2013 (4)：47-55.

[2] 陈云松. 逻辑、想象和诠释：工具变量在社会科学因果推断中的应用 [J]. 社会学研究，2012 (6)：192-216，245-246.

[3] 丁维莉，陆铭. 教育的公平与效率是鱼和熊掌吗——基础教育财政的一般均衡分析 [J]. 中国社会科学，2005 (6)：47-57，206.

[4] 丁维莉，章元. 局部改革与公共政策效果的交互性和复杂性 [J]. 经济研究，2009 (6)：28-39.

［5］冯皓，陆铭．通过买房而择校：教育影响房价的经验证据与政策含义［J］．世界经济，2010（12）：89-104.

［6］陆铭，张爽．“人以群分”：非市场互动和群分效应的文献综述［J］．经济学（季刊），2007，6（3）：991-1020.

［7］威廉·富特·怀特．街角社会：一个意大利人贫民区的社会结构［M］．黄育馥，译．北京：商务印书馆，2011.

［8］杨钋．同伴特征与初中学生成绩的多水平分析［J］．北京大学教育评论，2009（4）：50-64，189.

［9］ANGRIST J D，LANG K. Does school integration generate peer effects? Evidence from Boston's metco program［J］. American Economic Review，2004，94（5）：1613-1634.

［10］BOISJOLY J，DUNCAN G，KREMER M，et al. Empathy or antipathy：the impact of diversity［J］. American Economic Review，2006，96（5）：1890-1905.

［11］BURKE M A，SASS T R. Classroom peer effects and student achievement［J］. Journal of Labor Economics，2013，31（1）：51-82.

［12］CARMAN K G，ZHANG L. Classroom peer effects and academic achievement：evidence from a Chinese middle school［J］. China Economic Review，2012，23（2）：223-237.

［13］CASE A C，KATZ L F. The company you keep：the effects of family and neighborhood on disadvantaged youths［R］. NBER Working Paper，No. 3705，1991.

［14］CHETTY R，HENDREN N. The impacts of neighborhoods on intergenerational mobility：childhood exposure effects and county-level estimates［EB/OL］. http：//www. equality-of-opportunity. org/images/nbhds_ paper. pdf，2015.

［15］CHETTY R，HENDREN N，KATZ L F. The effects of exposure to better neighborhoods on children：new evidence from the moving to opportunity experiment［EB/OL］. http：//www. equality-of-opportunity. org/images/mto_ paper. pdf，2015.

［16］COLETTE V L，LEVIN S，SINCLAIR S，et al. The effect of university roommate contact on ethnic attitudes and behavior［J］. Journal of Experimental Social Psychology，2005，41（4）：329-345.

［17］DING W，LEHRER S F. Do peers affect student achievement in China's secondary schools?［J］. Review of Economics and Statistics，2007，89（2）：300-312.

［18］DUFLO E，DUPAS P，KREMER M. Peer effects，teacher incentives，and the impact of tracking: evidence from a randomized evaluation in Kenya [J]. American Economic Review, 2011, 101 (5): 1739-1774.

[19] FRYER R, Jr, KATZ, L F. Achieving escape velocity: neighborhood and school interventions to reduce persistent inequality [J]. American Economic Review, 2013, 103 (3): 232-237.

[20] HAN L, LI T. The gender difference of peer influence in higher education [J]. Economic of Education Review, 2009, 28 (1): 129-134.

[21] HOXBY C M, WEINGARTH G. Taking race out of the equation: school reassignment and the structure of peer effects [EB/OL]. http: //isites. harvard. edu/fs/docs/icb. topic185351. files/hoxby_ weingarth_ taking_ race. pdf, 2015.

[22] HOXBY C M. Are efficiency and equity in school finance substitutes or complements? [J]. Journal of Economic Perspectives, 1996, 10 (4): 51-72.

[23] IMBERMAN S A, KUGLER A D, SACERDOTE B I. Katrina's children: evidence on the structure of peer effects from hurricane evacuees [J]. American Economic Review, 2012, 102 (5): 2048-2082.

[24] KANG C. Classroom peer effects and academic achievement: quasi-randomization evidence from South Korea [J]. Journal of Urban Economics, 2007, 61 (3): 458-495.

[25] KLING J R, LIEBMAN J B, KATZ L F. Experimental analysis of neighborhood effects [J]. Econometrica, 2007, 75 (1): 83-119.

[26] KLING J R, LUDWIG J, KATZ L F. Neighborhood effects on crime for female and male youth: evidence from a randomized housing voucher experiment [J]. Quarterly Journal of Economics, 2005, 120 (1): 87-130.

[27] LUDWIG J, DUNCAN G, GENNETAIN L, et al. Long-term neighborhood effects on low-income families: evidence from moving to opportunity [J]. American Economic Review, 2013, 103 (3): 226-231.

[28] MANI A, MULLAINATHAN S, SHAFIR E, et al. Poverty impedes cognitive function [J]. Science, 2013, 341 (6149): 976-980.

[29] MANSKI C F. Identification of endogenous social effects: the reflection problem [J]. Review of Economic Studies, 1993, 60 (3): 531-542.

[30] OREOPOULOS P. The long-run consequences of living in a poor neighborhood

[J]. Quarterly Journal of Economics, 2003, 118 (4): 1533-1575.

[31] PLOTNICK R D, HOFFMAN S D. The effect of neighborhood characteristics on young adult outcomes: alternative estimates [J]. Social Science Quarterly, 1999, 80 (1): 1-18.

[32] RAAUM O, SALVANES K G, SØRENSEN E Ø. The neighbourhood is not what it used to be [J]. Economic Journal, 2006, 116 (508): 200-222.

[33] SACERDOTE B. Peer effects in education: how might they work, how big are they and how much do we know thus far? [C] //HANUSHEK E, MACHIN S, WOESSMANNL. Handbook of the Economics of Education. Amsterdam: Elsevier, 2011, 3: 249-277.

[34] SACERDOTE B. Peer effects with random assignment: results for dartmouth roommate [J]. Quarterly Journal of Economics, 2001, 116 (2): 681-704.

[35] SANBONMATSU L, KLING J R, DUNCAN G J, et al. Neighborhoods and academic achievement: results from the moving to opportunity experiment [J]. Journal of Human Resources, 2006, 41 (4): 649-691.

[36] SHARKEY P, ELWERT F. The legacy of disadvantage: multigenerational neighborhood effects on cognitive ability [J]. American Journal of Sociology, 2011, 116 (6): 1934-1981.

[37] SOLON G, PAGE M E, DUNCAN G J. Correlations between neighboring children in their subsequent educational attainment [J]. Review of Economics and Statistics, 2000, 82 (3): 383-392.

[38] VIGDOR J, LUDWIG J. Neighborhoods and peers in the production of schooling [C] //BREWER D J, MCEWAN P J. Economics of Education. New York: Academic Press, 2010: 163-169.

[39] WEINHARDT F. Social housing, neighborhood quality and student performance [J]. Journal of Urban Economics, 2014, 82: 12-31.

[40] ZIMMERMAN D J. Peer effects in academic outcomes: evidence from a natural experiment [J]. Review of Economics and Statistics, 2003, 85 (1): 9-23.

第7章
学校选择、教育服务资本化与居住区分割

中华人民共和国成立之后，为了在极度的资源约束下尽快培养人才，基础教育领域出现了“重点校”制度（吴愈晓，2013）。该制度下的优质教育机会分配主要是一种“能力决定机制”。为了获得“重点校”入学机会，家庭和学生通过上补习班、“奥数班”来提高考分。即使考分不够，家庭也会通过各种社会关系或者缴纳择校费、赞助费的形式将子女送入“重点校”。因此，“重点校”制度既给学生带来了沉重的学习负担，也产生了遍及社会的择校之风，不可避免地将一部分社会经济地位较低的家庭排除在优质教育机会之外，由此产生了教育不公平。

从20世纪80年代中期开始，教育部门为了改变“重点校”制度的各种弊端，开始改革基础教育阶段入（升）学政策。一个重要的举措就是在义务教育阶段坚持“就近入学”——适龄儿童、少年按照户籍所在地就近到指定的行政规划的学区接受义务教育，实行划片入学，不得跨学区择校。这项政策主要限制的是通过缴纳择校费、赞助费、共建费等而进行的择校行为，期望能够缓解家庭之间因为社会经济地位和权势不同而享有不同教育选择机会的问题。但是，取消并限制择校、就近入学是否就意味着家庭没有自由选择学校的空间呢?

2009年的一项调查显示，特长、学习成绩选拔、买房、转户口、缴纳共建费、捐资或其他突出贡献方式或明或暗地存在于义务教育升学选拔过程中，是当前六种主要的择校方式。其中，通过就近买房和转户口方式择校者合计占26.07%，超过了通过特长和学习成绩选拔等方式进入目标学

校的比例（曾晓东，2010）。由此可见，“就近入学”政策下的优质教育机会分配从之前的按照能力分配转变为“通过买房而择校”（冯皓、陆铭，2010）。

由于“就近入学”政策将户口所在片区与学校挂钩，望子成龙的家长对学区房的追求推升了优质学校周边的住房价格。以北京为例，由于历史传统和城市规划的问题，北京市中小学优质教育资源主要集中在西城、东城和海淀三个城区。需求强劲和房源稀少共同导致北京“学区房”价格的节节攀高，即便在严厉调控的市场环境下，房价也极其坚挺。把“择校”变成“择房”，是众多家长对教育资源分配不公平、教育体制单一的一种无奈妥协（曾晓东，2010）。

那么，家庭“通过买房而择校”的行为是否产生了义务教育的群分现象（sorting）?[①] 就近入学政策是否真的促进了教育机会的公平分配？本章结合公共经济学、社会经济学的相关理论，利用北京市优质小学资源分布信息和楼盘价格月度数据，基于特征价格模型，考察学校质量和房价的关系，并在此基础上思考就近入学政策的效果。

7.1 文献回顾

经济学的一个重要分析视角是一般均衡分析框架（general equilibrium）。简单地说，就是某个局部市场上的供需状况会影响另一个局部市场的供需状况。因此，一个市场的供求、价格变化不仅影响该市场的结果，还会波及其他与之相关的市场。本章中的教育服务市场与房地产市场就是紧密关联互动的两个局部市场。

基础教育是一种由地方政府提供的公共服务。在基础教育服务市场上，地方政府及各类学校是教育产品的供给者，而家庭是教育产品的需求

① 本章的群分是指社会将形成不同家庭的子女按照收入和拥有的社会资源来接受不同教育的现象，并且在居住方面表现出不同收入水平、职业和社会地位的社区之间的相互隔离（residential segregation）。下文对此有进一步的解释。

者。公共经济学理论认为，地方政府提供的公共服务质量会在一定程度上被“资本化”（capitalization）。每个家庭的收入和对教育的偏好并不一样。尽管大多数家庭总是偏好质量更好的教育服务，但是“天下没有免费的午餐”，质量更高的教育服务就意味着地方政府收取更高的税收。有的政府提供低税收—低水平公共服务的组合，有的政府提供高税收—高水平公共服务的组合。在人口可以自由选择居住地点的前提下，家庭最终选择的居住区反映了自身对公共服务成本和收益的一种权衡——拥有更高收入（支付能力）及对公共服务质量偏好更强的家庭，选择居住在公共服务数量和质量更多更好的辖区，并以缴纳更高的税收作为代价。这种家庭自由迁徙的“用脚投票”过程就是蒂伯特选择（Tiebout sorting）（Tiebout，1956）。随着高收入群体不断聚居在拥有良好公共服务的辖区内，该辖区的住房将趋于供不应求，因此住房价格将逐渐上涨。这样教育服务市场与房地产市场就关联在一起——良好的教育服务吸引高收入群体定居，从而提升房价。或者说，地方政府提供的公共服务数量和质量高低在一定程度上体现在了当地的房价之中，也即形成了“资本化”（冯皓、陆铭，2010）。

高收入群体不断聚居在拥有良好公共服务的社区将进一步推升好学校周边的房价，导致低收入群体难以承担好学校周围高昂的租房或购房成本，被迫搬离社区。在入学机会按照居住地区划分的分配机制下，最终的均衡结果是一种居住空间和公共服务受益范围上的“群分”——拥有相似职业、社会经济地位的群体聚居在一起并享受类似的公共服务，即中国俗语所谓的“人以群分，物以类聚”（陆铭、张爽，2007；冯皓、陆铭，2010）。群分效应会对社会融合产生一定的不利影响。比如，针对上海市一个区的调查显示，在有些重点中学里，80%的学生家长是处级以上国家干部，而在有些中学，没有一位家长是处级以上国家干部。这种社会经济地位较高的家庭通过所拥有的各种资本占据优质教育资源并逐渐垄断的行为，进一步加剧了教育机会分配的不均等和社会固化（丁维莉、陆铭，2005）。

在上述简化分析过程中，房地产市场与教育服务市场是高度关联互动的。教育服务质量的高低会影响房价的高低（通过公共服务资本化效应实现），房价的高低又会影响社区定居人群的类型（通过群分效应实现）。通过买房而择校是一种相对而言不受学校控制但与家庭经济能力密切相关的择校方式。[①] 就近入学及限制或者禁止其他择校方式的政策将最终影响教育机会的分配。由此我们得出本章的研究假说：在优质教育资源分布不均且房地产市场发育较好的特大城市（如北京），学校质量的高低将影响周边社区的房价，这种资本化现象又会进一步产生群分现象，从而不利于教育机会的公平分配。换言之，在缺乏进一步机制设计的情况下，简单化的禁止择校的就近入学政策将加剧按照家庭社会经济地位分配教育机会的阶层固化（丁维莉、陆铭，2005）。这一政策在本质上没有改变家庭社会经济地位对教育机会分配的影响，只不过以前择校时交给学校的择校费通过几十倍的增幅转交给房地产开发商或学区房的房主，“择校”转化成“择房”（冯皓、陆铭，2010）。

7.2 数据与研究方法

7.2.1 计量模型

本章以北京市优质教育资源比较集中的东城区[②]和海淀区为样本，考察小学教育资源分布与房价的关系。在房价影响因素研究中，广为使用的是经济地理学上的特征价格模型（hedonic price model）（Black，1999）。特征价格模型的被解释变量是住房价格，解释变量包括感兴趣的区位特征或公共服务特征。此外，还要控制其他一些影响房价的因素，如房屋的建造年代、户型等。

---

① 教育行政部门限制并禁止择校的政策主要是对学校方面的一种规制措施，如禁止学校通过收取择校费、赞助费或共建费的形式招生。相对而言，家庭通过购买学区房来择校则不受学校及教育行政部门的直接控制。虽然一些名校试图通过“所在片区落户须满三年”和提前家访等措施来限制买房择校的行为，但依然有很多家长为了使孩子能够接受优质教育而提前若干年进行规划、购买优质学区的住房，并且能够这样做的家庭大部分是社会经济地位较高的社会群体。因此，和传统的缴纳择校费、赞助费等方式相比，通过买房而择校是家庭的一种自由选择行为，这种行为难以受到教育行政部门升学政策的直接干预。

② 指包含原东城区与崇文区的新东城区。

本章按照特征价格模型的基本形式 $P=F(Z_1, Z_2, Z_3, \cdots, Z_n)$ 建立计量模型。具体模型形式采用半对数的线性模型形式，以此考察特征变量的单位变化引起住宅价格的百分比变化：

$$\ln P_r=\alpha+\beta Edu+\Sigma\gamma_i X_i+\varepsilon$$

其中，P_r表示楼盘均价，采用自然对数形式；Edu 表示楼盘周边对口入学的小学质量；X_i表示楼盘建筑年代、邻里特征和区位特征等其他控制变量。

需要指出的是，在国内已有的一些采取特征价格模型研究房价影响因素的研究中，大多讨论的是城市基础设施（特别是新建的城市轨道交通）或者距城市中心区域距离远近等区位特征对房价的影响（谷一桢、郑思齐，2010；郝前进、陈杰，2007；王轶军等，2007）。和本章主题直接相关的是一项基于上海市学校与房价数据进行的实证分析（冯皓、陆铭，2010）。该研究收集了上海市 52 个区域的房价与学校分布的月度面板数据，并利用“实验性示范高中”命名这一自然实验，对教育资源质量与住房价格的关系进行考察。结果显示，区域间在基础教育资源数量和质量上的差异已经部分体现在房价上，教育的“资本化”确实存在。但是，该研究有关教育资源的数据使用的主要是市重点中学数量、民办和公立转制初级中学数量及实验性、示范性高中数量。我们认为，尽管存在入学上的“三限”规定，但是作为非义务教育阶段的高中入学是可以择校的。换言之，对高中阶段的入学机会获得而言，除了购买“好高中”附近的住房以外，通过考试、特长加分、缴纳赞助费等方式入学同样存在。而在“幼升小”和“小升初”过程中，由于受到免试直升、就近入学政策的影响，通过考试、特长或缴纳赞助费择校的方式受到很大限制。因此，对义务教育阶段的入学机会获得而言，通过买房而择校的动机远远强于“初升高”阶段。[①] 考察小学教育资源分布对房价的影响更具有政策评价意义。这也是

① 比如，一项针对广州市的研究发现，住宅周边 3 千米范围内拥有重点小学对房价具有显著的正效应，拥有重点中学对房价有正向但不显著的影响。由此可见，优质小学教育资源的存在对房价可能具有更大的影响。该结论在一定程度上支持了我们的猜测——在义务教育阶段禁止择校、就近入学的政策下，“幼升小”及“小升初”通过买房而择校的动机远远强于对择校限制不那么严格的“初升高”（参见：符文颖．基于 Hedonic 价格模型的广州住房市场研究［D］．广州：中山大学，2008）。

本章在已有研究基础上的一个拓展。

7.2.2 数据来源

本章所使用的数据是笔者根据特征价格模型的需要，自主搜集、整理并构建的数据库，相关信息主要来源于首都之窗教育官方数字信息网、房地产网站和地图定位网站。具体数据收集过程如下：首先，分别进入北京市东城区和海淀区教育局的官方网站，收集区域内的小学名录，将小学名录按照街道划分入不同的学区①；其次，进入“搜房网”等房地产网站，搜索同一学区或街道内不同学校对应的楼盘名称，也即形成了学区（街道）—学校—楼盘对应的数据结构；最后，在谷歌地图中，按照楼盘名称收集特征变量的相关数据，如建筑特征、邻里环境特征、区位特征。

按照以上过程，并根据数据可得性的情况，本章搜集了北京市东城区62 所小学及其对应的 165 个楼盘、北京市海淀区 26 所小学及其对应的 74个楼盘信息。

7.2.3 变量选择

（1）被解释变量

根据特征价格模型，本章的被解释变量是“搜房网”二手房交易专区中的二手楼盘月度挂牌均价。之所以采取二手房挂牌均价，是因为家庭购买学区房主要用于孩子落户上学，该需求主要集中于二手房交易。我们将房屋类型限定为普通住宅中的二手房，剔除了一手房、公寓、经济适用房、高档住宅、酒店式公寓、整套四合院等楼盘数据。为了降低国家相关政策对房地产市场的影响，本章采用的住宅价格为全国“限购令”出台后的 2013 年 3 月的月度挂牌均价。

（2）解释变量

本章的关键解释变量是楼盘所对应的就近直升的小学质量。由于北京市没有官方文件显示重点或优质小学的学校名录，我们也缺乏小学标准化测试成绩等相关评定指标，本章按照百姓评价口碑将学校划分为三

---

① 海淀区教育局的官方网站列出了每所小学的具体所属学区，东城区教育局的官方网站没有列出每所小学的具体学区，本章按照东城区的街道区域对小学进行了归类。

个等级，口碑极好的小学赋值为 3，口碑好的小学赋值为 2，口碑一般或没有评价信息的小学赋值为 1。[①] 因此，有关学校质量的代理变量是一个连续型的变量。在后面的稳健性检验中，我们还将其设置成虚拟变量进行再检验。

此外，根据特征价格模型，本章还控制了其他三类影响住宅价格的特征变量，即建筑特征、邻里环境特征和区位特征。

在建筑特征方面，本章使用的变量是楼盘的建筑年份。由于本章收集的价格是每个楼盘（小区）的挂牌均价，因此可以忽略楼盘（小区）内部不同住宅的具体特征（如小区内住宅位置、建筑层数、装修情况、房屋朝向等），仅以建筑年份作为楼盘的基本特征。

邻里环境特征体现为楼盘周边的生活环境和各种生活需求的通达度。本章以楼盘为圆心，考察半径 3 千米范围内楼盘周边的超市数（包含综合和专营等各类超市）、商场数（包含服装、生活、电器等各类卖场）、学校数（包含幼儿园、小学、中学、职高技校、大学等各类学校）、医院数（包含综合、专科等各类医院）。

区位特征体现楼盘所处的位置和交通通达度。我们用楼盘距传统市中心（天安门）的距离、距中关村的距离、距 CBD 的距离度量楼盘的区位价值。[②] 距离的相关数据来源于谷歌地图提供的北京 GIS 地图系统，所测量的是居民在实际生活中从居住地楼盘到目标地点的最短自驾距离，而非直线距离。在交通通达度方面，本章假设步行 3 千米是日常出行徒步到达的极限，超过这一距离，居住者将选择交通工具。本章以楼盘为圆心，考察半径 3 千米范围内的公共交通设施便利程度，具体包括公交线路数量、轨道交通线路数量（含地铁和城铁）、公交站点个数。

我们并没有考虑上学通勤距离及教育补习机构数量等因素。首先，上

① 我们通过浏览大量幼儿、小学家长论坛，收集到关于小学学校比较认可的口碑排名，并结合自身成长经验，对东城区和海淀区的小学进行等级划分。有关学校口碑的其中一个参考网址为：http://blog.sina.com.cn/s/blog_654095cb0100ph69.html。

② 天安门地区作为北京传统意义上的市中心，其周边聚集着诸多能够提升住宅价格的区位因素，如距离政府机构、商业中心、旅游休闲设施较近，拥有众多优质基础教育资源。中关村地区和 CBD 地区则是靠近海淀和东城的两个城市副中心。

学通勤距离有可能影响租房价格，但是在就近入学政策下，必须通过买房并落户才有可能获得口碑极好或口碑好的学校的入学资格，因此有理由认为上学距离不会影响被解释变量——二手房交易价格。其次，尽管教育补习机构会集中分布在口碑极好或口碑好的学校周围，但是同样没有理由认为这会影响二手房交易价格及学校质量。所以，不考虑上述因素，并不会造成遗漏变量偏误。此外，本章考察的是东城区和海淀区的情况，这两个城区的口碑极好或口碑好的学校历史较长且口碑排名由来已久，而周边商品房建筑年份基本晚于学校历史，因此不太会出现楼盘质量、价格反过来影响学校质量口碑的情况（即反向因果关系）。由于我们尽可能地控制了影响楼盘价格的因素，因而可以较好地识别学校质量对房价的影响。

变量的描述性统计结果见表 7.1。

表 7.1　变量的描述性统计结果

变量	东城区样本		海淀区样本	
	均值	标准差	均值	标准差
房价对数	10.709	0.233	10.758	0.236
学校质量得分	1.570	0.718	1.649	0.835
建造年份	1997.467	12.271	1996.23	6.022
超市数	4.776	1.555	4.676	1.664
商场数	4.303	2.179	3.176	2.545
学校数	4.703	1.415	5.270	1.547
医院数	4.176	1.401	4.676	1.597
公交线路数	6.715	4.130	8.520	3.776
地铁线路数	2.618	1.176	1.432	0.742
公交站点数	4.182	1.586	5.027	1.655
距市中心的距离	5.818	2.233	14.180	3.486
距中关村的距离	16.639	4.287	7.945	4.063
距 CBD 的距离	7.616	2.386	18.528	3.352

7.3　结果与解释

7.3.1　基本回归结果

考虑到东城区和海淀区在区域面积、地理位置、学校分布、区域功能等方面的诸多差异，本章先分别对两个区的样本进行回归，然后对总样本进行回归。

（1）东城区样本的回归结果

表7.2左半部分东城区样本的回归结果显示，在所有可能影响楼盘价格的因素当中，楼盘周边就近直升的小学质量对房价的影响最为明显。具体而言，学校口碑排名每提升一个档次（从“口碑一般”提升为“口碑好”，或从“口碑好”提升为“口碑极好”），平均楼盘价格将上涨6.8%。这一结果符合我们的经验观察。东城地区拥有历史悠久的优质教育资源，一些建校时间长、学生素质高、学风良好的小学已经成为教育品牌深入民心，即使没有官方评定哪些学校是重点校、优质校，东城区很多小学的名字也已经在百姓心中形成了根深蒂固的印象，这些小学响亮的名头（良好的口碑）对周边房价产生了显著的影响。这表明，公共教育服务质量在一定程度上“资本化”到了房价之中。

另外，两个对房价具有显著正效应的因素是楼盘周边的医院数和轨道交通线路数量。而距中关村和CBD的距离则对房价具有显著的负效应。总体而言，表7.2中东城区的回归结果符合我们对房价影响因素的预期。

（2）海淀区样本的回归结果

对海淀区样本进行回归时，当所有解释变量全部进入模型时都不显著。考虑到变量可能存在相关性和多重共线性，我们进行了逐步回归。在剔除掉一些变量后，表7.2右半部分海淀区样本的回归结果显示，学校口碑排名（学校质量）、建造年份、商场数、距中关村的距离这四个特征变量对住房价格具有显著影响，其余变量则被剔除。

具体而言，在具有统计显著性的变量当中，学校质量再次体现了对房价最为明显的正向影响。学校口碑每提升一个档次，周边楼盘均价将上涨13.2%。这一结果符合我们对海淀区的实际观察经验。海淀区占地面积较大，总体上分为城市化较成熟的东南部及城市化仍不成熟的西北山区。全区总体教育质量在北京市排名前三，但是分布极为不均，小学质量参差不齐。城市化比较成熟的地区，依托高校力量建成了一批教育质量和口碑非常好的小学（如几所重点大学的“附小”，以及中关村一小、二小、三小），其他地区的学校教育质量则明显落后。居民对海淀区几所名声响亮的小学具有极大的择校热情，使得这几所学校对应的楼盘房价明显高于周边其他楼盘价格，因此，学区特征也成为影响房价最显著的因素。

表 7.2　东城区和海淀区样本的回归结果

解释变量	东城区样本的回归结果		海淀区样本的回归结果	
	系数	*t* 值	系数	*t* 值
学校质量	0.068**	2.916	0.132**	2.533
建造年份	0.002	1.487	−0.008**	−2.093
超市数	−0.002	−0.172		
商场数	−0.005	−0.656	0.022**	2.014
学校数	−0.009	−0.793		
医院数	0.023**	2.012		
公交线路数	0.003	0.152		
地铁线路数	0.034**	2.009		
公交站点数	−0.011	−1.055		
距市中心的距离	−0.014	−1.629		
距中关村的距离	−0.025***	−4.562	−0.029***	−3.415
距 CBD 的距离	−0.019**	−1.988		
常数	7.267**	2.776	10.459***	101.834
N	165		74	

注：**、***分别表示5%和1%的显著性水平；海淀区样本的回归结果只列出了逐步回归之后具有统计显著性的变量结果。

在海淀区其他影响房价的因素当中，商场数对房价具有显著的正效应，而建筑年份和距中关村的距离对房价具有显著的负效应，这些结果都符合我们的预期。

和东城区样本的回归结果进行对比后可以发现，海淀区学校质量对房价的影响是东城区学校质量对房价的影响的两倍。这可能与优质教育资源的分布有关。东城区与海淀区虽然都属于北京市优质教育资源较为集中的城区，但是相对而言，东城区的优质教育分布较均衡，而海淀区优质教育资源分布明显存在山区地区和城市地区之间的差异。因此，在海淀区，学校质量高低对房价的影响更为明显。此外，相对于东城区的计量结果而言，海淀区样本的回归结果比较不显著，这可能与样本数量有关。由于数据可获得性的限制，本章仅搜集了海淀 12 个学区中 5 个学区的小学周边楼盘数据，而这 5 个学区也存在一些学校及对口楼盘信息的缺失，最终有效样本为 74 个，样本量较小制约了解释力。

（3）总样本的回归结果

我们进一步将两个区的样本合并，将共计 88 所小学、239 个对应楼盘的数据代入特征价格模型，得到的回归结果见表 7.3。

表 7.3 的结果符合我们的预期，楼盘周边的学校质量、医院数量、轨道交通数量对房价具有显著的正效应，距中关村和 CBD 的距离则对房价具有显著的负效应。在所有具有显著影响的因素中，学校质量仍然表现出对房价最为明显的影响。具体而言，学校质量每提升一个档次，房价将显著上涨 7.4%。

表 7.3　东城区与海淀区合并样本的回归结果

解释变量	系数	t 值
学校质量	0.074***	4.216
建造年份	0.002	1.550
超市数	-0.004	-0.470
商场数	0.002	0.325
学校数	-0.004	-0.443
医院数	0.019**	2.158
公交线路数	0.003	0.176
地铁线路数	0.033**	2.268

续表

解释变量	系数	t 值
公交站点数	-0.006	-0.792
距市中心的距离	-0.002	-0.210
距中关村的距离	-0.024***	-5.538
距 CBD 的距离	-0.012**	-2.543
常数	7.166**	2.941
N	239	

注：**、***分别表示5%和1%的显著性水平。

7.3.2 稳健性检验

在前面的回归过程中，小学质量是用一个表示口碑高低的连续型变量赋值的：1（一般）、2（好）、3（极好）。在这一部分，我们将学校口碑设为虚拟变量，以此进行稳健性检验。

具体方法有两种：一种是以“口碑一般学校”作为参照组，设置两个表示学校质量的虚拟变量，即“好口碑学校”（1=是）和“极好口碑学校”（1=是）；另一种是以“口碑一般学校”作为参照组，设置一个表示学校具有较好或极好口碑的虚拟变量，即“好或极好口碑学校”（1=是）。我们预期，极好口碑学校和好口碑学校对房价具有显著正向影响，并且极好口碑学校的系数应该大于好口碑学校的系数。也就是说，极好口碑学校对房价具有更大的推升作用。

表7.4的稳健性检验回归结果分为两个部分，左边两列是同时引入两个虚拟变量的结果，右边两列是只引入一个虚拟变量的结果，两次回归均采用的是海淀区与东城区的合并样本。我们发现，相对于口碑一般的学校，楼盘周边如果拥有口碑极好的学校，将会导致房价显著上涨14.8%，如果拥有好口碑学校，房价将上涨2.9%，但是这种影响并不显著。总体而言，相对于口碑一般的学区房，拥有好口碑或极好口碑的学校将使房价显著上涨7.7%。因此，我们的预期基本得到了验证，这也与前面基本回归的结果一致。

表 7.4 稳健性检验回归结果

解释变量	同时引入两个虚拟变量的结果		只引入一个虚拟变量的结果	
	系数	t 值	系数	t 值
极好口碑学校	0.148***	4.063		
好口碑学校	0.029	0.907		
好或极好口碑学校			0.077**	2.712
建造年份	0.002	1.575	0.002*	1.821
超市数	0.000	-0.050	-0.004	-0.402
商场数	0.003	0.440	0.004	0.705
学校数	-0.004	-0.409	-0.005	-0.510
医院数	0.018**	2.053	0.021**	2.374
公交线路数	0.006	0.340	0.002	0.127
地铁线路数	0.032**	2.156	0.031**	2.066
公交站点数	-0.008	-0.931	-0.006	-0.686
距中关村的距离	-0.024***	-5.544	-0.024***	-5.475
距 CBD 的距离	-0.013*	-1.880	-0.014*	-1.888
距市中心的距离	0.000	-0.016	0.001	0.170
常数	7.177**	2.930	6.525**	2.644
N	239		239	

注：*、**、***分别表示10%、5%和1%的显著性水平。

7.4 结论与讨论

本章基于北京市东城区和海淀区的小学资源分布及楼盘价格数据，利用特征价格模型，研究了学校质量和房价的关系。研究表明，在可能影响房价的各因素中，楼盘周边如果拥有对口的好口碑小学，将使房价显著上涨7%~13%。这说明公共教育服务质量的高低在一定程度上被“资本化”到了房价之中。这一发现与其他具有择校传统的国家的情况类似。比如，一项针对韩国的研究发现，高中入学资格从以前的学校招生考试选拔改成按照地理划片入学之后，好学校周围的房屋售价和租价都有了显著的提升（Hahn 等，2012）。

本章的研究发现有助于我们更好地理解义务教育阶段的就近入学政策。就近入学政策的初衷是通过禁止择校、免试直升来杜绝教育机会分配过程中的不公平现象，特别是基于家庭经济能力缴纳赞助费来获得入学资格。该政策也可以在一定程度上缓解“能力分配机制”下特长班、补习班泛滥，学生课业压力过重的现象。基于本章及其他相关研究的结果，我们认为，在缺乏进一步机制设计和配套政策的情况下，简单地禁止择校、就近入学可能无助于改进教育机会的公平分配，甚至在某种程度上加剧了社会分割。

优质教育资源总是相对稀缺的。当任何一种产品或者服务的供给小于需求时，需求者就不得不通过各种竞争手段获取稀缺的资源。尽管“教育市场化”具有一定的弊端并且受到批判①，但是，这并不意味着教育这种大多数时候由政府提供的基本公共服务不存在相应的“市场”。只要存在着供给和需求，就会出现市场这样一种协调供需双方交换的机制。在大多数情况下，这种协调交换的机制就是价格机制。基础教育特别是义务教育的价格（学费）在很大程度上受到政府的管制，不可随意调整，但是教育市场上供需力量的对比仍然会影响教育产品的价格。比如，在优质教育资源相当稀缺的情况下，优质教育的供给远远满足不了需求。供小于求，就会导致价格以某种形式上涨。对价格受管制的义务教育服务而言，就体现为隐性价格的上涨。

在以考分作为优质教育机会分配主要手段的时候，参加各种补习班、奥数班提高入学考试分数增加了竞争优质教育机会的胜算，此时参加补习班的成本就构成了获得优质教育资源的隐性成本；在以户籍决定优质教育机会分配的地区，高价购买城镇户口可以提高竞争的胜算，此时购买户口的成本就构成了获得优质教育资源的隐性成本；在允许择校的时候，必然有人寻找社会关系缴纳择校费、赞助费，此时寻找社会关系的人情成本及

① 事实上，我们同意陆铭和蒋仕卿（2007）的观点：“中国的教育产业化过程中出现的种种问题是教育产业化的‘方式’问题，而不是‘方向’问题。”在一定的条件下，“教育的市场化是教育资源有效利用的方式，但是，这绝不是说政府应该退出教育市场”。参见：陆铭，蒋仕卿．反思教育产业化的反思：有效利用教育资源的理论与政策［J］．世界经济，2007（5）：44-51.

缴纳赞助费的成本就是获得优质教育资源的隐性成本。在禁止择校但是“就近入学”的时候，购买好学校周围价格高昂的学区房就成了家庭的理性选择，此时高昂的购房成本溢价就构成了获得优质教育资源的隐性成本。不管怎样，只要优质教育资源稀缺，就必然导致对这种稀缺资源的竞争代价上涨——只是这种竞争代价有时候体现为显性的价格上涨，有时候体现为隐性的成本上涨。

在缺乏进一步的机制设计的时候，优质教育资源将优先分配给社会经济地位较高的家庭。相对于之前允许缴纳赞助费择校，“就近入学”有可能更不利于普通家庭，因为普通家庭可能承担得起十来万元的择校费，但是不一定承担得起高达几百万元的学区房购买成本。正如本章所发现的那样，教育质量与房价正相关，这将产生一系列的连锁反应——高质量的学校推升周边房价，可以自由买房的社会经济地位较高的群体为了获得优质教育资源会不断购买好的学区房；在学区房供应总量既定的前提下，这将进一步推升房价，从而迫使中低收入群体不断撤离。长此以往，将形成一种群分现象——拥有相近或相似的受教育程度、社会经济地位的人群聚集在一起，由此产生一种城市居住空间上的分割。具有相似家庭背景的孩子接受同一类教育，学校教育的社会化过程给予同一社会群体内部一种共同的身份认同并形成一个相对封闭的交往“圈子”，这将不利于城市居民之间的社会融合（陈友华、方长春，2007；方长春，2011）。

由于本章使用的是宏观数据，因而无法在微观层面检验就近入学政策背景下通过买房择校是否会导致学校内部、学校之间的群分现象加剧。对此，我们采取问卷调查和访谈等质性研究方法，考察了30位在北京就学的个体成长经历。我们特别关注在这些个体的教育经历中，择校是否影响其成长和发展。比如，择校是否改变了学生的身份认同，并由此在学校生活中形成不同的同伴圈子。研究发现，在受访者小学阶段，商品房市场并不成熟，以房择校尚不普遍，因而朋友圈子的异质性程度较高，伙伴来自各种家庭背景。但是，到了他们接受初中和高中教育的时候，随着商品房市场的逐渐成熟、以房择校的日益普遍，受访者朋友圈子的同质性程度越来越高。这种基于家庭背景出现的学生之间的群分现象不仅体现在不同“档次”的学校之间，也体现在同一学校内部通过不同方式入学的群体之间（郑磊 等，2015）。

那么，择校是否就是造成教育机会分配不公平和教育非均衡发展的原因呢？我们认为，这种看法颠倒了二者的因果关系。恰恰是在“重点校”等政策之下，才形成了客观的教育资源分布不均衡，由此产生了择校的动机。在本质上，家长为子女选择学校和消费者选择一件称心如意的商品并无区别。只是教育在很大程度上起着社会流动助推器的作用，初始的教育机会的分配直接关系到今后一系列的社会经济结果，因此对这种特殊商品的选择就会牵涉更多的公平、正义层面的争论。任何选择总是成本与收益并存的。正如消费者并不总会选择质量最好的商品一样——因为这意味着更高的价格，理性的家庭也不会盲目追求质量最好的学校——因为这意味着更高的上学成本（无论是择校费还是择房费）或者更大的学习压力。事实上，教育经济学有关同伴效应（peer effects）的研究表明，盲目为子女选择质量较高的学校会得不偿失，因为影响个人教育发展的主要因素不是同伴的绝对质量，而是同伴之间能力的相对差异。同伴圈子能力差异越大，越不利于个人的教育发展（杨钋，2009）。

一个均衡发展的教育体系应该是一种多样化教育形式并存、允许个体自由选择的体系。因为多样化，所以才有可能满足不同家庭和学生的异质性需求。因为允许自由选择，才可以让家庭和学生的偏好更好地得到满足，减少资源误配的风险。

有学者认为，“择校”变成“择房”是家长的一种无奈选择（曾晓东，2010）。与之相对，有一种观点更为激进：通过买房而择校是家庭维护平等受教育权的理性选择（朱家寸，2001），而“就近入学”是家庭的一种“权利”而非“义务”（熊丙奇，2013）。以户口所在地划片就近入学，对不少无力选择购买学区房但又不住在好学区周边的家庭而言，无异于以一种自身无法改变的标准决定教育机会分配。这在本质上等同于以城乡户口、政治身份、家庭出身等“标签”决定教育机会分配。禁止择校、就近入学的教育均衡化发展政策是一种以行政手段为主导的措施。与之相对，另一种促进教育均衡化发展的政策是以家庭和个人自由选择为主导、带有分散化决策色彩的措施，如鼓励学生的自由选择和学校之间的自由流动、取消各种人为设置的进入性壁垒和门槛。其前提条件是，从限制家庭的选择转变为限制政府的“重点校”等或明或暗的非均衡发展政策，鼓励社会力量办学与公立学校的竞争，形成多样化的教育体系。在没有选择余地的情况下，择校率降低并不是评价教育均衡发展的有效指标（熊丙奇，2013）。充满选择余地但是学生仍然愿意留在所选择的学校而不愿意继续择校，这才是一种理想的“均衡”状态。

参考文献

[1] 曾晓东．择校治理政策的次优选择——基于公众择校行为与态度调查的分析［J］．教育发展研究，2010（2）：18-22.

[2] 陈友华，方长春．社会分层与教育分流——一项对义务教育阶段“划区就近入学”等制度安排公平性的实证研究［J］．江苏社会科学，2007（1）：229-235.

[3] 丁维莉，陆铭．教育的公平与效率是鱼和熊掌吗——基础教育财政的一般均衡分析［J］．中国社会科学，2005（6）：47-57.

[4] 方长春．家庭背景如何影响教育获得：基于居住空间分异的视角［J］．教育学报，2011（6）：118-126.

[5] 冯皓，陆铭．通过买房而择校：教育影响房价的经验证据与政策含义［J］．世界经济，2010（12）：89-104.

[6] 谷一桢，郑思齐．轨道交通对住宅价格和土地开发强度的影响——以北京市13号线为例［J］．地理学报，2010（2）：213-223.

[7] 郝前进，陈杰．到CBD距离、交通可达性与上海住宅价格的地理空间差异［J］．世界经济文汇，2007（1）：22-35.

[8] 陆铭，张爽．“人以群分”：非市场互动和群分效应的文献评论［J］．经济学（季刊），2007（3）：991-1020.

[9] 王轶军，郑思齐，龙奋杰．城市公共服务的价值估计、受益者分析和融资模式探讨［J］．城市发展研究，2007（4）：46-53.

[10] 吴愈晓．教育分流体制与中国的教育分层（1978—2008）［J］．社会学研究，2013（4）：179-202.

[11] 熊丙奇．就近入学是受教育者的权利而非义务［EB/OL］．http：//

learning. sohu. com/20130813/n384042089. shtml.

［12］杨钋．同伴特征与初中学生成绩的多水平分析［J］．北京大学教育评论，2009（4）：50-64.

［13］郑磊，朱志勇，王思檬．择校是否会影响学生的个人成长——基于同伴视角的个案研究［J］．教育学术月刊，2015（6）：34-43.

［14］朱家存．就近入学：是权利还是义务？［J］．中国教育学刊，2001（6）：9-13.

［15］BLACK S E. Do better schools matter? Parental valuation of elementary education［J］. Quarterly Journal of Economics，1999，114（2）：577-599.

［16］HAHN S，KIM T-H，KIM M. The influence of school quality on housing prices in Korea［J］. Applied Economics，2012，44：1021-1023.

［17］TIEBOUT C M. A pure theory of local expenditures［J］. Journal of Political Economy，1956，64（5）：416-424.

第 8 章
择校是否会影响学生的个人成长
—— 基于同伴视角的个案研究

个人的学校教育过程与经历会在很大程度上影响其今后的社会地位及经济利益获得。接受教育的层次、在每个教育层次所上学校的类型构成了个人的就学路径。“80 后”是义务教育阶段“就近入学”政策背景下成长的一代人。虽然他们当中的大部分人都是按照户口所在地就近入学的，但是通过特长加分、学习成绩选拔、买房、转户口、缴纳共建费、捐资等方式择校的也并不鲜见，而择校主要是选择优秀的师资和良好的同伴群体（曾晓东，2010）。家长希望通过择校，让孩子享受到更优质的教育，接受优秀老师的指导，结交更好的同伴。与家长的“择校热”形成对照的是，出于教育均衡发展及减轻学生负担的考虑，政府在《国家中长期教育改革和发展规划纲要》中提出，要“着力解决择校问题”。

从同伴的视角来看，在不同就学路径中成长的个体会处于不同的交往圈子之中，由此可能带来不同的同伴关系。那么，这种朝夕相处的“圈子”通过同伴效应（peer effects）这样一种人际互动方式又将如何影响个人的成长和发展呢？或者说，既然家长择校主要是选择同伴和教师，那么这种选择是否有效呢？

为了更深入地了解学校教育中的同伴效应，特别是在中国义务教育阶段存在择校行为的背景下，考察择校—同伴效应—个人发展之间的关系，本章采取问卷调查法和访谈法相结合的方法，以北京市的 30 位“80 后”个体为研究对象，考察在不同类型学校就学的个体的同伴关系，以及这种同伴关系对个人成长的影响。具体而言，我们试图通过一个小规模的个案研究，从微观层面了解择校是否会形成不同的“圈子”，并由此导致差异性的同伴效应。本章既从不同研究方法取向上审视同伴效应的影响机制，也期望拓展国内有关择校问题的研究视角。

8.1 文献回顾

择校研究是国内教育学界的一个热点问题。已有研究大多集中在以下几个方面：一是择校对教育资源配置、教育机会公平的影响（吴遵民、沈俊强，2006；邬凌羽，2010）。二是家庭择校方式、择校影响因素的研究。研究发现，在禁止择校的政策之下，仍然存在多种变相的择校方式（曾晓东，2010），如通过买房而择校（冯皓、陆铭，2010）、通过政治资本而择校（叶晓阳，2012）、通过社会资本而择校（周群力、陆铭，2009）。调查表明，家长更偏好各种可以控制的选择学校的手段，对完全无法控制的电脑派位入学最不偏好，并且在择校态度上存在家庭背景上的差异（曾晓东等，2014）。三是有关如何解决、治理择校现象的研究。比如，从国际比较的视野，借鉴国外择校治理的经验（曾晓东，2010；刘涛、范国睿，2011；丁笑炯，2012），或者对我国义务教育阶段入学机会分配政策进行解读，从政府行为分析、政府治理的角度研究择校问题的解决出路（董辉、卢乃桂，2010；刘大力、林小英，2010；曾晓东，2010）。总体而言，尽管有关择校的研究很多，但很少有研究关注择校对学生在学校生活中的同伴关系、师生关系及教育发展路径的影响。

尽管同伴效应是国外教育学、社会学、经济学的一个持续热门的前沿问题，但是与作为热点话题的择校研究相比，此类研究在中文学术界非常少见。国外学者有关此话题的研究大多使用定量研究方法考察个体的同伴构成（如在社会经济地位、种族、地域、能力上的分布）对其学业成就的影响（Angrist 和 Lang，2004；Carman 和 Zhang，2012；Ding 和 Lehrer，2007；杨钋，2009；Imberman 等，2012；曹妍，2013）。这些研究几乎都发现，同伴关系对个人的教育发展会产生显著的影响，并且对行为、价值观、身份认同的影响要大于对学业成就的影响（Sacerdote，2011）。然而已有研究仅通过对同伴在某些特征上的构成或表现来度量同伴效应，缺乏对同伴交往方式、身份认同模式场景再现般的描述，而这些难以量化的内容恰恰是同伴对个体施加影响的机制。

我们认为，与电脑派位或者房地产改革之前[①]的就近入学相比，通过各种择校方式入学的学生在学校生活中的同伴圈子在家庭背景上更加同质化，这对于来自“名牌学校”“重点学校”的学生而言尤为明显。因此，择校会加剧交往同伴按照社会经济地位划分的“群分现象”（sorting）。而不同的同伴圈子又会因为异质性的同伴效应对个人发展产生不同的影响。

由于人和人之间在偏好、品位及身份认同上的差异，人们倾向于和与自己拥有相近背景的人密切交往，由此产生了一个个内部开放但是对外封闭的“圈子”，即拥有相似职业、社会经济地位的群体聚集在一起，这就是“群分效应”（陆铭、张爽，2007；冯皓、陆铭，2010）。在每一个“圈子”里，人际互动的社会化过程又形成、改变或强化了“圈内人”的身份认同。基于共同的身份认同，圈子内部的人互相影响，从而产生了“同伴效应”。

在严格的“就近入学”政策下，如果不存在任何择校方式，就学机会就会完全按照初始的家庭居住地分配。在住房尚未市场化的20世纪90年代初期，居住空间的分布相对而言比较均匀——各种阶层的人往往混合在一起居住。因此，在同一所学校就读的学生更有可能来自不同的家庭背景，其同伴圈子的多样性程度较高。换言之，在不同学校就读的学生，其伙伴圈子的差异性虽然存在，但不会很大。但是，在“就近入学”政策背景下，仍然存在各种择校方式。一个典型的方式就是“通过买房而择校”（冯皓、陆铭，2010），这在住房市场化的90年代后期尤为普遍。在房地

① 之所以强调房地产市场改革之前，是因为在20世纪90年代之前的就近入学基本上是按照不受家庭选择的居住地分布进行入学机会分配的一种模式。但是随着房地产市场改革的深化，家庭越来越有操作空间通过“买房而择校”，因此后一阶段的就近入学其实是一种在家庭选择能力之下的入学模式。

产市场与教育市场联动的一般均衡分析框架下①，一个结果就是，社会经济地位较高的家庭聚集在好学校周围，垄断性地占有优质教育资源，而普通学校的生源主要来自一般家庭，由此产生了一种明显的群分现象——在优质学校就读的学生，其伙伴圈子明显优于在普通学校就读的学生。比如，针对南京市的一项调查发现，重点小学和初中周边的学区房住户，其家庭的父母的受教育程度、职业地位和收入水平都显著高于城市其他地区住户（方长春，2011）。在此背景下，如果就近入学，不同类型学校的同伴群体在家庭背景上存在明显的差异。因此，择校有可能在一定程度上强化了教育过程中的群分现象，由此导致在不同的“圈子”中接受教育可能会面临不一样的同伴效应，从而对学生的成长与发展产生不同的影响。

8.2 研究方法

我们根据“目的性选择”的标准选择了30位（男生12位，女生18位）在北京就学的研究对象。这30位研究对象均是在北京出生和成长的“土著”，在北京就读小学、初中和高中，出生年份为1985—1991年。其小学入学年份为1991—1997年，因此全部属于“就近入学”政策下的求学个体。研究对象的家庭户口分布在东城、西城、崇文、宣武、朝阳、海淀、丰台、石景山、怀柔、房山10个区。父母工作单位以事业单位、政府机关、国企为主，也包括个体工商户、产业工人和无业者。

在资料搜集层面，我们首先邀请研究对象填写关于个人求学路径的半开放式调查问卷，共计回收30份有效问卷。问卷除了了解研究对象的个人和家庭背景等基本情况以外，重点按照时间顺序询问了研究对象在小学、初中、高中阶段的求学路径，特别是受访者的择校情况、日常伙伴交往情况和学校内的师生关系。对于择校情况，问卷通过“实际居住地”“户口所在地”“学校名称”“就读方式”“转学情况”等问题进行考察。对于伙

① 基于经济学的一般均衡分析框架研究这两个市场的互动关系，参见丁维莉和陆铭（2005）的研究。

伴圈子及研究对象的感知，问卷通过“对自家生活水平与同学相比较的感觉”“关系特别要好的同学的情况”“课余生活是怎样度过的”“对学校环境的评价”“毕业后是否频繁联系”等问题进行考察。

然后，针对问卷当中主观感受性的问题，我们与研究对象进行访谈并记录访谈内容，访谈以结构性访谈方式为主，重点考察研究对象对就学环境中人际交往圈子的评价（包括对老师的评价及对同学的评价）、对择校的态度，以及伙伴圈子对受访者成长的影响等。访谈主要通过以下问题开展：“评价老师对你的影响”“说说同学或好友对你的影响”“择校或非择校的求学路径对你产生了哪些影响”“是否会考虑购买学区房以及原因”等。

需要指出的是，在研究对象上小学的时期，北京市崇文区、宣武区是独立的行政区。同时，北京市还存在所谓的市重点、区重点学校名号，这些情况与现在有所不同。本章以研究对象上学期间的实际情况为分析基点，所使用的区域划分、评价学校的级别、入读方式等，均以研究对象的回答内容为准。另外，参考曾晓东（2010）的定义，本章所谓的“择校”包括特长加分、学习成绩选拔、买房、转户口、缴纳共建费、捐资等多种方式。

本书所有研究对象在被充分告知研究目的的前提下自愿接受问卷调查和访谈记录，所有资料的使用均征得研究对象的同意并采取了匿名处理。

8.3　资料分析

8.3.1　升学方式：多元化

在小学就学阶段，共有21位研究对象按照户口所在地入学，其中有15位就读于所在片区内的普通学校。在初中就学阶段，进入比北京市重点还难进的“超级重点”学校的有2位，进入北京市重点学校的有7位，进入区重点的有6位，进入片区内口碑较好学校的有5位。在高中就学阶段，有3位就读于普通学校，1位就读于薄弱学校，其他26位均就读于各类重点学校，其中在北京市重点学校就读的共有15位。

在小学阶段（即房地产市场化改革之前的20世纪80年代后期到90年代前期），9位采取了各种择校方式入学就读，其中有4位动用社会关系择校入学，有2位为了上理想学校将户口迁到亲戚住所从而“就近入学”，有2位通过独立考试入学，还有1位利用父母单位与学校是共建关系而入学。这9位没有按家庭户口入学的人中，有4位是因为“人户分离”（即家庭实际居住地与家庭户口所在地不一致），家长担心上学太远而进行择校的，其他5位则是为了选择高质量学校而采取了各种择校手段。

在“小升初”阶段，仅有6位是按照电脑派位入学的，其他研究对象则采取各种形式进行择校。其中，有13位是通过参加学校独立考试和体育、艺术、奥数等特长进入了比较心仪的中学，这是最主要的择校方式。此外，动用社会关系择校的共有5位，利用父母单位与学校是共建关系而入学的有2位，基于小学推优资格入学的有2位，在电脑派位时利用关系派到理想学校的有1位，没有任何关系但是缴纳赞助费入学的有1位。由此可见，在“小升初”阶段面临着“电脑派位、就近入学”的升学政策，但是30位研究对象及其家庭存在着各种形式的择校方式，如靠学习能力择校（独立考试和特长生）、通过社会关系择校等。

在“初升高”阶段，学习成绩对升学具有更加重要的影响，30位研究对象中，有21位通过中考成绩或学校组织的独立考试进入了志愿高中。此外，有5位通过独立考试直接升学，2位因中考成绩较差缴纳赞助费择校入学，以初中推优生资格及高中附属的初中部毕业生资格优先录取的各1位。

有择校经历的研究对象对择校持肯定性评价，认为“师资较好，同学氛围很好，对我的帮助是决定性的”“为以后的升学奠定了基础”“好的学校确实有更好的学习生活环境，周围同学的基本素质也比较好，眼界更开阔”等。也就是说，择校者可以拥有更好的教育资源（这种资源主要指的是师生关系而非校园硬件条件），对自己以后的求学和人生道路起到了非常重要的作用。

没有择校经历的研究对象认为，“通过统一考试或者就近分配的方式，让我养成了一切靠自己的习惯。做事从来都不依赖他人，也不愿意求人。通过自己的努力得到一切已经成为我生活的习惯”“学校次，但我的学习成绩很好，大家都愿意和我玩儿，增强了我的自信心”。

8.3.2　同伴构成：地缘抑或社会阶层缘

在住房尚未市场化的1997年之前（即受访者当中最晚的小学入学时间），研究对象的小学入学方式主要是“就近入学”，这意味着生源分布相对比较随机。“小升初”阶段的择校行为最为普遍。通过择校进入心仪的优质初中，以期提高中考成绩，这也是为不受“就近入学”政策限制的“初升高”入学提前做好准备。“初升高”主要以成绩作为“敲门砖”。因此，相对于小学阶段而言，初中和高中阶段同一所学校的生源会更多地来自家庭背景接近的学生。[①] 在以家庭户口就近入学为主的小学阶段，有13位认为自家的生活水平与同学差不多；在以各种方式择校入学为主的初中阶段，有20位认为自家的生活水平与同学差不多；在以考试作为主要入学方式的高中阶段，有18位认为自家的生活水平与同学差不多。由此我们认为，在小学阶段，研究对象的同伴圈子异质性较高，来自各种家庭背景的学生都有，伙伴圈子的形成主要来自一种基于居住地的“地缘关系”。而在初中和高中阶段，研究对象的同伴圈子同质性较高，主要来自与自己具有相似背景的家庭，伙伴圈子的形成更多的是一种“社会阶层缘”。

8.3.3　择友标准：趋同性抑或趋异性

在研究对象如何选择同伴方面[②]，因为“家庭居住地接近而成为朋友”的人数随着教育阶段的提高而递减，小学、初中、高中阶段以此择友的人数分别为21人、12人、8人。与之相对，择友越来越看重“性格相投”这一原因的在小学、初中、高中阶段的人数分别为14人、18人、23人。此外，在各个教育阶段，因为爱好相同或者家庭背景相似而择友的人数基

① 无论是通过各种社会关系择校，还是通过特长生考试等方式择校，择校的手段都和家庭背景密切相关。

② 在“家庭住址接近”“性格相投”“爱好相近”“成绩类似”“家庭背景接近”等几个择友原因当中，研究对象可以多选。

本保持稳定。

社会学认为，个人在选择同伴时倾向寻找和自己特质类似的人，即“趋同性交友”，而个人在择友时选择与自己特质不同的人，则为“趋异性交友”（McPherson 等，2001）。在种族、性别、年龄、宗教等特征方面，趋同性交友比较普遍；但是，在教育、职业、社会网络等特征方面，趋异性交友比较普遍。前者是为了满足交友过程中的情感表达需要，而后者则是在社会资源分配不平等的情况下，以“差异性交友”作为交换，获得某种工具理性上的收益（陈云松，2012）。我们的研究发现，尽管选择以家庭背景相似的同学为伙伴是主要择友模式，但是随着教育阶段的提高，某些特征上的趋异性交友方式越来越明显，特别是一种“向上寻求式”的择友模式——个人越来越倾向于选择家庭背景、成绩优于自己的人作为伙伴。在小学、初中、高中阶段，分别有 2 人、5 人、7 人表示选择了家庭背景优于自己的人作为伙伴；分别有 1 人、2 人、4 人表示选择了成绩优于自己的人作为伙伴。那么，这是否意味着随着年龄的增长，我们的研究对象越来越以一种工具理性的方式进行择友呢？如果是这样的话，那么是否意味着随着年龄增长，这种伙伴关系更多的是基于某种互惠的“利益性需要”？或者说，童年时期的伙伴关系相对于青年时期的伙伴关系更加“纯洁”？

8.3.4 毕业后与同伴的联系

研究对象毕业之后基本不再与小学、初中、高中阶段的伙伴联系的分别有 18 人、9 人、4 人。也就是说，越久远的伙伴，毕业之后联系的可能性越小，这有可能是小学阶段各种通信工具不发达所致。但是，我们在访谈中发现，虽然有相当比例的受访者与小学和初中同学基本不联系了，但如果保持联系，则这种关系非常紧密，甚至超过与高中同学、大学同学及同事的联系。他们与小学和初中同学不仅利用网络等渠道进行联系，而且见面与“串门”的次数也相当频繁。同时，与小学和初中同学保持紧密联系的研究对象，几乎全部是在户口所在地片区内的小学和初中就读的，并且基本没有择校行为。这表明，按照“就近入学”政策正常求学并且没有择校的研究对象与同伴的联系更加紧密。这或许是因为按照“就近入学”政策就读的研究对象在小学和初中时与同学居住在同一个或距离很近的居住区内，单位制社会结构和街坊大院的居住形态导致研究对象与其同伴的相处时间比较充裕，而课业压力较小使得这一阶段的伙伴之间主要通过玩耍加强了友谊，这是一种单纯的、目的性不强的“玩伴关系”，这在下文会有进一步的体现。

8.3.5　同伴关系：从“玩伴”到“伙伴”

所有研究对象都认为自己的小学阶段“无压力”“没什么竞争”，小学阶段很快乐、很团结，同学都很友好。研究对象中有 7 人表示，“那时住的都很近，每天和伙伴一起上下学、一起玩，非常充实”。这表明，在以“就近入学”为主要入学方式的小学，同伴圈子的形成主要是基于居住地的远近来划分“亲疏关系”。到了初中阶段，有 17 人认为“有压力”，有 2 人认为“竞争激烈”，有 5 人透露“有考试排名”“压力大”。有 20 人认为初中同学带给自己新鲜的知识、使自己进入了以前不知道的领域、开阔了眼界、培养了新的兴趣爱好。有 8 人表示，初中同学有的学习出色，使自己学习有动力。有 4 人表示和初中同学有共同的志向和价值观，结识了一生的好朋友。由此可见，在就近入学比例较高的小学阶段，同伴关系是一种以玩耍、游戏为主要方式的“玩伴关系”。在择校比例较高的初中阶段，同伴关系变成一种基于相同的兴趣、价值观的“伙伴关系”。

根据问卷调查和访谈的结果，我们发现，如果从个人发展路径来看，尽管择校对择友标准、同伴构成及交往方式产生了一定影响，使得身处不同类型学校的研究对象拥有不同的伙伴圈子，但是这种异质性的“圈子”并不必然对个人的成长与发展产生差异性的影响。换言之，即使身处一般学校，研究对象的同伴圈子主要来自社会经济地位一般的家庭，他们的个人成长经历未必就不如身处好学校的同龄人。

根据资料的分析，研究对象的群体交往方式可以划分为四种类型：①优质学校里的“共同奋斗型关系”，同学之间竞争压力较大，但这是一种良性竞争，同学在名校氛围中彼此都很有认同感，“比、学、赶、帮、超”，在压力下互相促进、共同成长，“近朱者赤”的同伴效应非常显著；②优质学校里的“互通有无型关系”，同学之间非常看重在优质学校共同交往的社会资源和社交圈子，这种圈子既带来精神上的激励（如都属于阳光少年、开朗励志），也具有物质上的收益（如利用圈子寻找工作和生意上的伙伴），在毕业之后可以充分利用伙伴圈子的人脉关系；③优质学校里的“残酷竞争型关系”，身处同学个个家庭背景不凡的优质学校，人际关系复杂，个别老师偏袒某些学生，人际交往和学习压力均较大；④普通学校的“自强不息型关系”，身处普通学校，但是自身学习能力、人际交往能力较强，凡事都靠自己努力，因此颇受同学欢迎，建立了很好的自信心。表 8.1概括了身处这四种类型群体交往方式的受访者的就学路径及择校方式。限于篇幅，我们在这里只呈现 10 位研究对象的群体交往方式。

（1）优质学校的“共同奋斗型”

A 是一位一直在重点学校（甚至是重点中的重点）就读的女生。在她上小学的时候，通过缴纳赞助费入读了与户口片区并不一致的重点校。她觉得就读于北京最好的小学“没有压力。老师的教学方式是自由民主、快乐学习，班级很团结，同学家长很多是知识分子，比较注重孩子各方面素质的培养，小学时很快乐”。到了初中阶段，“学习压力较大，经常排名，同学关系非常融洽，属于在压力中共同进步。结识了很多至今都保持着密切联系的好朋友。虽然那时学习很苦，但是大家同甘共苦，建立了深厚的感情”。“高中阶段是快乐的学习和生活，班级氛围好。有一定竞争，但还好。我已经适应了竞争。老师注重每个人的个性发展，因材施教，很有耐心，使我受益颇多。”在如何看待择校方面，她认为“小学时的择校，奠定了日后的基础，好的学校确实有更好的生活环境，周围同学的基本素质也比较好，使我眼界更开阔。如果条件允许的话，我会购买学区房，因为好学校师资好、教学方法好、学生的家庭条件和素质也较高，孩子不容易学坏。应该让孩子从小在良好的条件和氛围中学习”。

表 8.1　就学路径与同伴关系

类型	受访者	小学	初中	高中	大学	目前状态
优质学校的“共同奋斗型”	A（女）	市重点（缴纳赞助费）	市重点（跨区保送）	市重点（成绩优异）	市重点	银行职员
	H（女）	普通小学（就近）	市重点（独立招生）	市重点（成绩达线）	市重点	国家级通讯社编辑
优质学校的“互通有无型”	B（男）	普通小学（就近）—区重点（托关系）	区重点（缴纳赞助费）	市重点（成绩优异）	市重点	自己经营财务代理公司
	I（女）	普通小学（就近）—区重点（学校撤并）	市重点（体育特长生）	市重点（托关系缴纳赞助费）	出国留学	三甲医院工作
	J（男）	普通小学（就近）	市重点（共建单位子女）	市重点（成绩优异）	市重点	会计师事务所项目经理
优质学校的“残酷竞争型”	C（男）	区重点（转户口择校）	市重点（就近）	市重点（成绩达线）	市重点	汽车公司财务专员
	D（男）	口碑较好（就近）	薄弱校（就近）	市重点（成绩优异）	市重点	会计师事务所高级顾问
普通学校的“自强不息型”	E（女）	普通小学（就近）	薄弱校（就近）	市重点（成绩达线）	复读进入北大	全职公益人
	F（女）	普通小学（就近）	普通初中（就近）	市重点（成绩达线）	普通大学	MBA 在读
	G（女）	口碑较好（就近）	薄弱校（就近）	薄弱校	市重点	外企

另一位具有类似就学经历的女生 H 同样对择校持认同态度。她表示：“会在孩子的初中和高中阶段为其择校。小学可以离家近一点，从初中开始，就一定要让孩子去好学校。12~18 岁是人生中很重要的阶段，世界观、人生观、价值观，以及性格、脾气、秉性等都是在这个阶段形成并最后定型的。孩子在这个阶段如果能上一所校风严谨、氛围单纯的学校，对其成长会有很大的影响和帮助。我很受不了那些三类校的流氓打架等事件，比如像 M 校那样的烂校。我的孩子一定不能在人生的关键阶段学坏。”

这两位从“名校”一直读上来的受访者对自己所处的学校具有强烈的身份认同，对一般学校有一种毫不掩饰的鄙视，并且认为自己的伙伴圈子是基于共同的爱好和价值观形成的。

（2）优质学校的“互通有无型”

男生 B 是一位在就学路径上多次通过托关系、缴纳赞助费等方式择校的头脑活络的小伙子。上小学的时候，家里为了改善其就学环境，托人把他转进了区重点。但是，“同学都很排外，陌生的环境让我适应不了，自信心严重受挫。转学前是‘两道杠儿’，学习委员，这么大的干部转学后没有平级调动。我也没觉得新学校有哪儿好，音乐老师课间当着小朋友的面儿往地上吐痰，这哪是区重点的素质！”到了“小升初”的时候，他参加了某区重点的独立招考，缴纳了赞助费。“我觉得分数过线足够，但是因为校长要填建校时的大窟窿，所以让家长都交赞助费。我觉得这钱是合理的。”当然，他对初中的评价也很高。“老师不错，有经验，很负责，努力鼓励我，使我变得很阳光。同学都是富人子弟，啥人都有，都很聪明，学习都很好。学习压力嘛，据我同学说压力大、竞争激烈，但是我没感觉。”在这样的重点校上学，自然会结识一帮具有相似家庭背景的朋友。“初中同学都很牛，不过很多出国了，很难见到一面。高中同学目前很多都是‘铁瓷’，大学同学也是一堆哥们儿。大家都是追求上进、性格阳光的人，没有颓废的。大学同学目前广义上来看全是同行。现在逢年过节时，同学们经常联系，和同学们在一起探讨一下近况，展望一下未来，看看有没有一起合作做买卖的可能。我估计未来大家一定会一起折腾一些好玩儿的事儿出来。”受益于成长道路上的择校经历，他对择校也持认同态度。当我们问及买房时是否会考虑学区因素、是否会为子女择校等问题时，他表示：“首选是少年时就移民留学，直接读发达国家的学校。这一条不可行的话，就去读贵族学校，尤其是初中、高中的时候，让孩子的朋友圈都是‘大牛’。再不行的话，就哪儿都一样，甭费劲了，多读点语言早日留学，或者多学点实用的社会技能。关键时刻，我要亲自上阵进行教育。”由此可见，择校形成的同伴圈子对他的个人成长具有比较明显的影响。但是与其说他看重的是名校本身的身份认同，更不如说他看重的是身处名校所形成的人脉关系。

有意思的是，身处名校的受访者对自己学校有一种高度的认同，但是不同学校之间的受访者彼此之间并不认同。换言之，这种群分不仅体现在不同档次的学校之间（如前面的 H 对一般学校的鄙视），也体现在同一档次的不同学校之间。女生 I 和男生 J 的访谈充分体现了这一点。I 就读的初中是市重点。访谈的时候，她刚从初中同学的婚礼现场赶过来。我们自然就聊到婚礼现场怎么样。

“别提了，一肚子闷气。新郎是我 X 中的初中同学。新郎初中是 X 中的、高中是 Y 中的①，所以来了一些他 Y 中的同学。我们坐一桌，五个 X 中的、五个 Y 中的，对半。本来都是来祝贺婚礼的，大家见面热闹热闹也没什么，可你猜怎么着？我们那桌那个气氛啊，甭提多叫人憋气了。”

“是不是两所学校的人合不来？”

“没错。他们 Y 中的五个人坐在对面半桌，一张桌子两边完全不是一个气场。那群 Y 中的，别提有多嚣张了，一个个高谈阔论、趾高气扬，凑一起神侃，指点江山，夹杂着各种炫耀、点评，每个人都是一副唯我独尊的样子，都特有优越感，全都斜眼儿看人，都特能侃，显得自己知道的东西特多。拽，全都臭拽，都觉得自己特牛，都特装。”

“那你们 X 中的同学呢？”

“我们 X 中的同学都挺和气的，以前关系就不错，多年未见了，今天大家聚聚都挺开心的。本来嘛，大家都是来祝贺婚礼的。挺好的事情，结果全被 Y 中的那帮人搅了兴致。早就听说 Y 中的人都特有优越感，觉得自己特牛，今天算是见识了。他们不就是有些家长在某某部工作吗，装什么装，其实那些家长指不定干的是什么工作呢。”

男生 J 正好就读于 Y 中。我们让他用一句话形容 Y 中，他说：“非常牛的学校。比北京市重点牛，牛校中的航母。”我们追问，“有人说你们学校的都比较趾高气扬、目中无人，你认为是这样吗？”他笑笑说：“嫉妒呗。”但是，这两位受访者也表现出一定的共性。他们上的小学都是普通

① X 中与 Y 中都是市重点，但是 Y 中的生源更多地来自某国家部委工作人员家庭。

小学（I到了小学高年级因为并校进入重点小学就读），都表示毕业之后不再与小学同学联系了，但是与之后就读的重点初中和重点高中的同学在毕业之后依然保持密切联系。谈到对择校的看法时，I表示，“会考虑买学区房，优质的教育资源肯定是在买房时考虑的重要因素。在有能力、有财力的情况下，应该会为孩子择校。必要时会动用社会关系，再配合孩子的个人意愿。反正我会尽量把受教育的主动权掌握在自己手里。”但是，J的看法很有意思：“虽然我也是择校的受益者，但乖宝宝式的学习经历让我丧失了很多想法和冲动。沿着一条好高中—好大学—好工作的人生道路按部就班，真心不刺激。不过，等我有了孩子，我还是会给他买学区房择校的。”

（3）优质学校的“残酷竞争型”

男生D的小学口碑较好，初中是薄弱校，义务教育阶段都是“就近入学”。高中进入“超级”市重点就读。他认为，在一般学校就近入学其实挺好。“上小学时，按照户口就近上学，由于身边的人群都是一个阶层，所以没有很大的压力，很轻松。上初中时，我本来可以被保送到北京市重点初中，但后来赶上改革，取消保送政策，不愿意花很多钱去择校，只能就近上学。其实，就近上学很好，因为身边的同学都是同一类人，所以没有过度的攀比、压力。上高中时，考上市重点高中，接受了当时最好的高中教育，但由于身边的人非富即贵，所以会有很大的心理压力。由于是从三类薄弱学校上来的，所以基础差，需要花费大量时间才能把成绩排进班级前列，总之，高中时代进了一个非富即贵的圈子，压力很大，当然压力可以转化为动力，高中时代过得很辛苦，但确实是改变后来生命轨迹最重要的时期。”从对他的访谈中我们发现，进入名校也未必是一件好事。身份认同上的落差、新的环境的适应、人际关系的调整等都需要付出代价，能否很好地利用名校的优势顺利调整，在很大程度上取决于自身。

尽管他对择校的态度有所保留，但是在谈及将来是否会为自己的子女择校时，他毫不迟疑地表示了赞同。“会为孩子择校，接受良好的教育对孩子未来的成长、视野、接受的潜在机会都有很大的帮助。会考虑买优质学区的房子，这不仅关系到子女的上学问题，也有投资保值、升值的空间。”

（4）普通学校的“自强不息型”

女生 E 在义务教育阶段没有择校，一直在普通校甚至薄弱校就读，高中进入市重点，高考发挥失常，复读一年后进入北大。根据这样的就学路径，我们揣测她应该具有一种坚毅隐忍的性格。访谈在某种程度上验证了我们的猜想。“我就读的初中特别差劲，你所不能想象的各种差劲。除了工读学校，简直没有比它更差劲的了。初中时，我是团支书、副班长、学习委员。竞争？没有任何压力，评奖，全是我的。”但是，她却高度评价这极其差劲学校中的老师和同学。“我非常非常爱我的初中老师。直到今天，这种感情都不能忘怀。我永远不能忘记他们对我的关心，对我未来的建议，保护我不受其他人的影响。他们最担心的是我难以在离开他们之后独自面对挫折。十四年之后的今天，我比从前更坚强。我的同学非常的团结，他们一起打架、一起犯事，也一起担心未来。他们非常的聪明、友爱、善良，但却没有获得最好的资源。如果时光逆转，我还能回到彼时，我绝不吝啬拥抱他们每一个人，告诉他们我对他们的感情。今天，我和他们当中的所有人大概已经没有什么交集，但是我爱他们，爱从前在一起的日子。他们是我整个青春里面最好的记忆。”

按照她的说法，她今天的性格、她的成长和发展在很大程度上与这所超级差劲的初中有关。“因为学校实力不行，在初中的三年里我过得非常焦虑，我觉得我的同学平庸，我的老师一般，而我的父母并不能给我无忧的未来。我所有做的事就是为了一个目的——尽快中考，尽快离开这个地方，为了更好的前途努力活着。他们让我在同龄人里面确定了我的角色：少言、优秀、一点点冷漠。这种认知一直延续到今天，这样一个角色的确定是我熟悉又满意的。从这个角度说，我的初中同学塑造了我一生的态度和行为。我爱他们。”

我们问她如何看待择校。她说：“如果我当时择校了，可能心理上会更平静，不会有那么多大起大落，不会有那么多性格上的弱点，不会有那么多的野心。现在，野心已经是我最好的朋友。我的父母让我觉得自己培养自己非常重要，外部环境都在其次，自己敢去吃苦比什么都重要。这种靠自己的经历让我觉得自豪，又觉得不堪回首。”她认为“就近入学”政策并不公平。“用户口分配资源是一件非常不公平的事情，如果学生不想认命，就得拼命，这对学生要求太高了。不过，只要学生不认命，学校好坏、就近与否不一定能给他的未来带来绝对影响。这样看来，所谓的高价买学区房是一件愚蠢的事情，而通过各种关系来拼爹同样劳民伤财而无用。”尽管自己在逆境中靠拼搏一路过关斩将，认为择校也不一定有多大用处，但是她和之前的几位受访者一样，毫不犹豫地表示会为自己的子女买房择校。“会买。倒不是为孩子求得多么有保障的未来，只是不想让孩子和我一样备受煎熬。”

与 E 有类似经历的女生 F 同样认为，在一般学校就读并不见得就是坏事。竞争压力较小，同学关系融洽，只要自身努力，一样潇洒自在。没有择校经历的就学路径让她同样形成了任何事情靠自己的坚毅性格。“在整个求学过程中，我从未择校，也没有想过择校，都是通过统一考试或者就近分配的方式。我觉得这样的经历让我养成了一切靠自己的习惯。做事从来都不依赖他人，也不愿意求人。通过自己的努力得到一切已经成了我的习惯。”“父母对我一直没有太严格的要求，一切顺其自然，这让我的学生生涯过得十分快乐。但也正是由于父母的宽容与信任，我对自己要求十分严格，也养成了要强的性格。”F 是所有受访者中唯一一位认同“就近入学”政策并且表示不会为将来的子女择校的。“我认为就近入学很好。首先，同学们住得比较近，有利于交流，可以建立长期的友谊；其次，省下了大量上下学途中的时间，可以利用这些时间培养兴趣爱好；最后，还减少了托关系、交赞助费等行为，让所有的孩子感到公平与平等，对于孩子人格的建立有帮助。我不会考虑为孩子择校，我希望他能够凡事靠自己的努力，并不愿意让他觉得家长可以帮助他得到一些额外的资源。”

8.4 结论与讨论

本章研究发现，小学阶段大部分研究对象以“就近入学”的方式升入户口所在片区的小学。到了初中阶段，通过各种方式择校的比例大为提升。是否择校在一定程度上影响了个人的择友标准、同伴构成及交往方式。受访者小学期间的伙伴主要按照家庭居住地远近划分亲疏关系，而中学时代的伙伴主要基于兴趣、价值观等进行选择。在择校比例越来越高的教育阶段，同伴圈子来自相近家庭背景的比例也在递增。尽管受访者大多表示毕业之后与小学同学几乎不再联系，与初中和高中同学仍然保持密切来往，但是在那些与小学伙伴仍然联系的研究对象当中，这种联系的强度更高。尽管择校可能给个人带来不同的伙伴圈子，但是研究发现，这种异质性的“圈子”并不必然对个人成长发展产生差异性的影响，这个结论与当前社会中择校家庭的预期不符，至少从同伴视角来看，以选择同伴为目的的择校并没有人们想象中的那么重要。

根据教育经济学有关教育生产函数的理论，对学生个人成长发展而言，以下四个因素起着关键的作用：一是家庭环境，如家庭的社会经济地位等；二是个人因素，如能力、禀赋等；三是学校环境，如教师质量、办学条件等资源；四是同伴影响。其中，家庭环境、个人因素、学校环境对个人发展具有直接的影响，这三者又会通过影响同伴群体而产生间接影响（Hanushek，2010）。具体而言，家庭通过择校可以选择就学的学校环境，形成不同的就学路径。这种自我选择过程，加剧了身份认同基础上的“人以群分”的分割现象（即群分效应）。在每个人身处的密切交往的小圈子里，同伴会对自己施加影响（即同伴效应）。但是，我们的研究发现，个人并不是单向度地接受同伴群体的影响。个人的能力、禀赋在很大程度上主导这种同伴群体的影响——或是强化正面的同伴效应，或是抵消不利的同伴效应。因此，我们可以构建如图 8.1 所示的概念框架图。

从我们的研究来看，择校与否似乎并不影响学生个人最终的成长和发展路径——不论是否择校，我们的研究对象几乎都进入了市重点大学甚至更优质的大学继续学习，大学毕业之后也几乎都拥有一份用社会主流标准评价还不错的工作。但是，值得注意的是，几乎所有研究对象都表示将来会为自己的子女择校。而择校的理由主要有两个：一是择校可以为子女创造更好的同伴环境，这种良好的同伴环境既具有价值理性的塑造良好价值观的作用，也具有工具理性的结交人脉的作用；二是择校是在教育资源分布不均的背景下，家长为子女尽可能地减少教育机会不公平所做的努力。

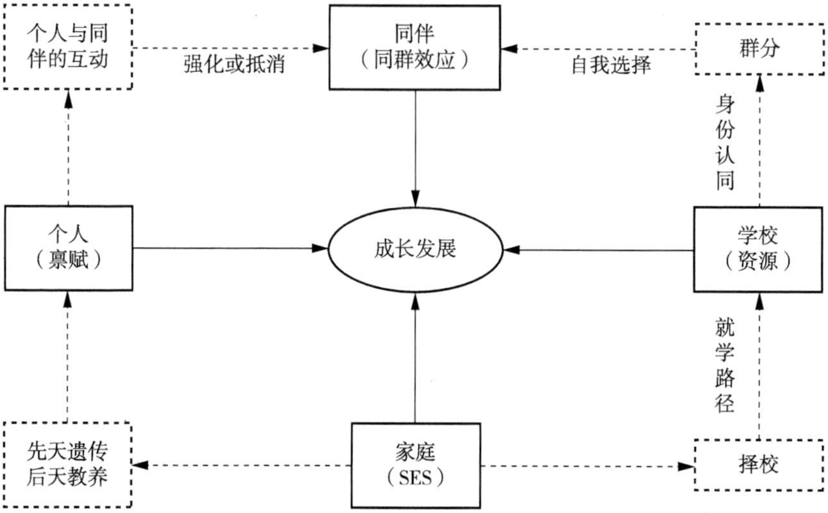

图 8.1　影响个人发展的因素

尽管本章仅仅是一个“个案”分析，我们也无意把本章的结论推广到其他个体，但是本章的研究结论却在一定程度上增进了我们对择校行为的影响及教育中的同伴效应的理解。

首先，择校可能会强化人类社会本来就有的群分现象，同一所学校的生源来自背景相似的家庭，学校教育的社会化过程又强化了群体内部的身份认同，这将不利于城市居民之间的社会融合（陈友华、方长春，2007；方长春，2011）。

其次，同伴效应是一种人际互动。尽管没有择校有可能处于一个平均社会经济地位较低的同伴圈子之中，但是个体并不是单向度地受同伴的影响。换言之，即使没有择校进入了一个生源一般的学校，也不意味着个人的发展轨迹就一定会受到不利的影响。共同在逆境中的奋斗、鼓励、团结等交往方式，在一定程度上抵消了薄弱学校在师资、生源上的劣势。而这种同伴交往方式恰恰是已有的关于同伴效应的定量研究所难以考察的内容。

最后，就学生个人的教育发展而言，家庭环境和个人因素的作用要大于学校和社区环境的作用。20 世纪 60 年代，美国的《科尔曼报告》就已经指出，增加学校资源投入并不能提高弱势群体的学业成就，而家庭是一个更重要的因素。越来越多的来自经济学、社会学的研究也表明，居住社区虽然对个人成长有影响，但是其作用并没有家庭环境的作用大（Vigdor 和 Ludwig，2010）。比如，一项有关加拿大多伦多公共住房随机分配实验的研究发现，居住在完全不同的社区不足以解释个人社会经济结果上的差异，家庭内部环境的差异却能够解释样本总体差异的 30%（Oreopoulos，2003）。这就意味着旨在促进教育公平的政策应该将政策目标放在家庭而不是学校或社区。具体而言，应该针对弱势群体家庭，提供早期教育干预、育儿方式、家庭阅读等方面的指导，以此增加这些家庭的文化资本。

参考文献

[1] 曹妍．大陆移民学生如何影响香港本地学生的学业成就？——基于 PISA 数据的同伴效应实证研究 [J]．教育与经济，2013 (4)：47-55.

[2] 曾晓东，苏德钰洁，李达．大、中城市家长对治理择校的态度差异及其政策意义 [J]．教育与经济，2014 (2)：26-32.

[3] 曾晓东．“择校”对义务教育制度的挑战及发达国家实践中的“变革” [J]．比较教育研究，2010 (12)：32-36.

[4] 曾晓东．择校治理政策的次优选择——基于公众择校行为与态度调查的分析 [J]．教育发展研究，2010 (2)：18-22.

[5] 陈友华，方长春．社会分层与教育分流——一项对义务教育阶段“划区就近入学”等制度安排公平性的实证研究 [J]．江苏社会科学，2007 (1)：229-235.

[6] 陈云松．逻辑、想象和诠释：工具变量在社会科学因果推断中的应用 [J]．社会学研究，2012 (6)：192-216.

[7] 丁维莉，陆铭．教育的公平与效率是鱼和熊掌吗——基础教育财政的一般均衡分析 [J]．中国社会科学，2005 (6)：47-57.

[8] 丁笑炯．美国基础教育阶段择校的最新发展与实施成效 [J]．外国中小学教育，2012 (9)：1-7.

[9] 董辉，卢乃桂．从“指令”到“行动”：择校治理政策的实施［J］．教育发展研究，2010（22）：1-6.

[10] 方长春．家庭背景如何影响教育获得：基于居住空间分异的视角［J］．教育学报，2011（6）：118-126.

[11] 冯皓，陆铭．通过买房而择校：教育影响房价的经验证据与政策含义［J］．世界经济，2010（12）：89-104.

[12] 刘大力，林小英．公办高中择校费政策分析：管制俘获理论的视角［J］．教育发展研究，2010（12）：8-13.

[13] 刘涛，范国睿．慈善资金对美国择校政策的推动［J］．教育发展研究，2011（9）：60-66.

[14] 陆铭，张爽．“人以群分”：非市场互动和群分效应的文献评论［J］．经济学（季刊），2007（3）：991-1020.

[15] 邬凌羽．高中阶段择校与教育机会公平现状的调查——以经济发达地区的浙江J市为例［J］．教育理论与实践，2010（6）：44-46.

[16] 吴遵民，沈俊强．论择校与教育公平的追求——从择校政策的演变看我国公立学校体制变革的时代走向［J］．清华大学教育研究，2006（6）：111-118.

[17] 杨钋．同伴特征与初中学生成绩的多水平分析［J］．北京大学教育评论，2009（4）：50-64.

[18] 叶晓阳．“以权择校”：父母政治资本与子女择校［J］．世界经济文汇，2012（4）：52-73.

[19] 周群力，陆铭．拜年与择校［J］．世界经济文汇，2009（6）：19-34.

[20] ANGRIST J D，LANG K. Does school integration generate peer effects? Evidence from Boston's metco program［J］. American Economic Review，2004，94（5）：1613-1634.

[21] CARMAN K G，ZHANG L. Classroom peer effects and academic achievement：evidence from a Chinese middle school［J］. China Economic Review，2012，23（2）：223-237.

[22] DING W，LEHRER S F. Do peers affect student achievement in China's secondary schools?［J］. Review of Economics and Statistics，2007，89（2）：300-312.

[23] HANUSHEK E A. Education production functions：evidence from developed countries［C］//BREWER D J，MCEWAN P J. Economics of Education. Academic

Press, 2010: 132-136.

[24] IMBERMAN S A, KUGLER A D, SACERDOTE B I. Katrina's children: evidence on the structure of peer effects from hurricane evacuees [J]. American Economic Review, 2012, 102 (5): 2048-2082.

[25] MCPHERSON M, SMITH-LOVIN L, COOK J M. Birds of a feather: homophily in social networks [J]. Annual Review of Sociology, 2001, 27: 415-444.

[26] OREOPOULOS P. The long-run consequences of living in a poor neighborhood [J]. Quarterly Journal of Economics, 2003, 118 (4): 1533-1575.

[27] SACERDOTE B. Peer effects in education: how might they work, how big are they and how much do we know thus far? [C] //HANUSHEK E, MACHINS, WOESSMANNL. Handbook of the Economics of Education. Amsterdam: Elsevier, 2011, 3: 249-277.

[28] VIGDOR J, LUDWIG J. Neighborhoods and peers in the production of schooling [C] //BREWER D J, MCEWAN P J. Economics of Education. Academic Press, 2010: 431-437.

第 9 章
劳动力迁移对农村留守儿童教育发展的影响

始于 20 世纪 90 年代的大规模乡—城人口流动①推动了中国的经济发展和城市化进程。据估算，中国的国内人口迁移数量达 1.5 亿（Lee 和 Park，2010），中国的城市化水平已经超过 50%。但是与此同时，这一人类历史上少有的大规模内部移民也产生了一系列的社会问题。在户籍制度和社会保障体系还存在严重地区分割、城乡分割的当代中国社会，这些乡—城迁移者难以获得迁入地的永久居民身份，在子女教育、住房、医疗、社保等方面面临着“同城不同权”的制度壁垒。因此，很多乡—城迁移者不得不将子女留在家乡，由此出现了大量的农村留守儿童。② 根据第六次全国人口普查数据推算，全国 0~17 岁的留守儿童规模为 6972.75 万，其中农村留守儿童为 6102.55 万。农村留守儿童占农村儿童的比例为 28.52%，占全国留守儿童的比例为 87.52%（段成荣 等，2013）。

农村留守儿童的发展状况引起了政策制定者、学术界的高度关注。2010 年颁布的《国家中长期教育改革和发展规划纲要》多次提到留守儿童教育问题。在学术界，学者也从不同的角度分析了父母外出打工对留守子女生活、监护类型、教育、行为、心理等各个方面的影响。大部分研究都发现，父母外出打工不利于留守儿童的教育发展，如留守儿童的初中阶段在校率偏低

① 这种人口流动主要体现为农村剩余劳动力为了获得更好的就业机会而向城市或农村小城镇转移的过程。在本章中，我们不对“迁移”“流动”“外出打工”几个概念进行区分。

② 根据全国妇联 2008 年发布的《全国农村留守儿童状况研究报告》，所谓“留守儿童”，是指“父母双方或一方从农村流动到其他地区，孩子留在户籍所在地农村，并因此不能和父母双方共同生活的 17 周岁以下的未成年人”。

（段成荣、周福林，2005）、大龄留守儿童教育状况堪忧（段成荣、杨舸，2008）、留守儿童的成绩在父母外出打工之后有所下降（叶敬忠 等，2006）、留守儿童容易形成不良人格特点等（范方、桑标，2005）。

我们认为，已有研究对留守儿童教育发展状况的认识可能并不全面，这主要体现在以下三个方面：

首先，虽然很多研究都发现留守儿童教育发展处境不利，但这也许是农村儿童普遍面临的而非只是留守儿童面临的特殊现象（段成荣、杨舸，2008）。按照经济学的解释，父母选择外出打工一定是在约束条件下做出的一个相对较好的决策，这种选择要么有利于改善家庭经济状况，要么有利于提高自身人力资本积累（即教育经济学所谓的"配置效应"）。因此，父母外出打工并不必然导致留守儿童教育状况恶化。

其次，父母双方对儿童人力资本积累及教育发展具有不同的影响，因而父亲或者母亲外出打工对留守子女的影响是异质性的，这就有必要在家庭经济学和教育生产函数的框架下对父母双方（不同性别）的打工行为后果进行合理的解释。

最后，很多研究仅仅依赖个案调查或者横截面数据进行研究，因此模型固有的内生性偏误（主要是遗漏变量问题）导致留守儿童成绩低于非留守儿童可能仅仅是虚假回归结果。

为了更好地理解农村劳动力迁移对留守儿童教育发展的影响，解决已有研究存在的上述三个不足，本章利用来自中国西部农村的大规模抽样调查数据，考察父母外出打工及返乡对留守子女学业成绩的影响。我们将父母外出打工的影响分为"收入效应"和"教养缺失效应"。研究发现，父亲外出打工并不会降低子女成绩，但是母亲外出打工会对子女的成绩产生显著的负效应。此外，父母打工之后再返乡也无助于提高子女成绩。这些发现有助于我们澄清父母外出打工必然会导致留守儿童教育状况恶化的认识误区。

9.1 文献回顾

经济学家舒尔茨认为，国内或国际迁移是一种人力资本投资形式，其目的在于获得更好的人力资本配置收益。这种迁移行为会对其他未迁移的家庭成员的福利状况产生各种直接或者间接的影响，如影响子女的健康水平、教育获得、未来的迁移机会等（Lee 和 Park，2010）。尽管国内教育学界的很多研究都认为留守儿童的教育状况处于不利地位，但是人口学家和经济学家认为，父母迁移或外出打工并不像我们想象的那样必然会对子女的教育发展产生不利影响。比如，段成荣、杨舸（2008）发现，农村留守儿童未按规定接受义务教育的比例低于非留守儿童。一项以中国福建省的国际移民为样本的研究比较了移民者的留守子女和非移民子女的教育机会，结果发现，移民者的留守子女入学概率显著高于非移民家庭的子女，并且这种正效应对女孩尤为明显（Morooka 和 Liang，2009）。另一项研究同样表明，尽管父母外出打工会对农村留守儿童的高中入学率产生不利影响，但是打工者的汇款会在一定程度上改善留守儿童的受教育状况，对女孩而言，这种汇款效应尤为明显（Hu，2012）。

由此可见，父母外出打工对留守儿童教育的影响是复杂的。有学者概括了劳动力迁移（外出打工）可能对子女产生影响的机制，其中有两种机制分别具有正效应和负效应（Lee 和 Park，2010）。首先，父母外出打工会增加家庭收入，这将有利于儿童的教育发展（在本章后面的表述中，我们将其称为“收入效应”）。其次，由于父母外出打工往往是一种个人迁移行为（而非全家整体迁移），这就会导致家庭成员暂时分离，父母教养角色的缺失会对子女发展产生不利影响，留守儿童的心理健康水平、行为等方面也会出现诸多问题（在本章后面的表述中，我们将其称为“教养角色缺失效应”）。这样我们就提出了本章的第一个研究假说：父母外出打工对留守儿童成绩的影响取决于收入效应和教养角色缺失效应的净影响，因此父母外出打工的净影响既可能为正，也可能为负。

近年来，教育经济学当中有关教育生产函数的研究尤其强调父母、教师等教育投入资源的性别与学生的性别匹配问题。比如，美国学者发现，如果教师的性别和学生本人相同，那么将有助于提高学生的学业成绩和学习努力程度（Dee，2007）。针对发达国家的研究提出了“工作母亲假说”（working mother hypothesis），即认为父母亲外出工作对其子女成绩具有不同的影响，既有可能因为工作减少了在家辅导孩子的时间从而对子女成绩产生负效应，也有可能因为工作增加了家庭收入从而对子女成绩产生正效应，这一点在母亲身上表现得尤为明显（Magdalena，2008）。之所以会产生这种性别异质性影响，是因为父母或教师的性别通过性别角色模型、自我实现理论等机制影响到学生的教育结果（Dee，2007）。

基于这一思路，外出打工者的性别是一个重要的影响子女成绩的变量，或者说，父亲打工还是母亲打工对子女的影响可能截然不同。比如，父母外出打工会通过影响其他家庭成员的劳动供给决策从而间接影响子女的教育（Lee 和 Park，2010）。一般说来，母亲外出打工可能导致女儿过多地在家照料其他兄弟姐妹，父亲外出打工可能导致儿子不得不参与家庭的农业生产。如果是这样，那么可以预期，母亲外出打工将不利于女儿的教育，父亲外出打工将不利于儿子的教育。此外，考虑到家庭成员在进行决策时的偏好不一致，父母中的某一方外出打工将导致另一方有更多的家庭决策权，这将对不同性别子女的教育投资产生不同的影响（Lee 和 Park，2010）。一般来说，母亲更偏好于增加家庭的教育支出，或者偏好对女孩进行教育投资，如果是这样，父亲外出打工（母亲拥有家庭支出决策权和子女的监护义务）将有利于子女，特别是女孩的教育。由此，我们提出本章的第二个研究假说：父母外出打工对留守儿童成绩的影响取决于打工者的性别。

9.2　数据与研究方法

9.2.1　数据

本章采用的数据来自北京师范大学教育学部承担的世界银行/英国政

府双边赠款“西部地区基础教育发展项目影响力评价”（Basic Education in Western Areas Monitoring Surveys）的基线调查。该调查采用追踪重复测量的准实验设计，按照分阶段概率比例规模抽样（PPS）的方法，分别于2006年和2008年对甘肃、宁夏、云南、四川、广西五省（区）小学四年级、六年级学生及初一、初三年级学生进行了抽样调查。调查问卷涉及学生标准化测试成绩、家庭背景等相关信息。我们选取其中的小学生调查样本，其中两次调查都追踪到的小学生共计3706人。

9.2.2 变量

本章的被解释变量包括抽样学生的标准化测试语文和数学成绩。调查问卷中专门设计了一套面向所有抽样学校的数学、语文标准化测试题（标准化测试成绩满分为100分）。因此，各个学校的学生成绩之间具有较好的可比性。

我们最感兴趣的解释变量是父亲/母亲是否外出打工（1=外出打工）、打工后是否返乡（1=返乡）的虚拟变量。此外，影响学生成绩的因素有很多，为了尽可能准确地剥离出父母外出打工及返乡的“净效应”，有必要控制其他可能影响学生成绩的潜在因素。对此，我们控制了学生个体、家庭和学校层面的一些特征，具体包括学生性别（1=女生）、学生的民族（1=少数民族）、学生是否住校（1=寄宿生）、学生的学业期望（1=希望自己读到高中及以上）、学生每天做家务劳动的时间、父母的受教育程度（是否小学、是否初中、是否高中及以上三个虚拟变量，以未上学或文盲为参照组）、家庭中的孩子数量、家庭社会经济地位①（家庭社会经济地位中等、家庭社会经济地位较好两个虚拟变量，以家庭社会经济地位较差作为参照组）、学生所在学校类型（是否是乡镇中心小学、是否是九年一贯制学校两个虚拟变量，以村完小作为参照组）、学校办学条件②（办学条件中等、办学条件较好两个虚拟变量，以办学条件较

① 根据父母的职业、受教育程度、家庭经济状况三类指标合成计分。

② 根据生均教育经费、生师比、教师学历、班级规模、生均图书册数及计算机台数等指标综合计算折合。

差作为参照组)。

9.2.3 研究方法

以往很多研究采用横截面数据进行分析。在横截面数据结构中,简单地通过“是否外出打工”这一变量的系数为负就推断外出打工对留守子女成绩具有不利影响可能存在偏误。比如,一种可能的解释是,这些外出打工父母的孩子本来成绩就比较差,即使父母不外出打工,其成绩也显著落后于其他孩子。用计量经济学的术语来说,就是存在一些我们观测不到的个体层面的特征,而这些特征可能是真正影响学生成绩的因素,即产生了“遗漏变量偏误”。

由于我们拥有2006年、2008年两次调查数据,因此使用的是面板数据结构。利用面板数据,我们可以采用倍差估计法进行估计,这种方法能够有效地消除不可观测的个体异质性的影响。我们既比较某个时点上外出打工者子女(处理组)和未外出打工者子女(控制组)成绩上的差异,也比较外出打工者子女在不同时点上的差异。因此,倍差估计法也叫“差异中的差异”(difference-in-differences),它可以让我们较好地了解某种“干预”(如外出打工或返乡这种行为)的影响(伍德里奇,2003)。

根据2006年学生父母是否外出打工,将数据分为2006年未外出打工组(子样本A)和2006年外出打工组(子样本B)。在子样本A中,有一部分学生的父母到了2008年可能外出打工,但也有一部分仍然在家。因此,子样本A用于研究外出打工的影响,其中“2006年在家—2008年外出打工”这一部分是外出打工处理组,“2006年在家—2008年仍然在家”这一部分是外出打工控制组。在子样本B中,有一部分学生的父母到了2008年可能已经返乡,但也有一部分仍然在外打工。因此,子样本B用于研究返乡的影响,其中“2006年外出打工—2008年返乡”这一部分是返乡处理组,“2006年外出打工—2008年仍然在外打工”这一部分是返乡控制组。具体逻辑如图9.1所示。

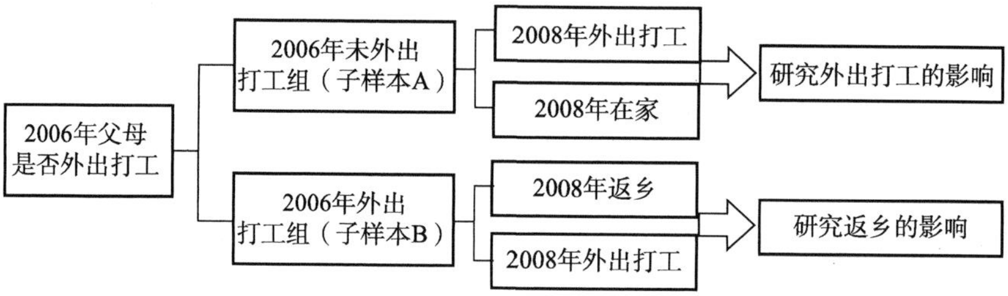

图 9.1　处理组与控制组的划分方法

倍差估计法的计量模型如下：

$$y=\alpha+\beta_1 \cdot T+\beta_2 \cdot Treatment+\beta_3 \cdot T \cdot Treatment+\gamma X+\varepsilon$$

其中，y 表示学生的成绩，X 表示其他控制变量，T 表示时间虚拟变量（1=2008 年的观测值），*Treatment* 表示处理行为的虚拟变量（1=外出打工/返乡），我们所关注的核心解释变量是打工/返乡变量与时间的交互项，因此其系数 β_3 度量了处理行为的影响。

9.3　结果与解释

9.3.1　父母外出打工对留守儿童成绩的影响

我们首先来看父母外出打工行为对留守儿童成绩的影响。我们按照外出打工者是父亲还是母亲进行了区分，以此考察打工者的性别是否具有异质性影响。基于倍差估计法的回归结果见表 9.1。

表 9.1　父亲/母亲外出打工对留守儿童成绩的影响

解释变量	数学成绩		语文成绩	
	模型 1	模型 2	模型 3	模型 4
时间（2008 年）	14.64*** (15.08)	15.60*** (21.28)	14.08*** (13.57)	14.12*** (17.95)
父亲外出打工	−3.55*** (−2.97)		−3.79*** (−2.97)	
时间×父亲外出打工	1.15 (0.72)		1.10	(0.64)

续表

解释变量	数学成绩		语文成绩	
	模型 1	模型 2	模型 3	模型 4
母亲外出打工		0.83 (0.63)		0.41 (0.29)
时间×母亲外出打工		-3.77** (-2.07)		-1.98 (-1.02)
女生	0.74 (1.02)	0.91 (1.55)	-0.23 (-0.30)	-0.31 (-0.49)
少数民族	-1.90** (-2.39)	-0.82 (-1.27)	-2.93*** (-3.44)	-2.12*** (-3.06)
住校生	-1.92* (-1.93)	-2.98*** (-3.68)	-3.90*** (-3.67)	-4.84*** (-5.57)
家务劳动时间	0.00 (0.77)	0.00 (0.04)	-0.01 (-1.03)	-0.01 (-1.23)
期望读到高中及以上	6.57*** (7.05)	1.96*** (5.32)	7.05*** (7.08)	2.44*** (6.16)
家庭子女数	-0.97** (-2.13)	-1.00*** (-2.70)	-0.66 (-1.35)	-0.59 (-1.49)
父亲小学文化	2.60** (2.59)	2.79*** (3.45)	2.25** (2.09)	1.80** (2.08)
父亲初中文化	2.89*** (2.62)	3.46*** (3.85)	3.10*** (2.63)	3.60*** (3.74)
父亲高中及以上	1.48 (0.93)	1.53 (1.18)	3.84** (2.25)	2.32* (1.67)
母亲小学文化	1.48* (1.66)	1.31* (1.82)	2.60*** (2.73)	1.82** (2.37)
母亲初中文化	0.21 (0.18)	0.38 (0.39)	-0.09 (-0.07)	0.21 (0.21)
母亲高中及以上	0.92 (0.43)	0.58 (0.33)	1.03 (0.44)	1.54 (0.82)
属于中等 SES 家庭	2.47*** (2.75)	1.35* (1.81)	3.05*** (3.17)	2.47*** (3.10)
属于较好 SES 家庭	1.10 (0.96)	1.77* (1.88)	1.95 (1.60)	2.42** (2.39)
学校是乡镇中心小学	-0.97 (-1.17)	0.22 (0.32)	-0.03 (-0.03)	0.96 (1.30)

续表

解释变量	数学成绩		语文成绩	
	模型 1	模型 2	模型 3	模型 4
学校是九年一贯制小学	-3.51*** (-3.03)	-3.68*** (-3.97)	-4.54*** (-3.67)	-4.51*** (-4.53)
办学条件中等	4.60*** (5.41)	3.48*** (5.06)	4.25*** (4.67)	3.46*** (4.69)
办学条件较好	3.54*** (3.62)	2.97*** (3.69)	2.90*** (2.78)	2.10** (2.43)
常数项	53.88*** (30.52)	51.33*** (26.75)	42.12*** (22.30)	39.20*** (19.04)
调整 R^2	0.17	0.17	0.16	0.15
观测值	1822	2657	1822	2657

注：*、**、***分别表示10%、5%、1%的显著性水平；括号中为 *t* 值。

由表9.1可知，父亲外出打工对留守儿童的成绩并无不利影响，甚至还具有虽然不显著但却为正的影响（见时间与父亲打工的交互项）。但是，母亲外出打工不利于提高留守儿童的成绩，而且会显著地降低留守儿童的数学成绩（见时间与母亲打工的交互项）。和那些母亲没有外出打工的同龄人相比，母亲外出打工的留守儿童的数学成绩平均低3.77分。

这一结果证明了我们前面提出的两个研究假说：首先，父母外出打工并不必然导致留守儿童的成绩降低，这与陈欣欣等（2009）的研究结论是一致的。其次，父母外出打工的影响具有异质性，这取决于打工者的性别。我们发现，父亲外出打工的收入效应弥补了教养角色缺失效应，因此父亲外出打工对留守儿童的成绩没有显著影响。但是，母亲外出打工的不利影响相对较大，母亲不在身边的留守儿童的成绩会显著下降。为什么会出现这种性别差异呢？对此，有两种可能的解释：第一，中国的劳动力市场存在着性别歧视，因此女性外出打工能够挣得的收入不如男性，从而导致母亲外出打工的收入效应小于父亲外出打工的收入效应。第二，和男性受教育相比，女性接受教育具有更多的外部收益，如受过良好教育的母亲会增加对子女教育投资的偏好（既可以是增加教育支出，也可以是增加育儿时间），或者减少家庭中资源分配上对女孩的歧视。不管怎样，如果母亲在家并且拥有家庭决策权，将有利于子女，特别是女孩的教育。我们的结果的确支持了这一解释。我们发现，父亲外出打工一方面有更高的收入效应，另一方面决策权落在母亲身上，母亲在家更有利于在家子女的教育支出和育儿时间，因此，收入效应更加明显，教养角色缺失效应相对较小，从而使得父亲外出打工的净效应表现为并不会显著降低留守儿童的成绩。但是，如果外出打工者是母亲，一方面收入效应较小，另一方面父亲在家行使决策权相对而言不利于子女的教育，因此，母亲打工的净效应就表现为对留守儿童的成绩具有不利影响（就数学成绩而言，这种负效应是显著的）。

我们进一步按照男童和女童拆分了样本，发现了类似的结果（见表 9.2 和表 9.3）。结果表明：父亲外出打工不会影响男童或女童的成绩，而母亲外出打工对男童、女童的成绩都有不利影响，并且这种负效应在数学成绩上是显著的。有意思的是，母亲外出打工对女童成绩的不利影响要大于对男童的影响——母亲外出打工会使留守男童的数学成绩降低 4.77 分、语文成绩降低 1.27 分；而母亲外出打工会使留守女童的数学成绩降低 5.54 分、语文成绩降低 4.43 分。这一结果再次证明了我们前面的两点假说：母亲在孩子教育发展中的作用更大，并且母亲对女童的影响更大。

表 9.2　父母外出打工对留守男童学习成绩的影响

解释变量	父亲外出打工		母亲外出打工	
	数学成绩	语文成绩	数学成绩	语文成绩
时间（2008 年）	14.44***	14.01***	14.39***	13.33***
是否外出打工	-2.35	-2.18	-2.44**	-3.50***
时间×外出	-0.17	-0.94	-4.77***	-1.27
民族	-0.57	-1.52	0.60	-0.36
是否住校	-2.72**	-4.08***	-3.29***	-4.64***
家务劳动时间	0.01	0.00	0.00	0.00
期望读到高中及以上	8.86***	8.69***	2.66***	3.25***
家庭子女数	-1.67***	-1.65**	-1.72***	-1.66***
配偶是否外出	-0.27	0.06	-0.12	0.25
父亲小学文化	1.67	2.93**	2.08*	2.11*

续表

解释变量	父亲外出打工		母亲外出打工	
	数学成绩	语文成绩	数学成绩	语文成绩
父亲初中文化	2.22	3.87**	3.06**	4.20***
父亲高中及以上	-2.15	3.09	0.10	3.09
母亲小学文化	-0.73	0.74	0.58	1.78*
母亲初中文化	-0.25	-1.14	-0.14	-0.21
母亲高中及以上	1.67	-0.19	0.81	0.40
属于中等 SES 家庭	2.70**	4.00***	0.76	2.78**
属于较好 SES 家庭	2.16	3.28**	1.88	3.08**
学校是乡镇中心小学	-1.30	-0.57	0.15	0.36
学校是九年一贯制小学	-4.42***	-7.28***	-4.01***	-5.71***
办学条件中等	4.39***	4.71***	3.47***	3.38***
办学条件较好	3.09**	3.79***	2.62**	1.92
常数项	55.09***	41.03***	51.42***	36.53***
调整 R^2	0.17	0.17	0.16	0.16

注：*、**、***分别表示10%、5%、1%的显著性水平。

表 9.3　父母外出打工对留守女童学习成绩的影响

解释变量	父亲外出打工		母亲外出打工	
	数学成绩	语文成绩	数学成绩	语文成绩
时间（2008 年）	13.88***	13.55***	15.54***	13.63***
是否外出	-4.57***	-5.47***	-0.05	-0.76
时间×外出	1.70	1.43	-5.54**	-4.34
民族	-3.52***	-4.66***	-2.82***	-4.47***
是否住校	-3.40**	-4.65***	-4.24***	-5.76***
家务劳动时间	0.00	-0.01*	0.00	-0.01*
期望读到高中及以上	4.46***	6.01***	1.77***	1.80***
家庭子女数	-0.42	0.05	-0.33	0.35
配偶是否外出	-1.44	-1.74	-2.79***	-3.33***
父亲小学文化	4.76***	2.31	3.78***	1.31
父亲初中文化	4.33***	3.31**	3.58***	2.91**
父亲高中及以上	5.59***	4.55**	2.79	1.62
母亲小学文化	2.05	2.59*	1.31	0.91

续表

解释变量	父亲外出打工		母亲外出打工	
	数学成绩	语文成绩	数学成绩	语文成绩
母亲初中文化	0.21	-0.35	1.23	-0.13
母亲高中及以上	-0.91	0.62	1.28	1.62
属于中等 SES 家庭	1.93	1.72	1.60	1.80*
属于较好 SES 家庭	0.71	1.52	1.50	1.96
学校是乡镇中心小学	-0.31	0.82	0.35	1.91*
学校是九年一贯制小学	-3.09	-3.51**	-3.21***	-4.20***
办学条件中等	4.91***	4.17***	3.53***	3.71***
办学条件较好	4.50***	2.80**	3.15***	1.88
常数项	54.26***	43.84***	51.47***	42.91***
调整 R^2	0.16	0.16	0.17	0.15

注：*、**、***分别表示10%、5%、1%的显著性水平。

为了再次证明母亲在子女教育中的重要作用，我们进一步估计了父母外出打工地点（本省打工、外省打工两个虚拟变量，以未打工为参照组）、留守儿童的监护类型（父亲监护、母亲监护、祖辈监护、亲属监护四个虚拟变量，以双亲监护为参照组）对留守子女成绩的影响。① 我们发现，父亲是否外出打工及打工地点对留守儿童的成绩均没有显著的影响，母亲打工地点越远对留守儿童成绩的不利影响越明显，并且这种负效应是显著的。比如，相对于母亲未外出打工的孩子，母亲在本省打工的孩子数学和语文成绩分别偏低 2.98 分和 1.24 分，而母亲在外省打工的孩子数学和语文成绩分别偏低 3.44 分和 2.25 分。相对于双亲共同监护的孩子（即父母都未外出打工），父亲监护（意味着母亲外出打工）的留守儿童数学和语文成绩分别偏低 4.94 分和 5.39 分，而母亲监护（意味着父亲外出打工）的留守儿童数学和语文成绩分别偏高 2.91 分和 2.21 分。

9.3.2 父母外出打工后返乡对留守子女成绩的影响

父母外出打工之后再返乡是否会提高留守子女的成绩？对这一问题的

① 为了节省篇幅，这里没有列出具体的结果。

回答是明显的——既然父母外出打工同时存在收入效应和教养角色缺失效应，那么外出打工的父母返乡就未必会提高子女的成绩了。表 9.4 的回归结果证明了这一点。相反，返乡行为甚至会对孩子的成绩产生虽然不显著但却为负的影响（见表 9.4 中时间和返乡的交互项）。

表 9.4　父亲/母亲返乡对留守儿童成绩的影响

解释变量	数学成绩		语文成绩	
	模型 1	模型 2	模型 3	模型 4
时间（2008 年）	17.67*** (17.26)	18.79*** (11.75)	15.58*** (14.14)	17.34*** (10.21)
父亲返乡	1.50 (1.37)		2.37* (2.01)	
时间×父亲返乡	-2.26 (-1.55)		-1.39 (-0.89)	
母亲返乡		-0.49 (-0.33)		-2.42 (-1.54)
时间×母亲返乡		-2.96 (-1.55)		-1.06 (-0.52)
女生	1.61** (2.40)	1.61* (1.78)	-0.53 (-0.74)	-0.76 (-0.79)
少数民族	1.81** (2.35)	2.45** (2.21)	0.54 (0.65)	1.62 (1.38)
住校生	-3.60*** (-3.81)	-1.70 (-1.29)	-4.20*** (-4.12)	-1.38 (-0.99)
家务劳动时间	-0.01 (-1.17)	-0.01 (-0.81)	-0.01 (-0.99)	-0.01 (-0.78)
期望读到高中及以上	1.88*** (4.61)	1.33** (2.54)	1.85*** (4.23)	0.77 (1.38)
家庭子女数	-0.66 (-1.58)	-0.65 (-1.14)	-0.14 (-0.32)	0.13 (0.21)
父亲小学文化	2.01** (2.20)	-0.21 (-0.16)	1.69* (1.72)	1.14 (0.83)
父亲初中文化	2.51** (2.55)	0.20 (0.16)	3.62*** (3.42)	1.76 (1.29)
父亲高中及以上	2.92** (1.98)	2.82 (1.42)	1.28 (0.80)	2.46 (1.16)

续表

解释变量	数学成绩		语文成绩	
	模型 1	模型 2	模型 3	模型 4
母亲小学文化	0.26 (0.31)	0.87 (0.72)	0.54 (0.60)	1.54 (1.21)
母亲初中文化	-0.35 (-0.32)	-0.71 (-0.52)	-0.88 (-0.75)	-1.55 (-1.05)
母亲高中及以上	-1.84 (-1.02)	-1.26 (-0.56)	-1.58 (-0.82)	-1.36 (-0.56)
属于中等 SES 家庭	-0.54 (-0.58)	-0.23 (-0.17)	1.83* (1.82)	1.35 (0.94)
属于较好 SES 家庭	1.45 (1.32)	1.03 (0.67)	3.12*** (2.65)	2.78* (1.69)
学校是乡镇中心小学	1.17 (1.41)	-0.24 (-0.21)	2.09*** (2.34)	1.20 (1.01)
学校是九年一贯制小学	-1.81** (-1.97)	-0.91 (-0.78)	-2.84*** (-2.88)	-2.12* (-1.72)
办学条件中等	2.10*** (2.64)	2.86*** (2.56)	3.45*** (4.02)	4.43*** (3.73)
办学条件较好	4.42*** (4.84)	6.03*** (4.99)	2.71*** (2.76)	4.29*** (3.34)
常数项	47.59*** (21.94)	49.41*** (17.30)	35.28*** (15.11)	37.13*** (12.23)
调整 R^2	0.20	0.21	0.18	0.21
观测值	1884	1049	1884	1049

注：*、**、***分别表示10%、5%、1%的显著性水平；括号中为 t 值。

我们同样按照男童、女童两个子样本重新估计了父母返乡对其学习成绩的影响。结果显示，父母返乡对男童和女童的成绩基本上都具有负的但却不显著的影响（见表9.5和表9.6）。唯一的例外是，父亲返乡会显著降低儿子的语文成绩。

表 9.5　父母返乡对留守男童学习成绩的影响

解释变量	父亲		母亲	
	数学成绩	语文成绩	数学成绩	语文成绩
时间（2008 年）	16.44***	16.27***	16.84***	15.66***
是否返乡	1.92	3.94**	-1.07	-1.42

续表

解释变量	父亲		母亲	
	数学成绩	语文成绩	数学成绩	语文成绩
时间×返乡	-2.87	-4.46**	-3.52	-1.72
民族	2.53**	1.90**	1.83	1.94
是否住校	-2.52**	-3.27**	-0.10	-0.04
家务劳动时间	0.00	0.00	0.00	-0.01
期望读到高中及以上	2.17***	2.39***	1.70**	1.27*
家庭子女数	-0.55	0.05	-0.17	0.81
配偶是否返乡	-0.70	-0.10	-0.54	-1.58
父亲小学文化	1.24	1.34	-0.59	1.83
父亲初中文化	2.02	3.35**	-0.01	1.78
父亲高中及以上	4.48***	4.18*	2.37	3.59
母亲小学文化	0.89	1.62	0.13	0.55
母亲初中文化	-0.97	-0.27	-1.65	-1.71
母亲高中及以上	-1.30	-1.50	0.43	-0.57
属于中等 SES 家庭	-2.48**	0.37	-1.26	0.70
属于较好 SES 家庭	1.80	2.90*	2.81	3.76*
学校是乡镇中心小学	0.50	1.06	-1.13	0.59
学校是九年一贯制小学	-1.93	-2.94**	-0.99	-2.56
办学条件中等	3.38***	4.09***	4.03**	5.76***
办学条件较好	4.61***	3.07**	5.79***	5.79***
常数项	47.57***	30.04***	49.47***	32.29***
调整 R^2	0.18	0.18	0.18	0.16

注：*、**、***分别表示10%、5%、1%的显著性水平。

表 9.6　父母返乡对留守女童学习成绩的影响

解释变量	父亲		母亲	
	数学成绩	语文成绩	数学成绩	语文成绩
时间（2008 年）	17.49***	14.07***	17.78***	17.61***
是否返乡	1.13	1.00	-0.04	-3.34
时间×返乡	-1.41	-0.97	-1.73	-0.98
民族	0.69	-1.12	3.06*	1.61
是否住校	-4.66***	-4.96***	-3.24*	-2.25

续表

解释变量	父亲		母亲	
	数学成绩	语文成绩	数学成绩	语文成绩
家务劳动时间	-0. 01	-0. 01	-0. 01	-0. 01
期望读到高中及以上	1. 40**	1. 10*	0. 09	-0. 29
家庭子女数	-0. 61	0. 06	-0. 84	-0. 29
配偶是否返乡	0. 44	-0. 05	-2. 34	0. 67
父亲小学文化	1. 67	1. 40	-1. 36	-0. 47
父亲初中文化	1. 95	2. 99**	-0. 29	1. 11
父亲高中及以上	0. 83	-0. 95	1. 75	0. 44
母亲小学文化	0. 27	-0. 08	2. 21	3. 05*
母亲初中文化	1. 05	-0. 92	0. 98	-0. 28
母亲高中及以上	-0. 38	-1. 82	-2. 67	-2. 71
属于中等 SES 家庭	0. 94	2. 54*	1. 21	1. 65
属于较好 SES 家庭	1. 77	3. 34**	1. 92	2. 60
学校是乡镇中心小学	1. 91*	3. 10**	1. 06	1. 64
学校是九年一贯制小学	-1. 42	-2. 36*	-0. 83	-1. 21
办学条件中等	0. 96	3. 11***	1. 84	4. 16**
办学条件较好	2. 52**	1. 13	4. 80***	2. 94***
常数项	49. 94***	40. 16***	53. 95***	41. 76***
调整 R^2	0. 20	0. 16	0. 21	0. 20

注：*、**、***分别表示10%、5%、1%的显著性水平。

为什么父母返乡不会提高留守儿童的成绩？

第一，我们在前面已经分析过——父母返乡之后虽然可以直接监护子女的学习，但与此同时，收入效应也消失了。

第二，样本存在不可观测的异质性，换言之，父母打工之后是否返乡是一种自我选择行为。由于农村劳动力在外从事工商业或制造业的回报高于在家务农，因此父母放弃城市打工机会返回家乡可能是父母自身能力不足所致。当然，父母外出打工之后返乡也可能是因为留守儿童的教育状况比较糟糕迫使父母不得不放弃打工。

第三，父母的监护作用只有在持续且稳定的家庭教养环境中才能体现出来。由于我们的调查对象是小学四年级和六年级的儿童，这个时期的孩子在心理适应性上还不健全。当父母外出打工之后再返乡导致儿童的监护类型发生变化时，他们需要花时间去适应新的监护人，从而对其学习可能产生不利的影响。比如，父母返乡导致留守儿童的监护人从打工时的祖辈或亲属监护变成了双亲监护，教养环境发生了变化，这可能对儿童的适应性产生一定的不利影响。而父母持续在外打工的留守儿童，他们的监护人可能始终是祖辈或亲属，教养环境相对比较稳定，再加上父母持续打工带来的收入效应，这部分留守儿童的成绩应该更好。对此，我们做了一个间接的检验：我们比较了父母始终在家的孩子（在家—在家组）和父母始终在外打工的孩子（打工—打工组）在两年内的成绩变化情况（见表9.7）。

我们通过 t 检验发现，虽然父亲/母亲一直在外打工的留守儿童初始成绩（2006年）显著低于父亲/母亲始终在家的非留守儿童，但是到了期末（2008年）的时候，两组的成绩已经没有显著差异。父亲/母亲一直在外打工的留守儿童两年间的成绩增量要大于父母始终在家的孩子。这就说明，虽然依靠祖辈或者亲属作为孩子的监护人在一定程度上不利于儿童的教育发展，但只要这种养育环境保持稳定，家庭收入的提高可以在很大程度上弥补父母不在的影响。

表9.7　父母始终在家和始终在外打工的儿童成绩增值对比　　单位：分

组别	数学成绩			语文成绩		
	2006年	2008年	成绩增量	2006年	2008年	成绩增量
父亲在家—在家组	59.34	74.15	14.81	47.15	61.79	14.64
父亲打工—打工组	56.09	73.88	17.79	43.72	60.67	16.95
母亲在家—在家组	58.88	75.23	16.35	47.35	62.56	15.21
母亲打工—打工组	56.35	74.69	18.34	43.50	61.87	18.37

9.4　结论与讨论

农村留守儿童的教育发展是政策制定者和学者共同关注的话题。一直以来，父母外出打工都被认为会对留守子女的教育发展产生不利的影响。但是，本章的研究发现，父母外出打工并不必然导致留守儿童的成绩下降，而外出打工的父母返回家乡也未必能提高孩子的成绩。这是因为父母外出打工可以改善家庭经济状况，因此在一定程度上弥补了父母教养角色缺失的弊端。本章的研究同样表明，母亲在儿童的教育发展过程中扮演着更重要的角色，父亲外出打工对留守子女的成绩没有显著影响，但是母亲外出打工、打工的地点越远，越会对留守子女的成绩产生显著的不利影响。我们认为，造成这种性别差异的原因在于男女外出打工回报不同，以及家庭内部夫妻进行决策时的偏好不同。

本章的研究结论具有重要的政策含义：

首先，解决农村留守儿童教育问题的根本途径在于允许并鼓励留守儿童随父母一起迁移。农村劳动力外出打工是一种寻求人力资本更好配置的途径，这对打工者本人及其家庭都具有积极作用。但是，现有的户籍、社保、教育等城乡分割的制度性壁垒导致打工者的家属（特别是其子女）不能充分享受这种人力资本优化配置带来的福利。打工者选择将子女寄养在老家是这种制度约束下的次优选择，父母教养角色缺失在很大程度上抵消了打工带来的收入改善的正效应。因此，取消各种分割性的制度壁垒，允许并鼓励留守儿童随父母一起迁移才是一种充分利用人力资本配置优化的做法。

其次，加强女性教育具有重要的外部收益。母亲受教育程度的提高能更有效地增加家庭教育支出偏好，这对女童的教育发展尤为有利。由此我们建议，如果现行制度环境还不足以保证留守儿童随打工父母一起迁移，也应当尽可能优先保证儿童随外出打工的母亲一起迁移到城市。

当然，留守儿童的教育发展包括很多方面，除了本章所研究的认知能力（以学业成绩为测量指标）以外，还包括心理健康等非认知能力。对此，我们期待后续研究能纳入更多的度量指标，以更加全面地了解农村父母外出打工这一行为的教育后果。

参考文献

[1] 陈欣欣，张林秀，罗斯高，等．父母外出与农村留守子女的学习表现——来自陕西省和宁夏回族自治区的调查［J］．中国人口科学，2009（5）：103-110.

[2] 段成荣，吕利丹，郭静，等．我国农村留守儿童生存和发展基本状况——

基于第六次人口普查数据的分析［J］. 人口学刊，2013，35（3）：37-49.

［3］段成荣，杨舸. 我国农村留守儿童状况研究［J］. 人口研究，2008，32（3）：15-25.

［4］段成荣，周福林. 我国留守儿童状况研究［J］. 人口研究，2005，29（1）：29-36.

［5］范方，桑标. 亲子教育缺失与"留守儿童"人格、学绩及行为问题［J］. 心理科学，2005，28（4）：855-858.

［6］伍德里奇. 计量经济学导论：现代观点［M］. 费剑平，等译. 北京：中国人民大学出版社，2003.

［7］叶敬忠，王伊欢，张克云，等. 父母外出务工对农村留守儿童学习的影响［J］. 农村经济，2006（7）：119-123.

［8］DEE T. Teachers and the gender gaps in student achievement［J］. Journal of Human Resources，2007，42（3）：528-554.

［9］HU F. Migration，remittances，and children's high school attendance：the case of rural China［J］. International Journal of Educational Development，2012，32（3）：401-411.

［10］LEE L，PARK A. Parental migration and child development in China［EB/OL］. Gansu Survey of Children and Families Papers，http：//repository. upenn. edu/gansu_ papers/24，2010.

［11］MAGDALENA N. Children's school achievement and parental work：an analysis for Sweden［J］. Education Economics，2008，16（1）：1-17.

［12］MORROKA H，LIANG Z. International migration and education of left behind children in Fujian，China［J］. Asian Pacific Migration Journal，2009，18（3）：345-370.

第 10 章
在家说方言是否会影响学生的认知发展

语言学习是教育投资的重要组成部分，语言技能作为一种人力资本形式，会对个体的劳动力市场表现、借贷和创业行为、教育结果等产生影响（Chiswick 和 Miller，1995，2003；金江 等，2017；杨晔 等，2019）。20 世纪 70 年代，在人力资本理论和教育经济学研究的支持下，语言经济学开始关注双语现象的经济影响，特别是语言与收入的关系（黄少安 等，2012）。目前，已有研究大多关注国际移民的东道国语言能力对其在劳动力市场上表现（如就业、工资）的影响（Chiswick 和 Miller，1995，1998，1999，2003；Dustmann 和 Fabbri，2003；Yao 和 van Ours，2015），少数研究者则开始注意到语言技能与移民儿童教育结果的关系（Dustmann 等，2010；Geay 等，2013，Yao 等，2016；Tarun，2017）。研究发现，移民的语言能力对其在劳动力市场上的表现及教育发展结果有着显著的影响，且不同类型的语言能力（听说能力或读写能力）对个体劳动力市场表现的影响存在差异（Chiswick，1991；Gonzalez，2000）。

20 世纪末，中国学者也开始了语言经济学的相关研究。我国同类研究主要在国内跨地区劳动力迁移这样一个背景下展开，关注国内移民的语言能力和语言使用行为，如个体是否使用普通话、是否掌握流入地方言的社会经济影响（Gao 和 Smyth，2011；Chen 等，2014；金江等，2017；邱济芳、聂伟，2018；杨晔等，2019）。此外，也有不少研究讨论了劳动力的外语技能对其收入的影响（刘泉，2014；刘国辉、张卫国，2016；潘坤峰、崔盛，2016；霍灵光、陈媛媛，2017）。

然而，已有研究存在“两多两少”的问题：

首先，总的来说，有关劳动力“双语效应”的研究较多，对劳动力“双言效应”的研究较少。① 已有研究大多在国际移民的背景下探讨国际移民对东道国语言的熟练程度对其在劳动力市场上表现的影响。由于跨国移民不仅和东道国本土劳动力在母语上不同，在文化上也存在差异，因此，已有研究在这一背景下估计得到的外语效应往往混合了文化效应（Yao 等，2016）。尽管国内学者近年来开始关注国内移民的“双语效应”，但此类研究数量仍然较少。

其次，已有研究主要讨论语言技能或使用行为对劳动力市场表现的影响，很少关注语言对教育发展结果，如认知能力、学业表现的影响。尽管在认知心理学、语言学领域有大量研究关注个人使用“双言”的行为对其认知发展及学业表现的影响（Whorf，1956；张积家、刘丽虹、谭力海，2005；吴菡菱、李荣宝，2014），但这类研究主要从认知层面解释“双言”行为和认知、学业表现之间的关系，并未从教育不平等的视角考察这一现象。理解个人之间在教育发展结果上的差异，是经济学、社会学研究的重要议题。但遗憾的是，目前在经济学领域，仅有 Yao 等（2016）和钟志勇（2013）的少数几项研究探讨了方言或少数民族语言使用对学业表现的影响。

从语言使用行为这一视角去解释学生的教育发展结果，可以更好地理解学生发展及教育不平等，同时也是对语言经济学文献的有益补充。然而从我们检索到的文献来看，目前国内尚无研究关注这一问题。本章利用中国教育追踪调查基线数据（CEPS），考查学生在家使用方言的情况对其认知能力的影响。研究发现，在家说方言与学生的认知能力之间具有显著的负相关关系。

本章首先回顾相关文献，其次介绍研究方法和数据，再次呈现结果与解释，最后是结论与讨论。

---

① “双语”指两种语言有不同的口头语言与书面语言，而“双言”指两种语言有不同的口头语言和基本一致的书面语言——如普通话与方言（王悦 等，2012），即个体在不同情况下使用同一种语言的两种或两种以上的变体（Charles，1956）。

10.1 文献回顾

语言是人们进行沟通交流的表达方式，也是文化和身份认同的载体。对语言的研究已经超越了语言学、心理学、教育学的范畴，经济学和社会学也开始关注语言这一话题。在经济学领域，甚至还出现了“语言经济学”这一研究分支。研究表明，个人的语言能力不仅会影响个体的认知能力、学业表现等教育发展结果，也会影响个体的就业、收入等一系列社会经济结果。结合本章主题，我们简要回顾有关语言与认知发展及学业表现的关系的相关文献。

10.1.1 理论基础

有关语言与认知发展之间的关系，最早的理论来自沃尔夫（Whorf，1956）的语言关联性假设。该理论认为，所有高层次的思维都依赖语言，语言结构决定或影响某个群体的思维。张积家等（2005）对该理论进行了综述研究。到20世纪90年代，学者们开始在认知神经科学和认知心理学的指导下探讨语言与认知之间的关系。认知神经科学研究指出，不同的语言有不同的大脑表征和结构，而大脑是语言和认知共同的神经基础，语言能够影响大脑，进而也会对认知产生影响。王悦等（2012）在这一理论框架下综述了普通话和方言并用的“双言”现象对双言者记忆、时间认知和语言加工等能力的影响。

伯恩斯坦的语言编码理论则从社会科学的视角解释了语言使用行为与学业表现乃至未来的社会经济结果之间的关系。伯恩斯坦（2007）认为，语言使用类型会影响儿童对学校的态度、社会沟通与融入，进而影响儿童的教育结果。他将中产阶级和工人阶级使用的语言划分为两种语言编码——精致编码和局限编码，语言编码的不同使得学生在学校的起点也不同。在教学和交流语言以精致编码为主的学校教育中，工人阶级学生由于日常生活使用的语言是局限编码，两种编码体系的冲突导致其不能适应学校生活而处于劣势（谢小平，2011）。

10.1.2 实证研究结果

近年来，对语言与认知能力的研究主要集中在单语（言）者与双语（言）者的认知能力差异上，对拥有不同语言结构的个体进行认知能力的测试，从而探明不同的语言使用行为是否会对认知能力产生不同的影响。在词汇通达能力方面，单语者的表现好于粤语—普通话双言者和粤语—普通话—英语三语者（范小月、王瑞明，2013）。另一项研究则发现，双言儿童在指代替换任务中的反应显著优于普通话单言儿童，但是双言儿童的词界意识发展会受到阻碍（吴菡菱、李荣宝，2014）。

语言能力和语言的使用习惯也会影响个体的学业表现。移民学生对移入国语言掌握得越熟练，成绩越好（Dustmann 等，2010；Geay 等，2013）。然而，移民学生和东道国学生不仅在语言上不一样，在文化背景上也存在差异。因此，语言对学业表现的影响不可避免地混合了文化差异的效应。为了估计出一个更加纯粹的语言效应，Yao 等（2016）考察了来自同一国家的学生是否使用方言对学业表现的影响。他们发现，荷兰 5~6 岁的学生如果在家说方言，会对男孩的语言测试分数产生不利影响。语言使用行为之所以会对学生的学业表现产生影响，可能是因为“语言的错配”（language mismatch）——官方教学语言与学生日常使用的语言不一致。比如，Tarun（2017）对印度的研究发现，在印度南部那些教学用语和学生母语不一致的“语言错配地区”，民众的教育成就显著偏低。笔者数年前对中国西部农村地区的研究发现，少数民族学生的标准化测试成绩并不必然低于汉族学生，但是如果学生在家使用的语言为少数民族语言，就会对成绩产生显著的不利影响（郑磊、卢珂，2011）。在我国的民族地区，在家中使用民族语言会对学生的学业成绩产生消极影响。钟志勇（2013）对内蒙古自治区部分学校的研究发现，授课语言为汉语的学生数学成绩显著优于授课语言为蒙语的学生数学成绩，在家庭中使用汉语交流的学生数学成绩显著优于在家庭中使用蒙语交流的学生。

以我们目前所掌握的文献来看，只有 Yao 等（2016）的一项研究讨论了学生使用方言行为对其学业表现的影响。为了弥补同类文献的空白，更好地理解学生教育发展结果，本章采用 CEPS 这一全国代表性数据，考查学生在家使用的语言与其认知能力的关系。

10.2　数据与研究方法

10.2.1　数据

本章使用“中国教育追踪调查”2013—2014 年基线数据（以下简称“CEPS”）进行研究。该数据以义务教育阶段在校学生为调查对象，通过多阶段的概率与规模成比例（PPS）抽样方法，抽取了全国来自 28 个县（区）、112 个学校、438 个班级的 19487 名初中一年级（七年级）和初中三年级（九年级）学生。[①]

10.2.2　变量

（1）被解释变量

CEPS 为被调查的学生设计了一套认知能力测试题，测量学生的逻辑思维与问题解决能力。七年级试题满分 20 分，九年级试题满分 22 分。原始得分经过三参数的项目反应理论转换为认知能力测试标准化得分。本章以认知测试的标准化得分作为被解释变量。

（2）解释变量

CEPS 询问了学生平时在家和父母使用什么语言进行交流。我们将在家使用家乡话的学生定义为“在家使用方言者”，将在家使用普通话或者普通话与方言并用的定义为参照组。

（3）控制变量

本章还控制了以下可能影响学生认知发展的因素：

个人层面因素，如性别、年龄、年级、民族、户籍、身体残疾状况、是否接受过学前教育。

---

① 有关该调查项目的详细情况，可以参见《中国教育追踪调查（CEPS）基线数据使用手册》，http：//www. cnsda. org/index. php？ r=projects/view&id=72810330。

家庭层面因素，如是否是独生子女、父母中较高的受教育年限、父母是否有外出打工不在家居住的情况、主观自评的家庭经济状况、家庭藏书量。

考虑到学生的语言使用习惯与其所选择的学校有关，而学校质量又会影响个人认知发展，我们还控制了学校固定效应。

变量的描述性统计见表 10. 1。在所有学生当中，约有 33%的学生在家使用方言进行交流。值得注意的是，在家说方言的学生和在家不说方言的学生，在各个方面都存在显著的差异。在家说方言的学生，其认知得分显著偏低 0. 35 个标准差，年龄更大，更多地来自少数民族、男生、九年级、多子女家庭或者农村户籍群体，接受过学前教育的比例偏低，身有残疾的比例较高，父母外出打工不在家的比例更高，父母的文化程度较低，家庭经济状况较差，家庭藏书量相对较少。总体而言，在家说方言的学生，其家庭的社会经济地位相对更低一些。已有文献表明，家庭社会经济地位对个人的认知发展具有重要影响。那么，当控制了这些因素之后，两组之间是否在认知能力上仍然存在差异呢？详见后文分析。

表 10. 1　变量的描述性统计

	全样本	说方言组	不说方言组	两组差异 t 检验
结果变量				
认知成绩标准分	0. 03 (0. 85)	−0. 20 (0. 80)	0. 15 (0. 85)	−0. 35***
解释变量				
在家说方言	32. 94% (0. 47)			
控制变量				
年龄	13. 88 (1. 33)	14. 18 (1. 39)	13. 73 (1. 28)	0. 45***
汉族	91. 50% (0. 28)	85. 76% (0. 35)	94. 32% (0. 23)	−8. 55%***
男性	49. 21% (0. 50)	50. 25% (0. 50)	48. 70% (0. 50)	1. 55%*
九年级	47. 76% (0. 50)	53. 87% (0. 50)	44. 76% (0. 50)	9. 11%***

续表

	全样本	说方言组	不说方言组	两组差异 t 检验
农村户籍	55.15% (0.50)	73.09% (0.44)	46.33% (0.50)	26.76%***
受过学前教育	80.00% (0.40)	73.17% (0.44)	83.37% (0.37)	-10.20%***
有残疾	5.99% (0.24)	8.22% (0.27)	4.90% (0.22)	3.32%***
独生子女	43.55% (0.50)	24.28% (0.43)	53.02% (0.50)	-28.74%***
父母一方不在家	12.71% (0.33)	14.59% (0.35)	11.79% (0.32)	2.79%***
父母双方不在家	10.34% (0.30)	15.54% (0.36)	7.78% (0.27)	7.76%***
父母中较高的受教育年限	10.84 (3.04)	9.62 (2.54)	11.45 (3.08)	-1.83***
经济状况中等	73.38% 0.44	64.26% (0.48)	77.86% (0.42)	-13.59%***
经济状况富裕	5.67% (0.23)	3.03% (0.17)	6.97% (0.25)	-3.93%***
家庭藏书量一般	34.75% (0.48)	35.85% (0.48)	34.21% (0.47)	1.64%**
家庭藏书量较多或很多	39.67% (0.49)	22.75% (0.42)	47.99% (0.50)	-25.23%***
N	16505	11068	5437	

注：括号内为标准误；*表示 $p<0.1$，**表示 $p<0.05$，***表示 $p<0.01$。

10.2.3 研究方法

我们首先使用 OLS 回归估计方言使用行为与学生认知能力之间的关系。模型如式（10.1）所示。

$$Cognitive_i = \alpha + \beta \cdot Dialect_i + \gamma \cdot X_i + \varepsilon_i \tag{10.1}$$

其中，$Cognitive_i$ 表示第 i 个学生的认知能力，$Dialect_i$ 表示该学生在家是否和父母使用方言进行日常交流的虚拟变量，X_i 是一组控制变量。考虑到 CEPS 在抽样过程中的聚类特征，对标准误进行了学校层面的聚类调整。

语言使用行为并不是一种随机行为，它会受到一系列家庭文化氛围、经济状况、学校特征乃至地方因素的影响。在家说方言的“处理组”和不说方言的“对照组”在诸多方面都存在显著差异。例如，在说方言的学生当中，来自少数民族、农村户籍、未受过学前教育、身有残疾、非独生子女、父母不在家常住的比例更高，这些学生父母的受教育程度、家庭经济条件相对更低。尽管 OLS 模型已经控制了这些因素，但是随着混淆变量个数的增加，OLS 模型很难保证在每一种混淆变量的不同取值组合上都存在可比较的处理组和对照组个体。为了尽可能减少这些可观测因素产生的偏误，我们还使用了倾向值匹配方法（Propensity Score Matching，PSM）进行估计，以此作为 OLS 回归的稳健性检验。

PSM 估计的步骤：①基于 Probit 模型估计在家说方言的概率，这一条件概率就是所谓的“倾向值”。②分别采取不同的匹配方法，根据倾向值进行配对，为每一个处理组中的个体模拟匹配一个对照组个体。③对匹配后的样本进行平衡性检验，考察匹配是否消除了可观测的混淆变量在组间的差异。④通过匹配后的样本计算“处理组的平均处理效应”（Average Treatment Effects for the Treated，ATT），即对在家说方言的人来说，说方言（事实）和假如不说方言（反事实）两种状态下认知能力的平均差异。令 $Cognitive_{1i}$ 为说方言者的认知能力，$Cognitive_{0i}$ 为不说方言者的认知能力，$D_i=1$ 表示个体说方言，否则，$D_i=0$。因此，可以得到如式（10.2）所示的 ATT 估计式：

$$ATT=E(Cognitive_{1i} \mid D_i=1)-E(Cognitive_{0i} \mid D_i=1) \qquad (10.2)$$

在控制了是否说方言的可观测特征 X_i 之后，是否说方言与认知能力是独立的，那么 $E(Cognitive_{0i} \mid X_i,\ D_i=1)=E(Cognitive_{0i} \mid X_i,\ D_i=0)$。因此，由式（10.2）可以进一步得到如式（10.3）所示的 ATT：

$$ATT=E\{[E(Cognitive_{1i} \mid X_i,\ D_i=1)]D_i=1\}-E\{[E(Cognitive_{0i} \mid X_i,\ D_i=0)]D_i=1\} \qquad (10.3)$$

10.3　结果与解释

10.3.1　OLS 回归结果

我们采用逐步控制变量的方式考察方言使用行为与认知能力的关系。OLS 模型的估计结果见表 10.2。

表 10.2 中模型 1 只控制个人层面变量。结果表明，在家说方言的学生的认知能力比不说方言的学生低 0.23 个标准差。学生年龄越大，认知能力越低，这是因为年龄大的学生往往是因家庭贫困上学较晚或成绩较差留级所致。年级越高，认知能力也越强。接受过学前教育对认知能力具有显著的促进作用。来自农村户籍或者身有残疾，对认知能力具有显著的不利影响。而民族身份和性别对认知能力没有显著影响。

表 10.2 中模型 2 在模型 1 的基础上增加了家庭层面变量。当控制了反映家庭社会经济特征的一系列变量之后，“在家说方言”变量的系数虽然有所下降，但仍显著为负。说方言的学生，其认知能力低于不说方言学生 0.11 个标准差。控制了家庭特征之后，户籍变量不再显著，这意味着农村户籍对认知的不利影响主要来自农村家庭较低的社会经济地位。比如，父母的教育年限越高、家庭经济状况越好、家庭藏书量越多，均对认知具有显著的促进效应。独生子女的认知水平显著高于非独生子女。父母是否外出打工对子女的认知并无影响。

表 10.2 中模型 3 进一步控制了学校固定效应。由于家庭社会经济地位、文化氛围等因素既会影响学生在家使用的语言，也会影响他们的学校选择，而学校特征对学生的认知发展也会产生影响。但是，当控制了学校固定效应之后，在家说方言学生的认知能力仍然显著低于不说方言学生 0.04 个标准差。

结合三个模型的结果，在家使用方言进行交流与学生的认知发展之间具有显著的负相关关系。然而，OLS 回归不能完全排除可观测因素造成的选择偏误。为了保证结果的稳健性，我们进一步进行了倾向值匹配估计。

表 10.2　方言使用行为对学生认知能力的影响

解释变量	模型 1	模型 2	模型 3
在家说方言	-0.23*** (0.04)	-0.11*** (0.04)	-0.04** (0.02)
年龄	-0.11*** (0.02)	-0.08*** (0.02)	-0.12*** (0.01)
汉族	0.07 (0.05)	0.04 (0.05)	0.03 (0.04)
性别	0.01 (0.02)	0.00 (0.02)	0.03* (0.01)
九年级	0.23*** (0.06)	0.17*** (0.05)	0.27*** (0.04)
农村户籍	-0.21*** (0.04)	-0.02 (0.03)	-0.01 (0.02)
受过学前教育	0.20*** (0.02)	0.14*** (0.02)	0.11*** (0.02)
有残疾	-0.22*** (0.03)	-0.16*** (0.03)	-0.13*** (0.03)
是独生子女		0.13*** (0.03)	0.00 (0.02)
父母有一方不在家		-0.03 (0.02)	-0.00 (0.02)
父母双方不在家		-0.04 (0.03)	-0.01 (0.02)
父母中较高的受教育年限		0.03*** (0.00)	0.02*** (0.00)
经济状况中等		0.07*** (0.02)	0.01 (0.02)
经济状况富裕		0.11*** (0.04)	-0.01 (0.03)
家庭藏书量一般		0.11*** (0.02)	0.04** (0.02)
家庭藏书量较多或很多		0.28*** (0.03)	0.15*** (0.02)
学校固定效应			包含
R^2	0.0872	0.1348	0.2510
N	16565	16505	16505

注：括号内为聚类稳健的标准误；* 表示 $p<0.1$，** 表示 $p<0.05$，*** 表示 $p<0.01$。

10.3.2　PSM 估计结果

根据 PSM 估计的步骤，我们首先用前面 OLS 模型当中的协变量（包含学校固定效应），基于 Probit 模型去预测学生在家说方言的概率，这一条件概率就是所谓的倾向值。Probit 模型结果显示，男生、农村户籍学生、九年级学生更有可能在家说方言，接受过学前教育、汉族学生、独生子女学生、家庭社会经济地位较高（如父母的受教育程度越高、家庭藏书量较多或很多、家庭经济状况更好）的学生，在家说方言的概率较低。

其次，基于倾向值得分，分别采用了半径匹配（caliper=0.01）、半径内的近邻匹配（caliper=0.01，k=4）、核匹配三种匹配方法。

再次，对匹配后的样本进行平衡性检验。结果显示，所有变量在控制组和对照组之间的标准化偏差都小于 10%，可见匹配较好地平衡了数据。

最后，基于匹配后的样本估计 ATT，具体结果见表 10.3。三种匹配方法估计得到的 ATT 基本一致：在家说方言的学生比在家不说方言的学生的认知能力低 0.035~0.039 个标准差，这与控制了所有变量的 OLS 估计结果很接近（见表 10.2 中的模型 3）。结合两种估计方法的结果，我们认为，在家说方言与认知能力之间具有显著且稳健的负相关关系。

表 10.3　在家说方言对认知能力影响的倾向值匹配估计

	半径匹配	半径内的近邻匹配	核匹配
认知能力	-0.036* (0.021)	-0.039* (0.023)	-0.035* (0.021)

注：括号外数据是 PSM 估计的 ATT；括号内为标准误；* 表示 $p<0.1$。

10.4　结论与讨论

语言的使用行为既体现为个人的一种人力资本，也具有身份认同的文化符号意义。语言经济学的研究发现，语言对个人的就业、收入等具有重要影响。然而，目前国内尚没有研究利用全国性样本去考察学生的语言使用行为对其认知能力的影响。认知能力决定个人成年之后一系列的社会经济结果（郑磊 等，2019），因此理解语言和认知能力之间的关系具有重要的意义。本章基于“中国教育追踪调查”基线数据，利用 OLS 回归模型和倾向值匹配估计方法，发现学生在家说方言与其认知能力之间具有显著的负相关关系。

由于数据限制，本章没有进一步分析在家说方言与认知能力之间具有负相关关系的影响机制。但是，前述语言学方面的语言关联性假设及社会学家伯恩斯坦的“编码理论”为我们提供了可供进一步检验的解释性理论。《中华人民共和国宪法》第十九条规定：“国家推广全国通用的普通话。”早在 1986 年，国家语言文字工作委员会和国家教育委员会联合召开的“七五”期间语言文字工作规划会议就提出，要大力推广普通话，使普通话成为教学语言、工作语言、宣传语言和公共场合交际语言。到 1990 年，各级各类学校应力争普及普通话。2000 年 10 月 31 日颁布的《中华人民共和国国家通用语言文字法》确定普通话为国家通用语言。因此，样本中的学生在学校接触的教学和交际语言基本上是普通话。如果学生回家使用的交流语言变成方言的话，就会形成“双言”现象。根据语言学的研究，这对双言者的认知发展会产生一定的影响。与此同时，以普通话为载体的学校教学和交际语言是一种文化编码符号，基于这种编码系统，学生会形成相应的思维方式与观念。如果学生在家中使用方言，为了适应基于方言的另一种文化编码系统，就需要调整自己的思维方式与观念。这也有可能对学生的认知发展、学业表现产生一定的影响。

本章尝试性地探索了学生语言使用行为与其认知发展之间的关系。后续研究可以使用其他样本，在进一步解决语言使用行为的内生性之后继续探讨二者之间的关系。此外，还可以在语言学、认知心理学提出的解释机制之外，为两者的关系做出具有社会经济含义的解释。比如，语言对认知的影响究竟是体现了语言作为人力资本的价值，还是语言作为文化互动符号的身份认同作用。

参考文献

[1] 巴索·伯恩斯坦. 阶级、符码与控制：教育传递理论之建构（中译本）

[M]．国科会经典译注计画，2007.

[2] 范小月，王瑞明．方言和外语学习对词汇通达能力的影响 [J]．心理与行为研究，2013 (3)：318-324.

[3] 黄少安，张卫国，苏剑．语言经济学及其在中国的发展 [J]．经济学动态，2012 (3)：41-46.

[4] 霍灵光，陈媛媛．英语技能在中国劳动力市场的工资溢价测算 [J]．南方经济，2017 (12)：81-97.

[5] 金江，尹菲菲，张莉．方言能力与流动人口的借贷机会——基于 CLDS 的经验研究 [J]．南方经济，2017 (9)：85-102.

[6] 刘国辉，张卫国．中国城市劳动力市场中的“语言经济学”：外语能力的工资效应研究 [J]．山东大学学报 (哲学社会科学版)，2016 (2)：46-52.

[7] 刘泉．外语能力与收入——来自中国城市劳动力市场的证据 [J]．南开经济研究，2014 (3)：137-153.

[8] 潘坤峰，崔盛．语言能力与大学毕业生的工资溢价 [J]．北京大学教育评论，2016 (2)：99-112，190.

[9] 邱济芳，聂伟．方言技能对进城农民落户意愿的影响机制——基于 2014 年全国流动人口动态监测数据 [J]．湖南农业大学学报 (社会科学版)，2018 (3)：53-59.

[10] 王悦，陈俊，张积家．方言与普通话并用：双言心理研究述评 [J]．心理科学进展，2012 (8)：1243-1250.

[11] 吴菡菱，李荣宝．方言经验对儿童词意识发展的影响 [J]．现代外语，2014 (6)：805-814，873.

[12] 谢小平．伯恩斯坦教育符码理论的分析框架及讨论 [J]．教育评论，2011 (4)：153-156.

[13] 杨晔，朱晨，谈毅．方言能力、语言环境与城市移民创业行为 [J]．社会，2019 (1)：211-236.

[14] 张积家，刘丽虹，谭力海．语言关联性假设的研究进展——新的证据与看法 [J]．语言科学，2005 (3)：42-56.

[15] 郑磊，卢珂．转学对学生成绩的影响：来自中国西部农村的证据 [J]．教育学报，2011 (2)：80-88.

［16］郑磊，翁秋怡，龚欣．学前教育与城乡初中学生的认知能力差距：基于 CEPS 数据的研究［J］．社会学研究，2019（3）：122-145，244.

［17］钟志勇．民族地区初中生数学学业成绩与语言关系的实证研究——以蒙古族学生为例［J］．民族教育研究，2013（4）：80-84.

［18］CHARLES A F. 双言现象［J］．李自修，译．国外语言学，1983（3）：10-17，49.

［19］CHEN Z，LU M，XU L. Returns to dialect identity exposure through language in the Chinese labor market［J］．China Economic Review，2014（30）：27-43.

［20］CHISWICK B. Speaking，reading，and earnings among low-skilled immigrants［J］．Journal of Labor Economics，1991，9（2）：149-170.

［21］CHISWICK B，MILLER P. The endogeneity between language and earnings：international analyses［J］．Journal of Labor Economics，1995，13（2）：246-288.

［22］CHISWICK B，MILLER P. Hebrew language usage：determinants and effects on earnings among immigrants in Israel［J］．Journal of Population Economics，1998，11（2）：253-271.

［23］CHISWICK B，MILLER P. Language skills and earnings among legalized aliens［J］．Journal of Population Economics，1999，12（1）：63-89.

［24］CHISWICK B，MILLER P. The complementarity of language and other human capital：immigrant earnings in Canada［J］．Economics of Education Review，2003，22（5）：469-480.

［25］DUSTMANN C，FABBRI F. Language proficiency and labor market performance of immigrants in the UK［J］．Economic Journal，2003，113（4）：695-717.

［26］DUSTMANN C，MACHIN，SCHONBERG U. Ethnicity and educational achievement in compulsory schooling［J］．Economic Journal，2010，120（546）：F272-F297.

［27］GAO W，SMYTH R. Economic returns to speaking "Standard Mandarin" among migrants in China's urban labour market［J］．Economics of Education Review，2011，30（2）：342-352.

［28］GEAY C，MCNALLY S，TELHAJ S. Non-native Speakers of English in the classroom：what are the effects on pupil performance?［J］．Economic Journal，2013，123（570）：F281-F307.

[29] GONZALEZ A. The acquisition and labor market value of four English skills: new evidence from NALS [J]. Contemporary Economic Policy, 2000, 18 (3): 259-269.

[30] TARUN J. Common tongue: the impact of language on educational outcomes [J]. The Journal of Economic History, 2017, 77 (2): 473-510.

[31] WHORF B L. Language, thought, and reality: selected writing of Benjamin Lee Whorf [M]. Cambridge and New York: The Technology Press of Massachusetts Institute of Technology and John Wiley and Sons, Inc, 1956.

[32] YAO Y, OHINATA A , J CVAN OURS. The educational consequences of language proficiency for young children [J]. Economics of Education Review, 2016, 54: 1-15.

[33] YAO Y, OURS J C. Language skills and labor market performance of immigrants in the Netherlands [J]. Labor Economics, 2015, 34: 76-85.

学术术语索引